JUAN RAMÓN ARDÓN/SALVADOR TURCIOS

HISTORIA Y GEOGRAFÍA DE COMAYAGÜELA

ERANDIQUE

COLECCIÓN

HISTORIA Y GEOGRAFÍA DE COMAYAGÜELA
JUAN RAMÓN ARDÓN/SALVADOR TURCIOS

©Colección Erandique
Supervisión Editorial: Óscar Flores López
Diseño de portada: Andrea Rodríguez
Administración: Tesla Rodas—Jessica Cordero
Director Ejecutivo: José Azcona Bocock
Primera Edición
Tegucigalpa, Honduras—Octubre de 2025

CONTENIDO

COMAYAGÜELA: PUEBLO DE INDIOS VALIENTES Y DE POETAS

"A Comayagüela —me decía mi recordado y querido amigo, el periodista, escritor e historiador Mario Hernán Ramírez—, siempre se le ha visto como La Cenicienta, ignorando que ha sido el motor económico del Distrito Central".

Fue en una de esas conversaciones que don Mario, quien se describía como "un indio de Comayagüela", me regaló el libro Geografía e historia del municipio de Comayagüela, escrito por Juan Ramón Ardón.

Publicado en los Talleres Tipográficos Nacionales en 1937, con la aprobación de la Sociedad de Geografía e Historia, la monografía (como la llamó el propio autor) contiene datos interesantes que nos ayudarán a conocer —y a descubrir— a ese pueblo de valientes.

"Sería bueno realizar una reedición del libro no solo para los nuevos lectores, sino también para rendirle un homenaje a Juan Ramón Ardón, con quien fuimos amigos", me dijo don Mario.

Dividida en dos partes —geografía e historia—, Ardón inicia con algunas generalidades, pero a medida que las páginas transcurren nos entrega cifras, relatos, sucesos, anécdotas y personajes curiosos.

¿Quiénes eran los dueños de los grandes comercios hace un siglo? ¿Cuál era el personal de escuelas como Lempira, República de Argentina o República de Honduras? ¿Cuáles son sus colindancias? ¿De qué trata la leyenda del Sireno enamorado?

¿Y qué les parece este dato poco conocido? "En el año citado de 1844 se incuba el movimiento revolucionario de Texíguat. Este movimiento tenía por finalidad apoyar los esfuerzos del patriota don Joaquín Rivera, estando los texíguats de acuerdo con los hondureños refugiados en León. Muchos vecinos de Comayagüela estaban inmiscuidos en este movimiento, entre ellos don Pablo Maradiaga.

En vista de lo anterior, el general Ferrera, por medio del jefe político, envió un oficio a esta municipalidad dándole a saber que se tenía conocimiento de que varios vecinos de este municipio estaban con los revolucionarios de Texíguat, y que, de continuar atentando contra su gobierno, en represalia ordenaría incendiar Comayagüela. Y aquel ex sacristán hubiese llevado a cabo el monstruoso castigo, a no haber sido la oportuna intervención de muchos vecinos sobresalientes de ambas poblaciones, entre ellos el invicto entonces teniente don Luis Velásquez, por cuya intervención no fue fusilado en Nacaome el señor Maradiaga, quien, causando alta, había llegado a aquel lugar a incorporarse al ejército del general Santos Guardiola, sin saber que este tenía órdenes de fusilarlo".

Ardón, además, hace un recuento del impacto que varios gobiernos —entre ellos el del general y dictador Tiburcio Carías Andino— tuvieron en Comayagüela.

Además del libro de Juan Ramón Ardón, decidimos incluir Comayagüela en la historia nacional, del escritor Salvador Turcios R.

"Quién sabe; pero es el caso curioso que, en muchas de las modestas casas de la Calle Real —o sea, del puente Mallol al puente de Guacerique— nacieron en épocas pasadas nada menos que el príncipe de nuestros poetas, Juan Ramón Molina, Rómulo E. Durón, Valentín Durón, Luis Andrés Zúñiga, Valentín Turcios Reina, Guillermo Bustillo Reina, Salvador Turcios R., Arcadia Turcios Velásquez, Rafael Heliodoro Valle, Alonso A. Brito, Manuel Ramírez y otros muchos intelectuales y profesionales distinguidos, que son honra de la localidad y del país en general", relata Turcios.

Han transcurrido sesenta años desde que ese libro fue publicado (Imprenta La Democracia, 1959)... ¿Qué otros poetas habrán nacido en esa zona de Comayagüela durante este tiempo?

Es un libro que homenajea al pueblo que se convirtió, junto a Tegucigalpa, en la capital de Honduras, pero conserva el carácter fuerte de sus fundadores. Tengo la esperanza de que quienes lo lean se sentirán orgullosos de sus raíces y honrarán a la ciudad que poco a poco, va dejando de ser La Cenicienta.

ÓSCAR FLORES LÓPEZ
Editor Colección Erandique

HISTORIA Y GEOGRAFÍA DE COMAYAGÜELA por JUAN RAMÓN ARDÓN

DOS PALABRAS

La Directiva de la Junta Central Pro-Exposición Nacional de Comayagüela, en una de sus sesiones, tuvo a bien hacer recaer en mi humilde persona la comisión de elaborar la monografía geográfica-histórica de Comayagüela. Siendo miembro de dicha Directiva y estando lleno de los mejores anhelos de colaborar de alguna manera efectiva en la realización del noble, patriótico y muy desinteresado proyecto del primero y último de los alcaldes de este limpio y floreciente municipio, caballero don Fernando Zepeda Durón, aunque sin capacidad para llevar a cabo un trabajo de esa índole, acepté con el mejor entusiasmo la comisión aludida.

Con poco tiempo para ello, pero con el ciento por ciento de optimismo y buena voluntad, en horas extraordinarias, buceo del pasado, me di a remover los archivos comayagüelinos donde la pátina del tiempo ha puesto su huella olorosa a leyenda.

Después de haber obtenido los datos más o menos suficientes, di principio a pergeñar cuartillas, hasta que logré terminar el trabajo que ahora la Municipalidad de Comayagüela lanza a la luz pública.

Este no es un trabajo perfecto; sabidos estamos de que adolece de algunas irregularidades, pero él, a pesar de todo, servirá de base para que personas capacitadas se den a la tarea de escribir una obra perfecta.

Mucho me gustaría que nuestros hombres entendidos en asuntos de geografía e historia aplicaran a este humilde trabajo, sin ninguna consideración, el escalpelo de la crítica, pues estoy sabido de que las obras que se dan al público deben merecer, no el incienso nulificador de espíritus mediocres, sino la crítica concienzuda e imparcial.

La parte geográfica consta de tres partes: Geografía Física, Geografía Económica y Geografía Humana, incluyendo la Memoria Municipal 1937; y la parte histórica que arranca desde la probable fecha en que llegaron sus primeros pobladores hasta la actualidad.

Recordaremos aquí, como un homenaje merecido, los nombres de los exquisitos aedas hijos de Comayagüela: Juan Ramón Molina,

Valentín Durón, Alonso A. Brito, Jorge B. Zepeda, Valentín Turcios, Marco A. Ponce y otros más que ya pasaron, dejándonos una gama de poetas incomparables.

Comayagüela también ha sido cuna de otros hombres que han sabido darle lustre en todos los aspectos del saber y actividades humanas: Juan José Roque, Calixto Martínez, Eugenio Turcios, Manuel Trinidad Hernández, Luis Velásquez, Jerónimo Reina, Pablo Maradiaga, Gregorio Turcios, León Sosa, Pedro Reconco, José María Méndez, Francisco Durón, Dionisio Valle, Cipriano Velásquez, Manuel Trejo, Carlos A. Sosa, Hermenegildo Valle, Felipe Estrada, Felipe Valle, Felipe Cálix, Francisco Valladares L. y Camilo T. Durón; y para todos estos ciudadanos Comayagüela siempre guarda su reconocimiento sincero e imperecedero.

En la actualidad Comayagüela cuenta con hombres de la talla del Dr. don Rómulo E. Durón, exquisito poeta y gran historiógrafo, Rafael Heliodoro Valle, poeta y bibliógrafo conocido en todos los pueblos de habla castellana, Jorge Fidel Durón, exquisito periodista y escritor, Luis Andrés Zúniga, nuestro poeta laureado, autor del poema "Águilas conquistadoras", y otra pléyade más de hombres de cerebro y acción.

El autor dedica esta obra al periodista don Fernando Zepeda Durón, el caballero que sabe hacer de la amistad un credo y del patriotismo una religión.

EL AUTOR.

14

Comayagüela, 1° de noviembre de 1937.

Señor Secretario de la Junta Central Pro-Exposición Nacional.

Presente.

Para su conocimiento y demás fines, tengo el agrado de transcribir a usted el informe que literalmente dice:

"Honorable Corporación Municipal: En una de vuestras sesiones anteriores me comisionasteis para rendir informe acerca de la 'Monografía del Municipio de Comayagüela, 1937', escrita por el regidor tercero de esa Municipalidad, profesor Juan Ramón Ardón, facultándome asimismo para solicitar la autorizada opinión del Dr. don Rómulo E. Durón y del escritor don Salvador Turcios R.

Siendo los señores Durón y Turcios R. miembros de la Sociedad de Geografía e Historia de Honduras, consideré que sería de más valor su opinión en su carácter de tales que en su condición particular y, al efecto, de acuerdo con el señor alcalde Zepeda Durón, insinué al autor de la monografía la conveniencia de que pidiera a la mencionada Sociedad su parecer sobre la obra. El profesor Ardón se dirigió, en efecto, a la Sociedad de Geografía e Historia de Honduras en el sentido indicado, habiendo nombrado aquella institución para que dictaminaran al Dr. Rómulo E. Durón, escritor Salvador Turcios R. y profesor Martín Alvarado R. El dictamen fue aprobado por la Sociedad y en él se recomienda la publicación de la monografía, corrigiéndole algunas inexactitudes e irregularidades, etc., que fueron encontradas en el trabajo del profesor Ardón, estimando la comisión dictaminadora que esos errores pueden ser corregidos de acuerdo con el autor. En consecuencia y, salvando vuestro mejor parecer, opino que, en consonancia con las indicaciones apuntadas por la ilustre Sociedad de Geografía e Historia de Honduras, se publique el valioso trabajo del profesor Ardón, que acusa en él estudio, paciencia y talento. – Comayagüela, 1° de noviembre de 1937. – V. Machado Valle."

De usted muy atento y seguro servidor,

AGUSTÍN ALONZO, **Secretario.**

PARTE GEOGRÁFICA

PRIMERA PARTE: GEOGRAFÍA FÍSICA

GENERALIDADES:

El municipio de Comayagüela es uno de los más florecientes del país; por la fertilidad de sus terrenos y el amor acendrado al trabajo de sus habitantes, ha logrado ser catalogado como uno de los municipios más laboriosos de Honduras.

Uno de los distintivos del pueblo de Comayagüela es su profundo amor a la agricultura, sin descuidar por eso la ganadería, el comercio e industrias. En los últimos años, gracias a la paz imperante, el municipio de Comayagüela ha recibido un gran impulso en las diferentes fases de sus intereses locales. El comercio ha recibido gran ensanche, tanto en la localidad como fuera de ella, y eso se ha debido a sus magníficas vías de comunicación y transporte; por su decidido y continuo apoyo y amor a la educación, y por su espíritu cívico, religioso —sin degenerar en el fanatismo— y por sus sentimientos altamente patrióticos.

SITUACIÓN:

El municipio de Comayagüela está ubicado en un terreno en su mayor parte completamente irregular, exceptuando la ciudad cabecera, que se encuentra situada en una llanura encajonada entre los cerros Berrinche y Juana Laínes, Las Crucitas y Sipile.

LÍMITES:

Se encuentra limitado: al norte, por la ciudad de Tegucigalpa y la aldea de Cerro Grande, de aquella jurisdicción; al este, por las aldeas de Jacaleapa, Agua Salada y Santa Rosa, también de Tegucigalpa; al sur, por las aldeas de Yaguacire, Las Casitas y Mateo, comprensión de Tegucigalpa; y al occidente, por el municipio de Lepaterique y parte de la aldea de Támara, jurisdicción de Tegucigalpa.

POSICIÓN ASTRONÓMICA:

Se encuentra comprendido entre los 19°, 8' latitud norte y los 87°, 15' de longitud del meridiano de Greenwich; su altura sobre el nivel del mar, en la parte más baja, es de más o menos 300 pies.

EXTENSIÓN:

La extensión superficial del municipio de Comayagüela es de 270 caballerías, o sean 12,157 hectáreas, 58 áreas y 30 centiáreas, según título de los ejidos del municipio sacado por don Hermenegildo Valle en el año de 1911, y los llamados "TÍTULOS DE LAS TIERRAS DEL QUISCAMOTE" de 1860 y el título elaborado por don José Esteban Lazo en 1881, denominado: "TERRENO QUE CUPO AL PUEBLO DE COMAYAGÜELA, en el sitio de la EXTINGUIDA COFRADÍA DEL SEÑOR CRUCIFICADO DE TÁMARA".

FUNDACIÓN:

(Véase la parte histórica).

ASPECTO FÍSICO:

La topografía del municipio de Comayagüela es bastante irregular, con excepción de la ciudad cabecera, que se encuentra situada en una amplia llanura dentro de la cual se encuentra comprendido El Llano del Potrero. Sus tierras son muy fértiles, en su mayoría ricas en humus, cal, arena y arcilla, con exuberante vegetación, dándose en sus tierras todas aquellas plantas propicias a los climas tropicales.

MONTAÑAS:

La cordillera de Lepaterique extiende uno de sus ramales por este municipio, formando las montañas de Yerba Buena y Zacualpa, que son las principales; estando, además, y al norte de la aldea de La Cuesta, La Montañita; las montañas de Monte Redondo, parte de las montañas de Támara, del Quiscamote y de San Matías, entre otras.

CERROS:

Este municipio debe su irregularidad topográfica a la infinidad de cerros que se levantan por todas partes de su territorio; entre ellos señalaremos los siguientes: en primer término están el cerro El Berrinche, Sipile y Juana Laínes; siguen después el de La Estiquirinera o del Estiquirín, situado a mano izquierda de la carretera del sur; el de La Zopilotera, El Mogote, Cerro Verde, El Lolo, El Durazno, El Chile, Miraflores, La Estacada y otros más. La mayoría de estos cerros poseen su valor histórico, pues ellos, en muchas ocasiones, han servido de baluarte para la defensa de ambas ciudades, cuando por la ambición de nuestros políticos de barricada, Honduras se ha visto envuelta en los negros crespones que tienden las luchas intestinas, a Dios gracias, hoy desaparecidas quizá para siempre.

LLANURAS (MESETAS):

Comayagüela posee también algunas mesetas, siendo la principal la del Llano del Potrero, que es continuación de la llanura donde se asienta la ciudad cabecera; se pueden señalar también las mesetas de San Matías y la de Loarque.

VALLES:

Valles, en el verdadero sentido de la palabra, no hay en Comayagüela, pues no se pueden mencionar como tales la planada de la ciudad cabecera y las sabanas de San Matías y Monte Redondo.

CLIMA:

Aunque el clima de Comayagüela ha variado mucho debido a la tala de arboledas, su clima es benigno; hay aldeas que son verdaderos rincones paradisíacos.

En general, el clima de Comayagüela posee una temperatura ambiente de 20 grados centígrados, con una temperatura máxima de 19.5 grados centígrados y una humedad relativa del 88%. Los vientos predominantes son los del norte.

RÍOS Y QUEBRADAS:

Los terrenos del municipio de Comayagüela en gran parte están bañados por el río Grande o Choluteca, en cuya margen occidental está situada la ciudad cabecera, y por el río Guacerique, que nace al este de las montañas de Lepaterique, formado por los ríos Guaralalao y Las Gradas, los cuales, unidos en el lugar de El Tablón, en la aldea de San Matías, siguen hasta recibir las aguas del río Mateo; estos tres ríos forman el Guacerique, el cual desemboca en el río Choluteca, en el lugar llamado Los Encuentros, cien metros abajo del puente Guacerique. En su curso riega los terrenos de las aldeas de San Matías, Nueva Aldea, Las Tapias y los de la ciudad cabecera; siendo, además, el río que, por lo cristalino y saludable de sus aguas, surte del precioso líquido a la ciudad de Comayagüela, y pasando un tubo madre por el puente Carías brinda también sus aguas al Barrio Abajo de Tegucigalpa. La presa del agua de Comayagüela, construida sobre este río, se encuentra a cinco o seis kilómetros de la ciudad, a uno de Nueva Aldea y a kilómetro y medio de Las Casitas, jurisdicción de Tegucigalpa.

El río Las Gradas lleva este nombre por formar, un poco antes de unirse al Guaralalao, una serie de escalones por donde el agua cae formando una especie de cortinajes ribeteados por las salientes de las gradas formadas en pura roca viva; es completamente atrayente este lugar. Después de atravesar las aguas, la serie de escalones caen sobre un lecho de finísima arena, constituyendo una poza que es la principal delicia de los comayagüelinos y de todas aquellas personas que visitan San Matías.

Entre las quebradas tenemos las siguientes: la quebrada de Camaguara, la de La Burrera, la de Quiebra Monte, la Quebrada Seca, la de El Sapo y La Orejona, y la quebrada del Carrizal o de La Cuesta, antes La Chorrera; está también la quebrada de El Puesto y otras de menor importancia.

CATARATAS Y SALTOS:
Cataratas no existen, y saltos únicamente está el que se forma en el río Guacerique, cerca de Las Torres.

LAGUNAS:
La única es la de El Pedregal, célebre en la historia de Honduras por los paseos que a ella organizaba continuamente el padre Reyes.

TERRENOS MUNICIPALES:
Los terrenos de Comayagüela, como antes hemos dicho, por su admirable fertilidad son una verdadera fuente de riqueza; un campo

propicio para el fomento de la agricultura y la ganadería. Los terrenos se conocen con el nombre de "EJIDOS DE COMAYAGÜELA" (véase EXTENSIÓN).

A ciencia cierta no se sabe cuándo se hizo la primera demarcación.

TÍTULO DE LAS TIERRAS NOMBRADAS DEL QUISCAMOTE

El 9 de mayo de 1859 esta Municipalidad se reunió en Junta Ordinaria para tratar de la remedida del título de tierras denominado del Quiscamote, en vista de encontrarse completamente en mal estado el título que garantiza la propiedad y posesión que Comayagüela tiene en el lugar mencionado. En dicha sesión se comisionó al señor alcalde 2° para que lo más pronto posible solicitara de la Intendencia Departamental la remedida de dicho terreno, tomando como base los linderos reconocidos.

Inmediatamente después el señor alcalde 2°, don Simeón Lozano, elevó la solicitud mencionada ante el señor intendente departamental, diciendo entre otras cosas: "que se hallaba casi enteramente arruinado el título adjunto, con el cual esta villa posee el terreno llamado del Quiscamote, colindante con los sitios de Guacerique, Agua Amarilla, Lepaterique y Támara."

El 16 de mayo del mismo año, la Intendencia de Hacienda del departamento dio por presentada dicha solicitud, la cual, una vez admitida, se mandó nombrar para la remedida al agrimensor don Fernando Bustamante. Aceptado que fue el nombramiento por el agrimensor Bustamante, le fueron entregadas todas las diligencias para que procediese a practicar la remedida. Y llenados todos los trámites del caso, y llamados los testigos nombrados y los colindantes para que se hiciesen presentes en el lugar del Quiscamote para hacer luz sobre el asunto. El 23 de mayo del mismo año 1859, el señor agrimensor Bustamante, en unión de los testigos y demás interesados, se constituyó en el lugar denominado Las Gradas, dando principio a la remedida, la cual, una vez terminada y levantado el plano correspondiente, dio un total de superficie de 58 caballerías y doce cuerdas cuadradas.

Con fecha 6 de julio de 1859, el señor agrimensor Bustamante dirigió al señor jefe intendente el siguiente informe: "El agrimensor a quien usted se sirvió comisionar para que practicase la remedida del sitio del Quiscamote, perteneciente a la Villa de Concepción, expone: que el título del terreno dicho del Quiscamote está casi destruido, faltándole la mitad hacia lo largo; pero se advierte en él el entero o pago que se hizo de dichas tierras y su confirmación. Que también se advierten los cuatro principales mojones angulares, sus rumbos en unas partes, sus cuerdas en otras y los colindantes. Se sabe asimismo quién fue el medidor y en el año que dicha medida se practicó; pero como no está todo cabal, como he dicho, no pude en un todo arreglarme al artículo 7º de la instrucción que da la ley de 23 de julio de 1836."

Con motivo de la remedida, los vecinos de Támara se opusieron abiertamente a que el señor agrimensor Bustamante llevase a cabo los trabajos. La Municipalidad de Comayagüela nombró su apoderado al doctor don Valentín Durón, quien se dirigió al juez de 1ª instancia pidiéndole hiciera aparecer a su juzgado a los señores don Fernando Bustamante, don Felipe Borjas y don Exequiel Reconco, para que, una vez juramentados, respondieran a las preguntas que sobre los antiguos linderos del sitio del Quiscamote perteneciente a este municipio se les hiciera. Presentes las personas citadas, el señor Bustamante dijo: "que le consta que los linderos citados (Las Trancas, el río de Guaralalao y Quebrada Honda), en la pregunta que se le hace, son los límites de uno y otro terreno, es decir, del de la Villa de Concepción y del pueblo de Támara, cuyos linderos constan en uno y otro título; y que en una ocasión que el declarante fue como agrimensor a remedir el terreno del Quiscamote de La Zacualpita, observó que cuando tocó con el mojón de La Crucita, este se hallaba a una distancia como de cien varas del lado derecho del río, y no vuelve la cuerda a tocar con el río de Guaralalao hasta topar con la montaña."

A la tercera pregunta dijo: "que efectivamente conoce muy bien los límites de las tierras nombradas de Guacerique y que colindan con las de Támara hasta el paso nombrado de Las Trancas, río de Guaralalao..." Los demás testigos contestaron afirmativamente las preguntas, es decir, de acuerdo con lo dicho por Bustamante.

Después de muchos trámites y de haberse provocado reunión de los vecinos de Támara y de este municipio, se llegó a un arreglo satisfactorio, sin mutilar en nada los derechos de este término.

REMEDIDA:

"En este lugar de Las Gradas, a los veinticuatro días del mes de julio de mil ochocientos sesenta, ahora que serán las siete de la mañana, nos dirigimos con los testigos, tiracuerdas y apoderado de la Villa de Concepción al expresado punto de Las Trancas, y habiendo llegado a él, que es la confluencia de los ríos de Guaralalagua, San Matías y una pequeña quebrada, se fijó en la cumbre un mojón, y poniendo el otro al oeste, se tiró la cuerda de cincuenta varas castellanas por sobre el mismo río de Guaralalagua, que también sirve de lindero al común de Támara, según se ve de su título. Habiendo llegado a una gran vuelta del río con setenta y cinco cuerdas, se tomó el rumbo norte y por sobre el mismo río se continuó midiendo hasta llegar con cuarenta y dos cuerdas a la segunda vuelta; de donde, tomando el viento oeste y noroeste, partimos siguiendo el mismo río hasta otra vuelta que hace ya dentro de la montaña, donde le entran por la derecha dos quebradas, una de bastante agua y otra de poca, contándose hasta allí cincuenta y ocho cuerdas. Siendo bastante tarde, se suspendió la medida, firmando esta diligencia los que aparecen. –J. Greg. A. Zelaya. –Exequiel Reconco. –Francisco Solís.

En este lugar de Las Gradas, a los veintiséis días del mes de julio de mil ochocientos sesenta, ahora que serán las seis de la mañana, nos dirigimos con los mismos que el día de ayer a la tercera vuelta del río Guaralalagua, y llegados a él, poniendo el rostro al sur, partimos a la derecha de la montaña y algunas veces por su interior en línea recta a la cabecera de la Quebrada Honda, hasta donde se contaron ciento dieciocho cuerdas. Siguiendo el mismo rumbo por la quebrada abajo, se llegó con veintitrés cuerdas a una altura montañosa, donde le entra a Quebrada Honda otra quebrada por el lado izquierdo. Y siendo bastante tarde, se suspendió la medida, firmando esta diligencia con testigos. –J. Greg. O. Zelaya. –Exequiel Reconco. Hay tres rúbricas.

En Las Gradas, a los veintisiete días del mes de julio de mil ochocientos sesenta, ahora que serán como las siete de la mañana, nos dirigimos a una ceja montañosa donde el día de ayer se suspendió la medida; y habiendo llegado a este punto, poniendo el rostro al este-sudeste y siguiendo la misma Quebrada Honda, salimos con cuarenta y una cuerdas a donde se concluye la parte descombrada de la montaña. De este lugar partimos con el rostro al este, siempre quebrada abajo, hasta un punto llamado La Crucita, donde, según el título que manifestó el señor don Pedro Reconco, empiezan sus tierras llamadas El Rincón de La Chorrera, y se contaron cincuenta y tres cuerdas. Proseguimos por la misma quebrada, cuerda sobre cuerda con dichas tierras, y por el viento este-noreste salimos con setenta cuerdas al punto llamado La Chorrera de la Quebrada Honda, y el señor Reconco se retiró conforme. Colocados con el rostro al noroeste y en el propio punto donde se precipita el agua, se fue midiendo cuerda sobre cuerda con tierras de Guacerique hasta llegar al punto donde se empezó la medida con sesenta y una cuerdas, de donde nos retiramos como a las tres de la tarde."

Estas remedidas estaban de acuerdo con las que anteriormente había practicado el señor agrimensor don Fernando Bustamante, no habiéndose levantado el plano respectivo por haberlo hecho el señor Bustamante. En consecuencia, quedaron completamente trazados los linderos y amojonamiento respectivos de las tierras del Quiscamote pertenecientes a Comayagüela.

Poco tiempo después se hicieron algunas modificaciones de orden al plano, que, unido al título respectivo, es custodiado en la Secretaría Municipal de esta ciudad, pero dichas reformas no afectaron en nada las remedidas apuntadas.

TÍTULO DE TIERRAS DEL CRUCIFICADO DE TÁMARA

En tiempos del gobierno del doctor don Marco Aurelio Soto se dispuso que las tierras pertenecientes a las cofradías, ya que estas habían dejado de existir, se dividieran entre quienes correspondían. Se dispuso que el lugar de la Cofradía de Támara se dividiera por mitad entre este municipio y aquella aldea, lo cual fue verificado por el agrimensor nombrado al efecto.

Con fecha diecinueve de julio de mil ochocientos ochenta y uno, esta Municipalidad se dirigió al gobierno pidiendo que, en compensación de los cuatrocientos pesos que se le adeudaban por el valor de un terreno que vendió a la nación para el establecimiento de una granja, se le dieran tierras equivalentes a las cedidas y en el lugar de la Cofradía de la aldea de Támara.

Y el Poder Ejecutivo, con fecha diecinueve de agosto de mil ochocientos ochenta y uno, por medio de la Secretaría de Estado en el Despacho de Gobernación, acordó ceder la mitad del terreno perteneciente a la extinguida Cofradía del Crucificado a la Villa de Concepción, y la otra mitad a la aldea de Támara, autorizando a la Municipalidad para que por su cuenta mandase practicar la remedida de todo el terreno, y que el agrimensor encargado de practicar dicha remedida hiciese la correspondiente división, consultando de una manera equivalente y equitativa los intereses de ambas partes y que, una vez practicada esa remedida, previos los trámites legales, se extendiese a favor de los interesados el correspondiente título de propiedad.

La Municipalidad, llenando todos los trámites del caso, nombró la comisión correspondiente; el señor juez de paz de esta ciudad fijó el día diecisiete de noviembre de 1881 para principiar a practicar la remedida, citó a los colindantes, y una vez dadas a estos las explicaciones del caso, quedaron convocados para el día mencionado.

Una vez terminada la remedida de todo el terreno, la Comisión Agraria nombrada procedió a hacer la división. Las tierras que corresponden a Comayagüela son las comprendidas dentro de los linderos y amojonamiento siguientes: del cerro de Resisapa, en la línea que va del mojón de la montaña de Támara a El Chiquero con rumbo norte, pasando por la Cueva del Gigante, a sesenta y siete grados, por la orilla de Laguna Grande, por El Espinal, en el punto donde pasa el camino de Támara a San Matías, después siguiendo el mismo rumbo norte y atravesando la quebrada del Agua Caliente; después rumbo al Pedregal, pasando por el camino real de Tegucigalpa a Támara.

Hemos procurado, en síntesis, dar a conocer los dos títulos anteriores, por cierto poco conocidos de los vecinos de Comayagüela.

EJIDOS DE COMAYAGÜELA:

En el mes de noviembre del año de 1892, el licenciado don Felipe Cálix elevó una solicitud ante el señor administrador de rentas de este departamento, pidiendo permiso para mandar practicar la remedida del terreno que sirve de ejidos a los vecinos de este municipio. La solicitud fue resuelta favorablemente, y una vez corridos los trámites prescritos por la ley y dispensándose el pago de los derechos correspondientes, por acuerdo del mismo mes de noviembre, fueron aprobadas las diligencias seguidas al efecto y se mandó extender a esta corporación, para que le sirviese de título, el testimonio que yace custodiado en la Secretaría Municipal de esta ciudad, acompañado del plano correspondiente.

Dicho testimonio es demasiado largo para poder copiarlo íntegro, por lo que nos concretaremos a entresacar de él las partes más importantes.

Con fecha treinta y uno de octubre de 1778, el señor regidor perpetuo de la Real Villa de Tegucigalpa, don Guillermo de Rivera, certificó que "el señor subdelegado de tierras don José Tomé me pidió certificase todo lo que supiese sobre la extensión y bondad de las tierras que posee el común del pueblo de Comayagüela", habiendo hecho la siguiente declaración: por la parte del norte linda dicho pueblo con Tegucigalpa, solo con la intermisión del río Grande. Por la parte este tiene por ejidos la chácara que fue de doña Antonia de la Serna, y que en dicho terreno sembraba este pueblo varias milpas y entre ellas la de la comunidad. Que por la parte del sur llegan los ejidos de Comayagüela a unas sabanas llamadas del Potrero (Llano del Potrero), con una extensión de más o menos dos leguas. Por la parte suroeste se extienden los ejidos hasta un cerro llamado El Mogote, cuya distancia será de poco más o menos dos leguas. Por la parte oeste llegan los citados ejidos hasta un portillo llamado de Quiebra Monte, advirtiendo el señor regidor que duda si se extienden más allá, y que hasta dicho portillo hay cerca de tres leguas.

Después de tomar declaraciones a varios testigos, se practicó la remedida.

En el año de 1899, en vista de que el título de tierras de Comayagüela se encontraba casi ilegible y muy deteriorado, con fecha veintidós de noviembre, el señor licenciado don Felipe Cálix elevó ante el señor administrador de rentas de este departamento otra solicitud pidiendo permiso para la remedida de los terrenos ejidales comprendidos en el título denominado DE LAS TIERRAS DEL CENTRO DE LA VILLA DE CONCEPCIÓN, en vista del estado del documento y en vista también de que los linderos que determinaban la separación de los terrenos colindantes se encontraban en mal estado, originando ello pretensiones infundadas de los propietarios vecinos. Pidiendo, además, que se comisionara para la práctica de tal diligencia al ingeniero don Rosendo Contreras V.

Con fecha veintidós del mismo mes y año, el señor administrador de rentas del departamento concedió el permiso solicitado por el señor abogado don Felipe Cálix, síndico de la Municipalidad de esta ciudad; comisionando, además, al señor agrimensor don Rosendo Contreras V. para que practicase la remedida solicitada. Notificado que fue el señor Contreras V., aceptó la comisión aludida, entregándosele, además, las diligencias correspondientes. Nombrándose con fecha tres de diciembre del mismo año y con carácter de testigos de asistencia a los señores don Teodoro Salafari y don Francisco J. Orellana. Y de acuerdo con el señor síndico municipal licenciado Cálix, se señaló el seis de diciembre para dar principio a las operaciones. El señor Contreras V. y testigos asistentes pidieron al señor síndico les informara quiénes eran los colindantes, a lo que el señor síndico contestó: que colindaban por el oriente, el común de La Plazuela, representado por el señor licenciado don José María González, don José María Agurcia como heredero legítimo de su padre don Ignacio y el señor doctor don Remigio Díaz. Por el sur, don Jesús Estrada, don Concepción Godoy, las señoritas Irías, representadas por el licenciado don Domingo Zambrano, los señores Escoto, el licenciado don César Bonilla y la misma Municipalidad de Comayagüela. Por el suroeste, la señora doña Irene de Lardizábal y don Santos Soto. Por el poniente, el común de Santa Cruz y Quiebra Monte y el de Guasculile; y por el norte, Turcios y Banegas.

Seguidamente se dirigieron notas citatorias a los colindantes para que el día seis se presentaran con los documentos y se constituyeran en los puntos donde principiare la colindancia de sus respectivas tierras con las que se iban a remedir, a fin de practicar el reconocimiento de mojones y linderos que previene la Ley Agraria. Seguidamente se dirigieron notas de cita a los señores auxiliares de Santa Cruz, Quiebra Monte y Guasculile, para que el ocho de diciembre concurriesen a presenciar el reconocimiento de los mojones y linderos comunes entre sus terrenos y los de la remedida.

Con fecha seis del mes citado, el ingeniero Contreras V., acompañado del síndico municipal de esta ciudad, de don Jerónimo Cálix, de los conocedores Nazario y Sebastián Sosa, de los testigos de asistencia y varios vecinos de Comayagüela, se dirigió a la confluencia de la quebrada de La Orejona, llamada antiguamente Mateo Orejón, llegando a la confluencia de esta con el río Chiquito, llamado antes del Oro, donde principió el reconocimiento. En ese lugar estaban los representantes del común de La Plazuela. Mostrando el señor licenciado González el título de "Las Tierras de los Labradores de Sabanagrande", título que les fue conferido a fines del siglo XVIII. Dicho título dice:

"Habiendo llegado a la orilla del río Chiquito, llamado antiguamente el río del Oro, donde hace encuentro una quebrada que vulgarmente le llaman de Mateo Orejón", estando con este nombre expresada en el real título del común de indios de este pueblo. Siendo el mismo que componía la chácara de doña Antonia de la Serna, declarada por el supremo tribunal de la Real Audiencia del reino, por ejidos de Comayagüela. La comisión presidida por el ingeniero Contreras V. siguió los linderos que menciona dicho título, que es "la mencionada quebrada de La Orejona para arriba, y con dirección suroeste hasta emparejarse con un cerrito que, algo desviado de la mencionada quebrada, queda al oeste sirviendo de mojón a las tierras de Comayagüela; hasta ahí se contaron treinta y nueve cuerdas; de ahí prosiguieron por el mismo rumbo, siempre por dentro de la quebrada, y se tiró la cuerda hasta llegar a un terreno de agua salada conocido con el nombre de 'Terreno del padre Manuel García'."

En esta remedida hubo un largo litigio entre los Labradores de Sabanagrande y este pueblo con motivo de pretender ambas partes el derecho a dos caballerías de las comprendidas en aquella mensura; el litigio terminó con el fallo en mil setecientos ochenta a favor del común de Labradores, mandándose, además, dar posesión a estos de las tierras cuestionadas. Hasta aquí lo principal del título presentado por el licenciado González.

En la citada confluencia, la comisión encontró un mojón de piedras, con el cual estuvieron de acuerdo el representante del común de La Plazuela y el síndico municipal, quedando en consecuencia este punto aceptado por ambas partes. El licenciado González y las demás personas que lo acompañaban dijeron que hacía algún tiempo el ingeniero Jorge Bonilla había remedido el común de La Plazuela, y entonces había tomado como lindero la quebrada de La Orejona hasta el paso de Colindres, de ahí en línea recta al Cerrito Colorado de Juan Zapatero, y de aquí al Portillo Barahona, en donde terminó la colindancia de los terrenos del común, principiando la de los de don José M. Agurcia. La comisión siguió reconociendo los demás linderos así: cerro del Zapatero situado al sudoeste, a veinticinco grados de la cima del cerro de Juana Laínez, a una distancia de cien decámetros y a treinta de la quebrada de La Orejona. Ambas partes estuvieron de acuerdo en reconocerlo como mojón común. Después se dirigieron al mojón conocido con el nombre de "Portillo de Barahona", esquinero de los terrenos de don José María Agurcia y de los del común de La Plazuela y lineal de los que se iban a remedir.

A continuación fueron a reconocer las confluencias de las quebradas de "El Agua Salada" y "Boquerón", el mojón del cerro Colorado y el punto del río de Jacaleapa donde termina la colindancia del sitio de "Hato de Enmedio" con el de Comayagüela. Continuaron el reconocimiento hasta la poza del Toncontín en el río Grande. De este sitio subieron al mojón de "La Teresica", situado al norte de la casa de Toncontín. De ahí pasaron al mojón de calicanto "El Jícaro", situado en la orilla del camino que conduce de Tegucigalpa a Las Casitas. De aquí pasaron a reconocer el paso de la quebrada del Puesto, de ahí al mojón de La Cruz de Diego; de este mojón se pasó a reconocer el del cerro de La Sabana Larga; continuando a reconocer el mojón de la orilla del río Guacerique que está inmediato al paso de Las Horquetas, el cual fue mandado avivar, y en el cual termina el sitio denominado La Estancia. Después pasaron al lugar denominado Cerca Quemada, en donde principian las tierras de Guacerique, se estableció un mojón esquinero en la parte sur del lugar mencionado; después, en línea recta, pasaron por el cerro del Pedregal, continuando siempre en línea recta al mojón de "Las Horquetas"; después fueron a reconocer el lugar de "Piedra Sobre Peña", en la orilla izquierda de la quebradita de "El Tablón".

Después pasaron a la margen izquierda del río Grande, en la poza denominada de "Martínez", con el objeto de reconocer las líneas de colindancia entre el terreno en remedida y el del "Chile", donde se estableció un mojón en la orilla derecha del río Grande en El Cerrito de La Moncada. A continuación se dirigieron al cerro del Berrinche, donde establecieron otro mojón; después pasaron al mojón del Portillo de Miraflores. Después se constituyeron en el cerro denominado Guasculile para proseguir el reconocimiento; de este cerro pasaron a La Montañita, al norte de la aldea de La Cuesta, donde encontraron un mojón, que según los auxiliares de Guasculile servía a los ejidos de Comayagüela y a los terrenos de aquella aldea. Después se constituyeron en el punto llamado El Portillo para proseguir el reconocimiento, recorriendo los puntos siguientes: el cerro del Durazno, el portillo de Cruz Chiquita, el cerro del Portillo y el canto de Sabana Larga; el desagüe de la quebrada del Tablón, mojón esquinero del terreno de don Santos Soto, El Rincón Chiquito, yendo a terminar al mojón de La Montañita. En seguida se trasladaron al lugar denominado Piedra Sobre Peña, al suroeste del Quiscamote, terminando ahí el reconocimiento el seis de enero de mil novecientos.

ACTA DE MEDIDA :

"Tegucigalpa, veintiocho de diciembre de mil novecientos. La mensura del terreno de que trato la verifiqué por triangulación, empleando el tiempo desde el quince de diciembre del noventa y nueve hasta el seis de enero de este año.

COLINDANCIA CON EL COMÚN DE LA PLAZUELA:

Con asistencia del representante del citado común, licenciado don José María González, di principio a la medida de la línea de colindancia en la forma siguiente: de la confluencia de la quebradita de La Orejona con el río Chiquito, siguiendo aquella aguas arriba hasta el paso de Colindres, en el camino que conduce a la aldea de Agua Salada, se midieron con rumbo sureste, veintiocho grados, treinta y ocho minutos y medio, 129 decámetros, 39 centésimos.

Aquí manifestó el representante del citado común ser el punto donde se dejaba la quebrada para dirigirse al cerro de El Zapatero; que de este cerro se dirigía la línea al portillo de Barahona, que no era el que, en el reconocimiento, por no estar bien informado, había aceptado como tal, sino otro situado al sudoeste, y que si no aceptaba en mis operaciones el paso de Colindres y si tomaba como esquinero meridional del terreno que remido y el que él representa del mojón del portillo de Barahona que habíamos reconocido, protestaba contra mi medida.

Entonces hice notar al licenciado González que el mojón del portillo Barahona, que protestaba, no podía yo, en manera alguna, modificarlo, ya que en el título de "Hato de Enmedio" consta que fue aceptado por Comayagüela y el común de La Plazuela como esquinero con aquel sitio; pero que, en todo caso, haría constar su protesta. Deseando cortar en lo posible las dificultades que me hacía el representante del común de La Plazuela, y ya que no podía modificar el mojón del portillo de Barahona por haber sido establecido formalmente, hice convenio con el señor representante de la Municipalidad de Comayagüela, regidor 2° don José Ángel Licona C., que aceptase el paso de Colindres como el punto en donde se dejaba la quebrada de La Orejona, que sirve de lindero común a entreambos terrenos desde su confluencia con el río Chiquito hasta aquel paso.

Así, pues, desde el lugar citado y con el rumbo suroeste de diez grados, catorce minutos, medí llevando a la izquierda el camino de Agua Salada, 82 decámetros, 44 centésimas hasta el cerrito del Zapatero, en donde se colocó un mojón. De aquí con rumbo suroeste, 62 grados, catorce minutos, 20 segundos, cruzando el camino relacionado, llegué al mojón del portillo de Barahona con treinta y siete decámetros, diecinueve centésimas.

COLINDANCIA CON EL SITIO DE "HATO DE ENMEDIO":

La mensura de las líneas comunes con aquel terreno la practiqué sin asistencia del señor Agurcia; pero como en el reconocimiento el señor don Víctor Valladares, que lo representaba, me mostró los mojones de toda la línea y fueron aceptados por el síndico municipal don Felipe Cálix, no tuve dificultad alguna en mis operaciones. Del portillo de Barahona, con rumbo suroeste, 20 grados, 44 minutos, 40 segundos, cruzando un montecillo llegué al encuentro de las quebraditas del Agua Salada y El Boquerón con 56 decámetros, 89 centésimas; de aquí, con rumbo suroeste, 7 grados, cinco minutos, medí 74 decámetros, 61 centésimas al mojón de cerro Colorado, yendo línea a través de la llanura de Zepeda; del cerro Colorado descendí por una falda montosa con el rumbo suroeste, 16 grados, 57 minutos, 50 segundos, 34 decámetros, 34 centésimas a la orilla del río Jacaleapa, en donde se colocó un mojón; habiendo seguido con esta recta del cerco de alambre con que tiene acotado el señor Agurcia esta línea de colindancia.

COLINDANCIA CON TERRENOS DE DON REMIGIO DÍAZ:
Como en el reconocimiento el señor Díaz no asistió, sin duda porque los linderos son el río Jacaleapa y el río Grande. Del mojón anterior, colocado en la margen derecha del citado río, siguiéndolo aguas abajo hasta su unión con el Grande y con el rumbo suroeste, 78 grados, 15 minutos, 30 segundos, medí treinta y seis decámetros, 28 centésimas. Siguiendo el río Grande aguas arriba hasta la poza del Toncontín, medí así: suroeste, 13 grados, 44 minutos, 40 segundos, 21 decámetros, 34 centésimos; suroeste, 37 grados, 46 minutos, 20 segundos y 109 decámetros, 25 centésimas.

COLINDANCIA CON EL SITIO DEL POTRERO:
Siendo también conocidos y perfectamente demarcados los mojones de esta colindancia, al reconocimiento de los cuales concurrieron los señores licenciado don Domingo Zambrano y don Nazario Godoy, no tuve ninguna dificultad, a pesar de no haber asistido ninguno de ellos a la medida que se practicó en la forma siguiente: de la poza del Toncontín se subió al mojón de calicanto de La Teresica con suroeste, 89 grados, 54 minutos, 20 segundos, 39 decámetros, 27 centésimas; de este mojón al de El Jícaro, cruzando la carretera del sur y el llano del Potrero, suroeste, 87 grados, 20 minutos, 188 decámetros, 86 centésimas; de este mojón se continuó por el camino de Las Casitas hasta el mojón de La Cruz de Diego, así: noroeste, 87 grados, 20 minutos, 120 decámetros, 23 centésimas, habiendo atravesado la quebrada del Puesto; suroeste, 57 grados y medio, 48 decámetros, 1 centésima; suroeste, 79 grados, 14 decámetros, 61 centésimas; suroeste, 52 grados y medio, 33 decámetros, 40 centésimas.

COLINDANCIA CON LOS ESCOTOS:

Estos señores no asistieron ni al reconocimiento ni a la medida de la línea del mojón de La Cruz de Diego al de Sabana Larga, que tienen común con el terreno que remido. Los mojones citados están unidos por una recta de rumbo noroeste, 72 grados, 26 minutos, 50 segundos y de 72 decámetros, 92 centésimas de longitud.

COLINDANCIA CON LA ESTANCIA:

No asistió el licenciado don César Bonilla a la medida, que se practicó así: del mojón de Sabana Larga al de Las Horquetas, en la margen derecha del río Guacerique, habiendo dejado el llano de Sabana Larga a la izquierda, suroeste, 72 grados, 15 minutos y medio, 142 decámetros, 55 centésimas.

COLINDANCIA CON EL TERRENO DE LA BREA:

Este terreno, como dije antes, pertenece a Comayagüela y a don César Bonilla. La medida de las líneas de colindancia, de conformidad con lo establecido en el reconocimiento, la verifiqué como sigue: del mojón del paso de Las Horquetas al principio del gran borde del cerro de El Pedregal, noroeste, 60 grados, 16 minutos, 50 segundos, 247 decámetros, 63 centésimas; de este último punto, en donde se colocó un mojón, siguiendo el mencionado borde hasta su terminación, en donde se estableció un acerbo de piedras, noroeste, 36 grados, 53 minutos, 201 decámetros, 92 centésimas; de aquí al mojón de calicanto de Cerca Quemada, suroeste, 38 grados, 44 minutos y medio, 134 decámetros, 27 centésimas.

COLINDANCIA CON TEGUCIGALPA:

La medida se practicó así: de la confluencia de la quebrada de La Orejona con el río Chiquito, siguiendo este aguas abajo hasta el puente que une la ciudad mencionada con la de Comayagüela, suroeste, 81 grados, 85 minutos, 40 segundos, 34 decámetros, 23 centésimas; del puente siguiendo el río Grande aguas abajo hasta el cerrito de La Moncada, noroeste, 61 grados, 7 minutos, 20 segundos, 36 decámetros, 90 centésimas.

COLINDANCIA CON EL TERRENO DEL CHILE O CERRO GRANDE:

La medida se practicó con asistencia del colindante don Antonio Turcios y otros condueños de El Chile, en la forma siguiente: del mojón de La Moncada al mojón situado en el despeñadero de El Berrinche, noroeste, 78 grados, 48 minutos y medio, 107 decámetros, 75 centésimas. Como manifesté antes, de este punto hasta el mojón del portillo de Miraflores hay desacuerdo entre los condueños del sitio de El Cerro Grande y el representante de la Municipalidad de Comayagüela, regidor 2° don José Ángel Licona C.

Con respecto al mojón intermedio de Terreno Amarillo, para proceder con acierto en el establecimiento de aquel, hube de consultar la remedida del sitio de El Chile en agosto de 1875 por el ingeniero don Tomás Carías, que se encuentra en el Juzgado de Letras de lo Civil de este departamento, y que fue aprobada por acto judicial el 21 de septiembre del año citado. En la parte conducente dice: "... del mojón de Flores sigue el rumbo sur, cuatro grados, oeste. A dieciséis cuerdas sobre una lomita encontré un mojón, continuando el rumbo y bajando la lomita se pasó junto a un árbol de matasano donde también hallé un mojón. Prosiguiendo el mismo rumbo se trepó al Terreno Amarillo, no encontré mojón, pero sí el lugar donde había existido uno, el mandado por la sentencia de la Corte Suprema. Lo mandé alzar de nuevo junto a un roble. Ese mojón también es esquinero. De Terreno Amarillo, el rumbo este, veinticuatro grados sur, con setenta y cinco cuerdas me trajo al Portillo Blanco o de Tierra Blanca, donde tampoco encontré mojón. En cuanto al rumbo que viene en pos, y que es el último de esta medida, desde el Portillo Blanco al paso de La Moncada, mi punto de partida, este, doce grados sur, medí por triangulación veinticuatro cuerdas."

Trasladados al roble en donde el señor Turcios me dijo existía el mojón, pregunté a algunos vecinos de Comayagüela si a aquel punto había llegado Carías con su medida y me contestaron afirmativamente, expresando que las operaciones practicadas por el ingeniero mencionado no tenían valor alguno por haberse efectuado sin citar a Comayagüela; lo cual no es cierto, ya que en la remedida de que vengo haciendo mérito, se registra la contestación que la Municipalidad dio al señor Carías, quien, a pesar de dejarle a aquella

36

corporación un tiempo más que suficiente para que enviase su representante, tuvo que mencionar la línea de colindancia sin que hubiese concurrido.

El roble mencionado se encuentra en el portillo situado al sudoeste del cerro de El Lolo, en el lugar que llaman Rodadero de Trozas, de donde se divisa el portillo de Miraflores y el camino de La Cuesta a Comayagüela. Mandé en este punto levantar un mojón. En seguida uní este mojón y otro que mandé levantar en el lugar donde los comayagüelinos decían ser el Terreno Amarillo, y que he colocado en el plano geométrico que acompaño con el nombre de Borde y línea pretendida por los vecinos de Comayagüela. Uní, pues, cada uno de los mojones con los de El Berrinche y Miraflores, aceptados, con el fin de ver cuál de los dos daba resultados que se aproximasen más a los obtenidos por el señor Carías, ingeniero digno de fe por lo concienzudo de sus trabajos.

El mojón de "El Roble", del portillo de "El Lolo", del Rodadero de Trozas o del Terrero Amarillo, o como quieran designarlo, si no resultó enteramente conforme con los datos del señor Carías, se aproximó lo suficiente para tener la convicción de que en aquel lugar lo estableció el señor mencionado; por todo lo cual, y aunque contrariando el parecer del representante de la Municipalidad de Comayagüela y sus vecinos, lo acepté, antes que dejar pendiente una cuestión que está tan clara para ser resuelta de una vez.

Así, pues, de El Berrinche al mojón del portillo del cerro de El Lolo, con el rumbo noroeste, 60 grados, 56 minutos y medio, medí 341 decámetros, 95 centésimas; de este mojón al del portillo de Miraflores, noreste, seis grados, treinta y ocho minutos y medio, ciento sesenta y seis decámetros, cuarenta y cuatro centésimas.

COLINDANCIA CON GUASCULILE:

No asistieron los auxiliares, pero habiendo sido aceptados los mojones de Miraflores y La Montañita (Ausisemel) en el reconocimiento, medí la recta que los une, que es de noroeste, 75 grados, 52 minutos, 10 segundos, 201 decámetros, 95 centésimas.

COLINDANCIA CON SANTA CRUZ

A falta de datos precisos para efectuar la mensura de esta parte, registré el archivo de tierras de Comayagüela, y entre otros documentos encontré un expediente de vista de ojos y avivamiento de mojones y linderos, que practicó, por comisión judicial, el señor Ignacio Vega el año de mil ochocientos treinta y seis, en el mes de agosto. Las dos actas que se refieren a la colindancia con Santa Cruz dicen así:

"En cuatro del mismo y en el portillo de Ausisemel, en donde se dejó ayer este avivamiento, comienza hoy dicha operación, que reunidos los comunes del Pueblo Abajo, Santa Cruz y Comayagüela, los dos primeros discordaron sobre el punto del lindero en dicho portillo, cuya diferencia será de doscientas varas de sur a norte; pero no embarazando esta cuestión a la prosecución de mi comisión, se continuó de norte a sur hasta encontrar con La Cruz Chiquita y lindero conocido por los Santa Cruz y Comayagüelas; y habiendo allí discordado sobre el punto del que seguía siempre con arreglo al título de Santa Cruz, se suspendió para continuar al siguiente día, y en dicha operación, ida y vuelta, se invirtieron nueve horas de trabajo desde las nueve de la mañana hasta las seis de la tarde, y para constancia lo firmo con los testigos que me acompañan. — Vega. — Francisco Gómez. — Pablo Álvarez.

En cinco del mismo, continuando esta comisión, llegamos al portillo camino real de Comayagüela a Santa Cruz, en donde reunidos estos comunes que hicieron varios alegatos se convinieron en comenzar dicho avivamiento de sur a norte con arreglo al título de Santa Cruz; y habiéndose así practicado, después de muchos alegatos, se puso un lindero en la cima del cerro, en medio de dos robles grandes, que bajan de oriente a poniente a la cabeza de la Quebrada Seca, que reza el título de Santa Cruz, y con arreglo a él, de sur a norte, queda por linderos la cordillera de cerros hasta llegar por dicho rumbo al más alto conocido por el del Panal; desde él se bajó a La Cruz Chiquita; siendo advertencia que sobre la cordillera hay un mojón demolido, que no aprobaron los Comayagüelas, tanto por no ser citado en el título de Santa Cruz como por no estar introducido en sus tierras; con lo único que no quedaron conformes los santacruceños; y en todo lo hoy practicado se invirtieron nueve horas, desde las nueve de la mañana hasta las seis de la tarde, y para constancia lo firmo con los testigos que me acompañan. — Vega. — Francisco Gómez. — Pablo Álvarez."

Presentes los auxiliares de Santa Cruz y Quiebra Monte en la remedida, les manifesté que la practicaría conforme a las actas trascritas, que están en armonía con las voces del título de Santa Cruz, a lo cual manifestaron que no quedaban conformes y protestaban.

Del mojón de La Montañita (Ausisemel), con rumbo suroeste, 43 grados, 5 minutos, 50 segundos, medí al portillo de Cruz Chiquita, en donde se estableció un mojón, 190 decámetros, 61 centésimas; de aquí al cerro de El Panal, bien conocido por unos u otros, con el rumbo suroeste, 33 grados, 48 minutos, 50 segundos, medí 140 decámetros, 77 centésimas. No encontrando el otro lugar en donde, según las actas trascritas, se colocó el otro mojón, resolví, como medio más prudente, continuar el rumbo indicado arriba hasta llegar a la derecha de la Quebrada Seca, que dice el título de Santa Cruz, y al efecto medí hasta el lugar denominado Rincón Chiquito, en donde mandé alzar un mojón, 89 decámetros, 10 centésimas; de aquí, dejando aún la Quebrada Seca relacionada dentro de las tierras de Santa Cruz, en lugar de tomarla como lindero según dice el título de ese sitio, medí al desagüe de la quebrada de El Tablón, o sea el lugar que dijeron llamarse "Peña sobre Piedra", dejando fuera todo el paraje de Quiebra Monte, suroeste, 87 grados, 44 minutos, 40 segundos, 211 decámetros, 36 centésimas.

En esta operación he creído seguir paso a paso el título de Santa Cruz, afirmándome más en esta opinión al ver que las líneas que he obtenido, contra lo que ocurre en la mayoría de los casos, están muy aproximadas a las establecidas por el título de Santa Cruz. Los auxiliares de Santa Cruz y Quiebra Monte se limitaron a protestar por decir que mis operaciones no estaban de conformidad con su título.

COLINDANCIA CON GUACERIQUE:

La colindancia con Guacerique es del mojón de "Peña sobre Piedra" al mojón de "Cerca Quemada", siendo la recta que los une la más larga de todas las que componen el polígono en que están comprendidos los ejidos de Comayagüela; línea que cruza la quebrada de Quiebra Monte y pasa por unos cerritos inmediatos al último mojón arriba expresado. La recta está al rumbo sureste, 7 grados, 22 minutos, 50 segundos, y tiene una longitud de cuatrocientos cincuenta decámetros, dieciséis centésimas. Los señores Lardizábal no asistieron, a pesar de que, como a todos los colindantes, se les dio oportuno aviso. — Rosendo Contreras V. — José Antonio Turcios. — M. P. Lardizábal. — R. Díaz. — Juan Banegas. — José M. Agurcia. — César Bonilla. — Antonio Lardizábal. — Jesús Estrada. — Domingo Zambrano. — Nazario Godoy. — J. Ángel Licona. — Teodoro Salazar. — Olayo Sosa. — Francisco Orellana.

Tegucigalpa, veintiocho de diciembre de mil novecientos. Hago constar que la superficie del terreno es de siete mil trescientas ochenta y nueve hectáreas, cuarenta y cuatro áreas, cincuenta centiáreas, o sean ciento sesenta y tres caballerías, sesenta y una manzanas, cinco mil seiscientas veinte y una varas cuadradas. — Rosendo Contreras V.

APROBACIÓN DEL TÍTULO:

"S. P. E.— En mi carácter de síndico de la Municipalidad de Comayagüela, y cumpliendo con la comisión que la misma me confirió en la sesión ordinaria del primero del corriente, respetuosamente manifiesto: que desde el año de 1901 se encuentra en el Ministerio de Hacienda el título de la remedida de las tierras del pueblo de Comayagüela, y según se nos ha informado, solamente falta la aprobación del señor presidente de la República, para que nos sea entregado el expresado título; en tal virtud, y en representación de la Municipalidad antes citada, pido se apruebe el título en referencia y se mande a dar la copia respectiva. Tegucigalpa, 19 de octubre de 1903. (Sello) Agustín Maradiaga.

Presentado en la fecha y agréguese a sus antecedentes.

SOLICÍTASE LA DISPENSA DE UNOS DERECHOS

S. P. E.— Los suscritos, individuos de la Corporación Municipal de esta ciudad, ante vos, con el respeto que merecéis, vienen a exponer: que desde hace muchos años se encuentran en el Ministerio de Hacienda las diligencias relativas a la remedida de los ejidos de Comayagüela practicada por el ingeniero don Rosendo Contreras V., sin haber obtenido hasta la fecha el título respectivo, tanto por no haber sido aprobada aún dicha remedida, como por la falta de fondos en que se ha encontrado el tesoro municipal para el pago de los gastos que corresponden; que los vecinos del municipio están ansiosos de que se obtenga aquel documento para mayor garantía de sus derechos; pero que costando aproximadamente la cantidad de mil pesos, por valor del hectareaje, papel sellado, mapa y pago del empleado que hará la copia, y que no teniendo en la actualidad los recursos necesarios para hacer la erogación del caso, la Municipalidad, en sesión del 2 de mayo del corriente año, acordó dirigirse al S. P. E. a efecto de que, si lo tiene a bien, se le exima del pago de los derechos correspondientes a cinco mil trescientas ochenta y nueve hectáreas, cuarenta y cuatro áreas y cincuenta centiáreas, a efecto de obtener el título respectivo, haciendo ella los demás gastos que sean necesarios para tal fin."

Por lo expuesto, a Vos, S. P. E., a efecto de que, si lo tiene a bien, se le exima del pago de los derechos correspondientes a cinco mil trescientas ochenta y nueve hectáreas, cuarenta y cuatro áreas y cincuenta centiáreas, a efecto de obtener el título respectivo, haciendo ella los demás gastos que sean necesarios para tal fin.

Por lo expuesto, a Vos, S. P. E., piden que os sirváis exonerar a la Municipalidad del pago de los derechos de que se ha hecho mención. Comayagüela, 19 de noviembre de 1910. (Sello) Pedro García. — Pascual Sosa. — D. González Z. — Rafael Alvarado P. — (Sello) Manuel S. López. — Seferino Soto. — (Sello) Policarpo V. Coello, secretario. — Presentada a las 10 a. m. — Tegucigalpa, 10 de enero de 1910.

Vista la solicitud presentada por la Corporación Municipal de Comayagüela, en la que pide se le exima de pagar el valor que en efectivo tiene que satisfacer en la Caja Nacional por los derechos de cinco centavos por hectárea que establece la ley en la remedida del terreno que sirve de ejidos a los vecinos de aquel municipio, fundando la petición en que tiene que hacer muchos gastos para obtener la compulsa del título correspondiente y no tener en la actualidad los recursos necesarios para hacer tales erogaciones; y considerando atendibles las razones expuestas por aquella corporación,

Por tanto: el Presidente de la República acuerda: eximir a la Municipalidad de Comayagüela del pago de la suma de ($369.47) trescientos sesenta y nueve pesos con cuarenta y siete centavos, que en efectivo tiene que pagar por los derechos de que se ha hecho referencia. — Comuníquese. — Dávila. — El secretario de Estado, encargado de la Cartera de Hacienda y Crédito Público. — J. R. Rivas. — Es conforme. — Tegucigalpa, 25 de enero de 1911. — J. R. Rivas.

Tegucigalpa, 30 de enero de 1911. — Vistas las diligencias de remedida del terreno que sirve de ejidos al municipio de Comayagüela, seguidas por el administrador de rentas de este departamento a solicitud del síndico municipal de aquella corporación. — Consta el área del terreno de 7,389 hectáreas, 44 áreas, 50 centiáreas; siete mil trescientas ochenta y nueve hectáreas, cuarenta y cuatro áreas, cincuenta centiáreas o sean ciento sesenta y tres caballerías, cinco mil seiscientas veintiuna varas cuadradas. — Visto asimismo el dictamen de 3 de diciembre de 1900 del revisor fiscal específico nombrado, ingeniero don ....

Considerando: que por acuerdo de diez del mes en curso se ha eximido a la corporación municipal de aquella ciudad de pagar los derechos de cinco centavos por hectárea que establece la ley.

Considerando: que en la tramitación de las expresadas diligencias se han observado las prescripciones legales y que la medida no adolece de vicios de nulidad o defectos sustanciales,

Por tanto, el Presidente de la República, de conformidad con el artículo 33 reformado de la Ley Agraria vigente, acuerda: aprobar, sin perjuicio de tercero, las diligencias de remedida de que se ha hecho referencia, mandando que se extienda a la Municipalidad de Comayagüela el correspondiente título, debiendo las oficinas generales de Hacienda tomar de estas diligencias las razones correspondientes. — Comuníquese. — Dávila (Sello). — El subsecretario de Estado encargado de la Cartera de Hacienda y Crédito Público. — J. R. Rivas.

Se tomó razón en la página 134 del Libro de Tierras N.º 3. — Tegucigalpa, 31 de enero de 1911. — G. Bustillo G. — Benjamín

Valle Lazo. — Octavio R. Ugarte. — F. Travieso. — Jaime Gálvez. — J. M. Villafranca. — Ángel Acosta Aguilar S. — Registrado al folio 407 del libro respectivo. — Tegucigalpa, 31 de enero de 1911. (Sello) Mónico Zelaya. — N.º 126 $123.00 (Sello) Tegucigalpa, 10 de enero de 1911.

El administrador de rentas que suscribe certifica: que el alcalde municipal de Comayagüela ha enterado en esta oficina la suma de ciento veintitrés pesos como excedente del valor del primer pliego de papel sellado que se ocupará en la compulsa del título de los ejidos de Comayagüela. — Enrique B. Uclés.

Por tanto, y en cumplimiento del citado acuerdo de 30 del corriente, se extiende la presente compulsa a favor de la Municipalidad de Comayagüela para que le sirva de título de propiedad, la cual tendrá todo el valor y fuerza que le permiten las leyes del país. En Tegucigalpa, a los treinta y un días del mes de enero de mil novecientos once. — (f) Miguel R. Dávila. — El subsecretario de Estado encargado de Hacienda y Crédito Público. — (f) J. R. Rivas.

REGISTRO DE PROPIEDAD:

"El infrascrito, registrador de la Propiedad Inmueble del departamento, hace constar: que el título que antecede de los ejidos del municipio de Comayagüela ha sido inscrito bajo el n.º 411, folios 390, 391, 392, 393, 394, 395, 396, 397, 398, 399, 400, 401, 402, 403, 404, 405, 406, 407, 408, 409, 410, 411, 412, 413, 414, 415, 416, 417, 418, 419, 420 y 421 del tomo IX del Registro de Propiedad. Tegucigalpa, 14 de marzo de 1911. — (f) y sello, Valentín Cálix."

Hay una nota que dice: "Pagado a la Administración de Rentas $10.00." Todo lo anterior fue tomado del título de propiedad de los ejidos del municipio de Comayagüela sacado a impulsos del progresista alcalde don Hermenegildo Valle, el año de 1911. Los comayagüelinos deben guardar imperecedero recuerdo de este honrado ciudadano que mucho hizo por ellos.

SEGUNDA PARTE: GEOGRAFÍA ECONÓMICA Y PATRIMONIO

Las diferentes actividades de la vida humana tienen sus representantes en este municipio, pues si es cierto que la mayoría de la población rural se dedica a la agricultura, también es cierto que la población urbana cuenta con representantes, en grande y en pequeña escala, de ganaderos, industriales, comerciantes, etc.

Comayagüela posee tierras de una fertilidad asombrosa; de allí el impulso halagador que ha tomado no solamente la agricultura, sino también la ganadería, pues esta, al igual que aquella, ha alcanzado gran incremento. Y como en su lugar se verá, Comayagüela posee muchos y buenos pastos naturales y artificiales; y nuestros agricultores ya se interesan por reponer el pasto natural por el artificial, en vista del incremento que está tomando la cría de ganado, siendo raro encontrar potreros que no tengan alguna especie de los pastos más conocidos.

Podemos afirmar, pues, que el municipio de Comayagüela cuenta con su patrimonio, y es que el pasado de bochornosas inquietudes engendradas por nuestras montoneras ha sido relegado al lugar de los recuerdos tristes, y en su lugar impera ahora la época de las reconstrucciones y de una mejor visión del porvenir; es decir, Comayagüela, como los demás municipios de Honduras, cuenta ahora con sanos anhelos de lograr, por medio del desarrollo de los diferentes quehaceres, la consecución de una vida mejor.

AGRICULTURA:

La evolución de esta importante fase del progreso humano ha sido como la de todos los pueblos que han logrado conquistarse un puesto avanzado en el campo de la civilización: desde los primitivos instrumentos de labranza hasta los instrumentos y maquinarias modernas, de que muchos hijos de este pueblo hacen uso en sus labores agrícolas.

De cinco años a esta parte, gracias a la bendita paz que brinda sus saludables beneficios a todos los hondureños, los habitantes de este limpio municipio, amparados por la seguridad de la tranquilidad pública y por las garantías que las autoridades brindan a las personas honradas y trabajadoras, han dirigido todas sus energías a dar un gran jalón a este importante aspecto de su vida local. Pequeños y grandes propietarios se dedican a ella con entusiasmo y confianza. Ya no temen ver, de un momento a otro, destruido en una hora, por el paso de las hordas ciegas de pasión partidista, lo que les ha costado obtener a fuerza de regar la tierra con el sudor de sus frentes.

En Comayagüela se producen desde los granos de primera necesidad, tubérculos, etc., hasta la fruta más exquisita, que es adorno y perfume en la mesa del rico y del pobre. De los cereales que principalmente se cultivan, figuran en primera línea el maíz y el maicillo.

En el municipio se hacen los siguientes cultivos, con las especificaciones siguientes:

En la zona urbana se cultivan 90 manzanas de maíz con un total de 1,440 quintales; 6 manzanas de frijoles con una cosecha de 30 quintales; 25 manzanas de plátanos, 2 manzanas de caña, 7 de hortalizas; 10 manzanas de diferentes clases de zacate y 1 manzana de café. En las aldeas se encuentran cultivadas 1,219 manzanas de todas las plantaciones mencionadas anteriormente, con una producción de más o menos 19,067 quintales.

Si se hace una comparación con años anteriores a 1932, se verá el gran incremento que el laboreo de tierras ha alcanzado en este municipio, el cual ahora podemos decir que se abastece por sí solo, habiéndose llegado a épocas en que el maíz se cotiza a cuatro lempiras la carga y el maicillo a cinco, con lo que queda demostrada su abundancia.

Hay que mencionar también el cultivo del trigo, del cual, según el decir de expertos, nuestras tierras son propicias a ese cultivo. Don Alberto Erhler, propietario de la hacienda "Guacerique", según afirmación de él, pronto utilizará parte de sus tierras para dedicarlas a ese beneficioso cultivo, para lo cual ha hecho venir del exterior un equipo completo de maquinaria. El proyecto del ingeniero Erhler merece toda clase de aplausos y apoyo, pues al llevarse a la práctica vendrá a abrir nuevos derroteros a la agricultura en este municipio.

Otra plantación que está tomando gran ensanche en este lugar es el café. Según datos recogidos en la oficialía de la Alcaldía Municipal de esta ciudad, en la actualidad se encuentran cultivadas veinticinco manzanas en todas las aldeas, dando una producción anual de 255 quintales. La carga de café se cotiza actualmente a L 26.00 y L 28.00 la carga.

Todos nuestros aldeanos poseen su parcela cultivada de huertas, y allí cultivan también varios miles de palos de café, ya que la sombra es indispensable a su desarrollo. Aunque nuestras tierras poseen mucha arcilla, si el café se siembra en la época propicia y se le da el cuidado que se merece, los resultados obtenidos son halagadores.

De informes recogidos en la Secretaría Municipal de esta ciudad, hemos sabido que los señores Abel Reconco y Lucía Roque, de la aldea de San Matías; Exequiel Hernández, Miguel Juárez, Emérito Cálix, Pablo López, Simón Sosa, Jesús Juárez y Crescencio Girón, de la aldea de La Cuesta; Elisa de Vásquez y Camilo Flores, de la aldea de Loarque; Mónico Silva, de la aldea de Monte Redondo; Antonio y Tomás Martínez, del caserío de Las Tapias; Benjamín M. Guzmán, de esta capital; Carlos H. Reyes y Ricardo Tulio Machado, de la aldea de San José, todas dependencias de este municipio, tienen varias parcelas cultivadas de cafeto.

Además, nuestros agricultores, aunque en pequeña escala, se dedican a otros cultivos, como ser la caña, naranjas, limones, toronjas, plátanos y guineos, cuyos productos los venden en el mercado de esta ciudad. Don Francisco Díaz Zelaya posee un trapiche de hierro, existiendo infinidad de trapiches de madera, vulgarmente llamados "zangarros". Dulce muy poco se fabrica, cotizándose la carga a L 8.00 en la actualidad.

Además, abundan los cultivos de aguacates, anonas, guanábanas, guayabas, nances de Castilla, cidras, yuca, etc., etc. La Alcaldía Municipal de esta ciudad ha suministrado a los labradores semilla de algodón y de zacate, obtenido en el Ministerio de Fomento. El terreno se presta de una manera asombrosa para esta clase de cultivos.

Entre los forrajes que se cultivan en este municipio están el zacate jaraguá, el guinea, pará, calinguero, bermuda y hierba de elefante, mereciendo especial preferencia los tres primeros, especialmente en la ganadería, pues con toda facilidad se acondicionan en nuestras tierras. Grandes cantidades de semilla de zacate jaraguá han sido distribuidas últimamente, las cuales han sido cultivadas por nuestros agricultores, obteniendo grandes beneficios, ya que contienen muchas sustancias nutritivas y gran resistencia para la estación seca, propagándose de una manera asombrosa y no dejando prosperar otras malas hierbas. Existen en el municipio alrededor de 150 manzanas cultivadas de zacate artificial.

GANADERÍA:

No nos cansaremos de repetir, y lo repetiremos hoy, mañana y siempre, que es la paz, pero una paz efectiva y activa, la única que puede hacer de Honduras, país mimado en todo concepto por la madre Natura, un pueblo próspero en todo sentido y, por lo mismo, respetado de propios y extraños.

Ahora Honduras, vibrante de esa paz anhelada durante tantos años, siente por todos los ámbitos de su territorio el cálido y benéfico aliento del trabajo redentor; todos sus hijos se dedican ahora al ejercicio de sus diferentes actividades con plena confianza. Resultado de esa paz ha sido el fomento de la ganadería; la cría de ganado ha tomado un auge sorprendente. Muchos propietarios existen que se dedican al cuido y explotación de ganado; las lecherías abundan por todo el municipio. Este producto, por la abundancia, se ha abaratado tanto que en la actualidad se compra una botella a razón de diez centavos; así, pues, ese precioso líquido está al alcance de todos.

Honduras ha sido calificada en las demás repúblicas del istmo y en el extranjero como una de las más productoras en ganadería, y esa es la verdad, pues para ello existen como principales factores el clima, la fertilidad de sus terrenos, la abundancia de agua y exuberantes pastos naturales, además de los artificiales.

En la actualidad se encuentran en explotación 1,945 cabezas de ganado vacuno, 222 de caballar, 137 mular, 50 asnal, 217 porcino y más de 7,877 aves de corral.

Además, nuestros ganaderos, por el conocimiento adquirido, ya se están interesando por la selección de las razas, siendo preferida para la producción de leche la Holstein y para la explotación de carnes la llamada búfalo y cebú. Para esto, varios propietarios de establos han hecho venir al país sementales del exterior, los cuales, una vez cruzados con vacas seleccionadas del país, están originando un mejoramiento de raza.

Los señores licenciado don Benjamín M. Guzmán, don Fernando Díaz Zelaya, doctor don Manuel Sabino López, herederos del general Francisco Valladares L., don Ricardo Tulio Machado, don Federico Travieso y doña Ana Rosa V. de Zúniga poseen sementales de las razas arriba mencionadas, con lo que han logrado mejorar la especie.

Durante el año económico de 1936 a 1937 se sacrificaron para el consumo local, entre bueyes, novillos, toros, vacas y vaquillas, 230, 1,320, 20, 474 y 19, respectivamente, dando un total de 2,063 cabezas. Ganado de cerda se sacrificó 4,271.

Actualmente se cotiza el ganado a razón de L 125.00 la cabeza, ya sea para pesa o para la explotación de la leche, y el valor del de cerda fluctúa entre L 10.00 y L 30.00, según su desarrollo y demás condiciones.

Nuestros ganaderos, con pocas excepciones, ignoran las enfermedades que azotan nuestros ganados, conociendo únicamente la vulgarmente llamada "morriña", que se manifiesta con excesos de catarro y enflaquecimiento, producida por las garrapatas. El licenciado Guzmán asegura que él ha logrado desterrar las garrapatas de todas aquellas parcelas de tierras cultivadas de zacate calinguero; lo recomendamos. Para combatir esta enfermedad, nuestros hacendados y propietarios usan los medios empíricos (azufre, sal y creolina).

Es de imperiosa necesidad, si se quiere incrementar más y más la industria del ganado, fundar granja modelo con toda clase de sementales y una dependencia del ministerio respectivo, cuyo único fin sea impartir instrucciones y facilitar los medios modernos y adecuados para combatir no solamente las enfermedades del ganado, sino también las que atacan a las diferentes plantaciones. Recomendamos también el sistema de cartillas rurales, magnífica idea de propaganda de la Junta Central Pro-Exposición Nacional; es un sistema que cuesta poco y brinda una gran ayuda a los propietarios, hacendados y campesinos en general.

AGRICULTORES Y GANADEROS:

Antes de mencionar a los agricultores y ganaderos del municipio, matriculados o no, haremos constar: el queso se vende actualmente a L 3.50 y L 4.00 la arroba, y la libra a L 0.40; la mantequilla a L 9.00 la arroba y a L 0.50 la libra. Habiéndose exportado durante el año económico ya mencionado 182 quintales 75 libras de cueros, solamente por el comerciante don Francisco Siercke.

El municipio cuenta con un regular número de agricultores y ganaderos; mencionaremos los siguientes:

Matriculados: licenciado don Benjamín M. Guzmán, don Ricardo Tulio Machado, don Rubén Zambrano, licenciado don Pedro H. Zúniga y licenciado don Manuel Sabino López.

No matriculados: licenciado don Luis Andrés Zúniga, abogado don Gonzalo S. Sequeiros, profesora Ana Rosa V. de Zúniga, licenciado don J. Antonio Reyes, agricultor don Simón López, agricultores don Francisco Díaz Zelaya, don Nazario Godoy y don Miguel R. Silva, doña Inés V. de Munguía, licenciado don Carlos H. Reyes, doctor don Eduardo R. Coello, herederos del general don Francisco Valladares L., licenciado don Antonio R. Reina, don José A. Napki, doña Anselma Valladares, licenciado don Valentín Cálix, don Santos Mendoza, don Pablo Mendoza, don Leonardo Reconco, don Calixto Silva, don Faustino Lagos, don Antonio Martínez, don Juan Antonio Lagos, don Luis Godoy, ingeniero don Alberto Erhler, ingeniero don Pedro Obando, don Federico Travieso, etc., etc.

INDUSTRIA:

Podemos decir también que el municipio de Comayagüela posee muchas y variadas industrias. En la ciudad cabecera existen infinidad de ellas: fábricas de jabones y velas, de fósforos y ropa, de tejidos, de ladrillo, mosaico, de confites, de harina, de ladrillos de barro, de tubos de cemento, varias de ropa hecha, varias funerarias, infinidad de zapaterías, sastrerías, talabarterías, carpinterías, etc., una bien montada fábrica de muebles, etc. Comayagüela, en materia de industrias, nada tiene que envidiar a ninguno de los otros municipios de la República. Si nos pusiéramos a hacer mención de cada una de ellas, ya tendríamos para llenar infinidad de cuartillas, pero como este trabajo no tiene ningún carácter mercantil, nos abstenemos de ello, pues si hubiésemos dado cabida a los comentarios solicitados, nuestra humilde labor perdería parte de su carácter completamente independiente de todo viso comercial en ese sentido.

COMERCIO:

Cuenta con bien montadas agencias comerciales en la cabecera, con varias tiendas bien surtidas y con un número suficiente de restaurantes y casas de huéspedes donde diariamente existe gran movimiento. Todos esos restaurantes y casas de huéspedes poseen buen servicio de cantina.

Como se ve, Comayagüela es un municipio progresista en el más alto significado del vocablo.

Cuenta, pues, con muchos comerciantes al por mayor y menor, operando con cantidades respetables. (Véanse anexos n.º 1 y n.º 2).

VIALIDAD:

Dos son las principales arterias carreteras que pasan por este municipio: la del Norte y la del Sur, existiendo varios caminos que conducen a las diferentes aldeas, los cuales durante el presente año han sido convertidos en su mayoría en buenos tramos carreteros. En total existen, entre tramos carreteros y caminos rurales, 86 kilómetros. Las distancias son las siguientes:

De Comayagüela a La Soledad, 4 kilómetros; de La Soledad a La Ciénega, 1; de La Ciénega a Nueva Aldea, 11; de Nueva Aldea a Las Tapias, 1; de Las Tapias a Monte Redondo, 12. De Comayagüela a El Carrizal, 4; de El Carrizal a La Cuesta, 3; de La Cuesta al Lolo, 6; del Lolo a San Matías, 11; de San Matías al Quiscamote, 4. De Comayagüela a La Presa, 5; de Comayagüela a San José, 6; de Comayagüela al Llano del Potrero, 3; del Llano al Loarque, 3. De Comayagüela a Tiloarque, 6; de La Granja a La Presa, 2; de La Burrera a La Presa, 2; de Belén a La Presa, 2.

El municipio de Comayagüela, como se ve, está completamente atravesado de tramos carreteros que parten de la ciudad cabecera a las diferentes aldeas, y por donde diariamente transitan toda clase de vehículos y peatones, trayendo y llevando toda clase de productos.

En el lugar de Toncontín tiene establecidos sus hangares la empresa TACA, la cual cuenta con un número de aviones y trimotores por medio de los cuales tiene desde hace mucho tiempo establecido un servicio diario de Tegucigalpa a las principales ciudades de la República y capitales de los demás países centroamericanos. La Pan American Airways cuenta en el mismo lugar con un hermoso y elegante edificio para sus oficinas. Ahí también tiene establecidos sus hangares el Gobierno, el cual cuenta con una flotilla de más de veintiún aviones de bombardeo y de inspección, los cuales recorren continuamente la República velando por la tranquilidad nacional. En aviación, Honduras posee el primer puesto en Centroamérica.

Las vías de comunicación no tienen nada que envidiar a las establecidas en las demás ciudades: buen servicio de teléfonos automáticos, lo mismo que de telégrafos y correos.

SERVICIO DE CARROS:

Comayagüela cuenta con buen servicio de automóviles, estacionados siempre para atender inmediatamente al público, al costado sur del Parque La Libertad. Un servicio de automóviles modernos, además de varios autobuses particulares que, sujetos a un itinerario, dan un servicio diario y eficiente al público.

Entre los propietarios y choferes están los siguientes: Alfonso Fortín, Gregorio Andino, Antonio R. Varela, José C. Velásquez, Samuel Medina, Miguel F. Amador, José Rivera Zúniga, Juan B. Alemán, José R. Pérez, Arturo Figueroa, Antonio Fernández V., Gilberto Panameño, Pedro Salgado, Vicente Servellón, Trinidad Jereda, Emilio Reina M., Díaz-Lozano-Alemán, Porfirio Díaz Lozano, Macario Peñate, José Chávez, Ricarda de Calderón, Alberto Villalta, Pedro Asfura Bendeck, Juan B. Aguilar, Ramón Lorenzana, Basilio Lorenzana, Francisco Díaz Zelaya, Arturo Sierra, Alberto Solís, Benito Andino, Antonio Zavala, Claudio Argeñal, José Garay, Albino Castillo, Luis Godoy, Erberto Graniere, Justo Figueroa, Marcial Vides, Maximiliano Velásquez, Joaquín Lagos, Pedro Obando, José Vásquez Cao, Miguel Bárcenas, Teresa de Madrid, Antonio R. Elvir, Francisco Valladares h., Teresa Flores, Pedro

Godoy, Carlos Cárcamo, etc., etc. Todos estos choferes se encuentran registrados en el libro que al respecto lleva la Alcaldía Municipal.

PRODUCCIONES NATURALES:

Las producciones naturales de este municipio, con pocas excepciones, son las mismas de los demás municipios de la República. Cuenta con maderas de construcción y ebanistería, como ser la caoba, el cedro, el pino, el guanacaste, ronrón, guayacán, guachipilín, madera negra, tempisque, etc. Entre las plantas textiles cuenta con el algodón, la pacaya, la linaza, maguey, pita, plátano, pochote, mozote de caballo, etc.

Entre los árboles y arbustos de tinte están el nacascolo, nance, jiquilite, encina blanca, mangle, etc. Una variedad de plantas medicinales, entre las cuales merecen citarse la albahaca, anona, artemisa, cardosanto, palo jiote, jengibre, jiñilcuite, culantrillo, eneldo, guaco, higuerilla, hinojo, ipecacuana, llantén, malva, naranjo agrio, orégano, ruda, tamarindo, yerbabuena, zacate limón, etc. Cuenta también con algunas plantas de goma y de resina, entre ellas el liquidámbar, espino blanco, araucaria (un árbol en el Parque La Libertad), hule, jiñilcuite, etc.

FAUNA:

La fauna también no carece de importancia: panteras y tigrillos existen en las montañas de la Yerba Buena, pero los animales más generalizados son el pisote solo y de manada, el mapachín, la comadreja, el coyote, el danto o tapir, el oso colmenero, la guatuza, el perico ligero, el tepescuintle, la ardilla, el venado, el conejo, el gato de monte, etc.

MINERALES:

Ninguna mina, que nosotros sepamos, ha sido denunciada, ni mucho menos sabemos de alguna que esté en explotación; pero no dudamos que existan en alguna parte del municipio por motivos que a nadie escapan.

CUADRO DE NÚMERO DE COMERCIANTES AL POR MAYOR, CAPITAL CON QUE OPERAN, PLAZAS DONDE SE SURTEN Y MEDIOS QUE USAN DE TRANSPORTE

NOMBRE	NACIONALIDAD	CAPITAL Lempiras	PLAZAS DE DONDE SE SURTEN	MEDIO
Francisco Sierke	Alemán	20.000.00	Alemania y EEUU	Terrestre
José Segovia	Hondureño	8.000.00	Alemania, Inglaterra, EEUU	Idem
Agustín López	Hondureño	4.000.00	Pablo Uhler	Idem
Segovia Suc.	Hondureño	12.000.00	EEUU, Alemania, Inglaterra	Idem
Juan M. Bendeck	Salvadoreño	4.000.00	Japón, EEUU, Alemania	Idem
Juan Dacarett	Guatemalteco	5.000.00	Tegucigalpa	Idem

TERCERA PARTE: GEOGRAFIA HUMANA

GOBIERNO MUNICIPAL:

De la Ley de Municipalidades y del Régimen Político tomamos lo siguiente: Municipio es una población o asociación de personas residentes en un término municipal y gobernadas por una Municipalidad.

Término municipal es el territorio a que se extiende la acción administrativa de la Municipalidad. Municipalidad es la corporación popular encargada del gobierno del municipio. El municipio es autónomo, entendiéndose por autonomía la facultad que tienen los municipios para gobernarse con sujeción a las leyes generales del país.

Es obligación de las municipalidades formar el censo de todos los habitantes del municipio, en el mes de junio de los años cuya cifra terminal sea cero o cinco.

El censo de población servirá de base para determinar el número de regidores municipales. Los pueblos que tengan de quinientos a mil habitantes elegirán un alcalde, un regidor y un síndico.

Los pueblos que tengan más de mil habitantes elegirán un alcalde y un síndico; y además un regidor por cada mil habitantes o fracción de quinientos; pero en ningún caso excederá de siete el número de estos.

Las municipalidades se componen de alcalde, regidores y síndico, y estos son electos entre los vecinos por los electores inscritos del municipio. (Hasta aquí la Ley de Municipalidades, etc.)

De conformidad con lo anterior, el Gobierno Municipal de Comayagüela se compone de un alcalde, cinco regidores y un síndico. De sus 15,095 habitantes, se encuentran inscritos en la actualidad 2,938 electores.

MUNICIPALIDAD DE 1937:

En el presente año la Corporación Municipal se encuentra integrada así: alcalde municipal, ciudadano don Fernando Zepeda Durón; regidores del 1.º al 5.º, los siguientes ciudadanos: don Mariano Moncada Saravia, don Roberto Morales Moncada, don Juan

Ramón Ardón, don Antonio Valladares Andino y don Santos Mendoza García; síndico, el ciudadano don Vicente Machado Valle.

CONCEJO MUNICIPAL:

Integrado por los siguientes ciudadanos: don Agapito Fiallos V., don José F. Gómez, don Marcos Ramírez B., don Wilfredo Flores Aguilar y don Miguel Alvarado R.

ORGANIZACIÓN MUNICIPAL:

En sesión celebrada el 1.º de enero del año en curso se hizo la siguiente distribución: Rastro, Pesas y Medidas, el señor alcalde Zepeda Durón; encargado de la Alcaldía de Policía, el regidor 1.º don Mariano Moncada S.; de Instrucción Pública, don Roberto Morales M.; colaborador del señor alcalde y encargado del Mercado, don Juan Ramón Ardón; encargado de Censos y Ejidos Urbanos y Ornato y Sanidad, don Antonio Valladares A.; encargado de Censos y Ejidos Rurales, don Santos Mendoza García; fiscal, el síndico Machado Valle.

SECRETARÍA MUNICIPAL Y ANEXOS A LA ALCALDÍA:

Despacho municipal

Secretario, Prof. don Agustín Alonzo; oficial mayor, don Ricardo Tulio Machado; escribiente 1.º, señorita María Cristina Girón; escribiente 2.º, Herminia Banegas E.; escribiente 3.º, profesora María Flores; escribiente 4.º, señorita Concepción Castellanos; conserjes: don Gonzalo Martínez y don Carlos A. Sosa; jardinero, don Santos Mole; y portero y mayordomo, don Pedro H. Urquía.

Inspector de Ornato y Sanidad, don Porfirio Galindo. Encargado de Trabajos Municipales, don Ignacio Samayoa M. Fiel del Rastro, don Miguel R. Lozano. Administrador del Mercado San Isidro, don Ciriaco C. Padilla.

TESORERÍA MUNICIPAL:

Tesorero, don José A. Napki. Colectores del 1.º al 8.º: don Juan Lagos, don Tomás Sánchez, don José A. Licona, don Salomón Velásquez, don Julio Sandoval, don José Manuel Ramírez R., don

Emilio Sierra y don Julián Maradiaga. Bodeguero, don Julio C. Velásquez.

RAMO JUDICIAL:

Comayagüela cuenta con un Juzgado de Paz de lo Civil y otro de lo Criminal. En el presente año funge como juez de Paz de lo Criminal el bachiller don Miguel A. Soto, y como juez de Paz de lo Civil, el bachiller don Adán López Pineda.

INSTRUCCION PUBLICA

En lo que se refiere a este importante Ramo, véase la Memoria Municipal anexa 1986-1937 incluida en este trabajo, íntegra.

PRESUPUESTO DE INSTRUCCION

ESCUELA DE NIÑAS "REPÚBLICA ARGENTINA"	POR MES	POR AÑO
1 Directora...	L. 75.00	L 900.00
2 Sub-Directora...	65.00	780.00
10 Profesoras de grado, a L. 60.00 c|u...	600.00	7.200.00
1 Profesora de Canto...	25.00	300.00
1 Profesora de bordado y labores...	25.00	300.00
1 Portera...	25.00	300.00
1 Barrendera...	10.00	120.00
ESCUELA DE VARONES "LEMPIRA"		
1 Director...	75.00	900.00
1 Sub-Director...	65.00	780.00
10 Profesores de grado, a L. 60.00 c|u...	600.00	7.200.00
1 Profesor Especial de Educación Física...	25.00	300.00
1 Barrendero.	10.00	120.00
1 Portero...	25.00	300.00
1 Gastos de Escritorio para las dos Escuelas...	10.00	120.00

ESCUELAS RURALES

	POR MES	POR AÑO
Directoras de las escuelas de Nueva Aldea, San Matías, Loarque, La Soledad, Monte Redondo, El Llano, La Cuesta, El Carrizal y El Durazno, a L. 35.00 c|u...	315.00	3.780.00
Directoras para las escuelas de La Calera y Las Tapias, a L. 30.00 c|u...	60.00	720.00
Gastos de escritorio para estas escuelas L. 1.00 c|u...	11.00	110.00
Alquiler de cuatro casas a L. 6.00 c|u...	24.00	288.00

GASTOS DIVERSOS

	POR MES	POR AÑO
1 Visitador de las Escuelas y Colaborador de E. P...	70.00	840.00
1 Médico Escolar...	40.00	480.00
Pensión asignada a Antonia Sosa...	10.00	120.00
Subvención para Escuela de Párvulos "Estefanía Castañeda"...	40.00	480.00
Para Fiestas Cívicas Escolares...		300.00
Para compra de muebles, útiles escolares y pago de examinadores...		382.00

El ramo de Instrucción Pública arroja un total de veintisiete mil cien lempiras, con la gran satisfacción de que el señor alcalde del presente año tiene a los profesores con sus sueldos al día y muchas veces adelantados. Nosotros entendemos que le vale más a un maestro ganar poco, pero seguro, que contar solamente con un sueldo nominal, como sucede en algunos municipios cuyos pagos se verifican por medio de órdenes al comercio. Últimamente, una orden acertada del Ministerio de Gobernación ha venido a librar a los maestros de esos municipios de esa costumbre defraudadora.

PERSONAL DOCENTE DE LA ESCUELA "REPÚBLICA ARGENTINA":

El personal docente de la Escuela de Niñas República Argentina está integrado así: directora, señorita profesora Filomena Carías G.; subdirectora, profesora señorita María E. Rivera; profesoras auxiliares: señoritas Aída Flores, Ángela Cubas, Juana Mairena, Elvia Flores, Julieta Pineda Galindo, Carmen Cárdenas, Ada Borjas, Corina Fálope, Amparo Irías J. y Raquel Flores O.

PERSONAL ESCUELA "LEMPIRA":

La Escuela de Varones Lempira cuenta con el personal siguiente: director, profesor don Eufemiano Claros V.; subdirector, Santos Juárez F.; profesoras auxiliares: Alicia Alonzo B., Jenara Chavarría, María Andino, Ángela Cubas V., Elena García M., Leticia Burdett, M. Concepción de Gómez, Laura M. Alvarado, Joaquina Carrasco, Dolores F. de Bográn. Profesor de Ejercicios Físicos y Juegos Educativos, Br. don Manuel Bonilla R.

Colaborador y visitador de escuelas: Prof. Luis Amílcar Raudales.

ESCUELA REPUBLICA DE HONDURAS:

A más de estos centros educativos, Comayagüela cuenta con varias escuelas privadas, sostenidas por los padres de familia. Entre ellas mencionaremos, en primer término, la Escuela "República de Honduras", que funciona en los altos del Cabildo Municipal, bajo la dirección de la competente educacionista y escritora señorita profesora Isabel D. Laínez. Cuenta esta escuela con una sección primaria y otra de párvulos, y colaboran con la profesora Laínez un grupo de inteligentes jóvenes profesoras, entre las que recordamos a las señoritas Lucila Valladares y Cristina Medina. La Escuela "República de Honduras" ha merecido el apoyo y aplauso de los señores padres de familia, de las autoridades del ramo y del público en general, pues la educacionista Laínez sujeta su escuela a todos los requisitos que señala la nueva pedagogía, de acuerdo con la psicología infantil.

Nosotros, admiradores de la labor educativa de la profesora Laínez, consignamos lo anterior como una humilde palabra de estímulo y reconocimiento.

Funciona también la Escuela de Párvulos "Estefanía Castañeda", subvencionada por la Municipalidad y bajo la dirección de la profesora Elena Amador. Está también el Colegio Salesiano "San Miguel", con sección de primaria, lo mismo que la Escuela Normal Central de Señoritas, que dirige la distinguida educacionista profesora Victoria Zúniga L.

ESCUELA DE ARTES Y OFICIOS:

Bajo la dirección del inteligente caballero don J. Tomás Quiñónez, funciona también en Comayagüela la Escuela de Artes y Oficios, sostenida en un todo por el Poder Ejecutivo por medio del Ministerio de Fomento. Está de más decir que la labor desarrollada por este centro rinde a la patria múltiples beneficios; en él se educa un fuerte núcleo de jóvenes que mañana saldrán con un oficio y a ser factores positivos en el adelanto de Honduras. Y decimos que está de más decir esto porque la labor del señor Quiñónez es de todos conocida y aplaudida.

RELIGIÓN:

La Constitución Política de Honduras garantiza la libertad de cultos, siempre que no se altere la moral ni el orden público. En Comayagüela predomina la religión católica, habiendo también una capilla evangélica que cuenta con un cinco por ciento de creyentes.

IDIOMA:

El castellano, el mejor legado que nos dejó la Colonia. Sin embargo, varios hijos de este pueblo, por sus viajes al exterior o por medio del estudio, hablan también inglés y francés; pero la mayoría se expresa en el límpido, sonoro y rítmico idioma cervantino, en el cual cantó nuestro poeta máximo, hijo de esta ciudad, y que se llamó Juan Ramón Molina. Los extranjeros residentes en esta ciudad son, en su mayoría, chinos, turcos, españoles, alemanes y árabes, hablando sus respectivos idiomas.

ADMINISTRACIÓN MUNICIPAL:

Según la Ley de Municipalidades y del Régimen Político, corresponde a las municipalidades el gobierno, dirección y administración de los intereses del pueblo. Y para el mejor control de la administración de sus propios fondos, previa fianza, nombra un empleado que lleva el nombre de Tesorero Municipal y los empleados necesarios al mejor éxito en el desarrollo de las labores de aquel.

El presupuesto municipal vigente, elaborado por la Corporación Municipal y aprobado por el Concejo Departamental, arroja un total de ingresos de L 107,168.00 y de egresos L 107,048.00.

El primer jalón de progreso que recibió Comayagüela fue en el año de 1933, con don Fernando Zepeda Durón como jefe de los intereses del municipio. Desde el primer día de su gestión administrativa, Comayagüela principió a sentir su acción benéfica.

Fue la higienización completa del Barrio Concepción, el cual durante la estación lluviosa era completamente intransitable, y la construcción de alcantarillas en la quebrada Camaguara, en el mismo barrio. En resumen, la labor material de Zepeda Durón durante ese año es como sigue:

Reparación completa y macadamización de la primera avenida; empedrado de la 10.ª calle; macadamización de diez cuadras de calles; hechura de cinco cañerías; pintura de la galera de descanso del Cementerio de Sipile; hechura del puente que está sobre la quebrada de Mayangle; pintura total de agua y aceite del edificio del Ayuntamiento, quiosco y bancas del Parque La Libertad; compra de mobiliario para las oficinas municipales; varias reparaciones en el Mercado San Isidro y edificios escolares del municipio, en cuyos trabajos se invirtieron L 4,471.00. Se atendió también al pago de rezagos que dejara la municipalidad del año anterior, que arrojaba la suma de L 3,174.17.

El año de 1933 marcó, pues, para Comayagüela, la iniciación de una era de positivo progreso que ahora le hace el obsequio de sus múltiples y magníficos resultados.

AÑO DE 1935:

Por motivos que no es del caso mencionar, la labor progresista iniciada en el año de 1933 fue interrumpida en el año de 1934, pero llega el año de 1935 con don Fernando Zepeda Durón otra vez al frente de los intereses del pueblo, y durante ese año, además del apoyo decidido a la instrucción y pago puntual del profesorado, se llevan a cabo los siguientes trabajos:

Reparación completa de las avenidas "Francisco J. Mejía" y "Marco A. Soto"; reparación de la mayor parte de las avenidas "Cabañas", "Erasmo Velásquez", "Morazán", "Ramón Rosa" y "José Cecilio del Valle"; terminación de la apertura de estas avenidas en el Barrio de Concepción y de todas las calles que cruzan este sector de la ciudad; trabajo completo de macadamización en todas ellas y parcialmente en las calles 4.ª y 5.ª, bautizadas con los nombres de "Alonso A. Brito" y "Monseñor Ernesto Fiallos"; trazo y apertura de las calles de "La Bolsa" y "Zona de los Avisos"; macadamización de la 2.ª calle "Valentín Durón"; construcción de cuatro alcantarillas en la quebrada de Camaguara; pintura de la fachada del edificio municipal; reparación del corredor situado al frente de este, comprendiendo parte de las aceras laterales.

Se mandó también a construir de cemento el piso de la glorieta del Jardín La Libertad y una plataforma, también de cemento, al pie del pedestal que sirve de sostén al busto de nuestro ilustre mandatario general y doctor Tiburcio Carías Andino. Además, se prestó la cooperación necesaria al honrado ciudadano don Manuel Reyes para construir un puente de madera sobre la desviación de la quebrada de Camaguara, para comunicar el Barrio de Concepción con el nuevo barrio que se está levantando hacia el sur del anterior y que fue bautizado por la municipalidad con el nombre de barrio "El Socorro".

La enumeración anterior muestra de manera clara y evidente que la labor municipal fue extensa y fructífera durante el año que tratamos. Se hicieron milagros de economía, pues la municipalidad solo invirtió en el pago de planillas la cantidad de L 12,051.03.

El Poder Ejecutivo, que preside el perínclito ciudadano general Carías A., prestó todo su apoyo a la municipalidad en referencia.

AÑO DE 1936:

Durante este año estuvo al frente de los destinos del municipio el honrado caballero don José F. Gómez. En la parte histórica hablamos de algunas de las labores desarrolladas por él; ahora incluiremos:

Reparación y macadamización de la avenida "Cabañas", en la parte comprendida entre la carretera del Norte o calle "Benjamín Henríquez" y la calle "José F. Gómez" (12.ª calle); continuación por la parte sur de la avenida "José Cecilio del Valle" hasta el puente que construyó sobre el desvío de la quebrada Camaguara el señor Reyes, habiéndose continuado el delineamiento de esta avenida hasta la terminación en la margen izquierda del río Guacerique.

Esta misma avenida fue reparada y macadamizada desde el Puente Carías hasta la calle "Luis Andrés Zúniga". Se abrió la avenida "Tiburcio Carías Andino" en toda la extensión de la falda oriental del cerro de La Crucita, principiando en la carretera del Norte. Se hicieron también reparaciones en el Mercado "San Isidro", en el "Rastro" y en el "Palacio del Ayuntamiento".

Como se ve, también la administración del señor Gómez brindó múltiples y buenos resultados al pueblo de Comayagüela, advirtiendo que durante estos años de honrada y progresista administración local no se descuidaron en nada las aldeas; ellas también recibieron su baño de adelanto.

ADMINISTRACIÓN LOCAL DEL AÑO DE 1937:

En lo que se refiere a este año, reproducimos el informe del año económico rendido por esta municipalidad, por intermedio del señor alcalde, ante el señor gobernador político.

INFORME DEL SR. ALCALDE MUNICIPAL DE COMAYAGUELA RENDIDO A LA GOBERNACION POLITICA DEPARTAMENTAL
1936--1937

Señor Gobernador Político:

Tegucigalpa.

Cumplo con lo ordenado por esa Superioridad en circular fecha 19 de junio del año en curso y relacionada con el deber que tienen las Municipalidades de enviar a su respectiva Gobernación Política un informe sobre la labor desarrollada en los diferentes ramos de la Administración Local, cada fin de año económico.

El detalle de la actuación de esta Municipalidad durante el año económico de 1936 a 1937, es como sigue:

MANTENIMIENTO DEL ORDEN PUBLICO:

En este Municipio el orden público no deja absolutamente nada que desear. Sus habitan tes, tanto urbanos como rurales, viven dedicados a sus diferentes actividades amparados por la paz reinante, por las garantías que las leyes dan a las personas honradas y trabajadoras y por el celo desplegado a ese respecto por parte de las autoridades gubernativas y municipales. La población rural, de antaño, tan abatida por la criminalidad, es ahora respetuosa a las autoridades y fiel acatadora de los preceptos legales y vive dedicada a sus labores particu-¿lares, es decir, a la agricultura en su mayoría, lo que ha venido a constituir el patrimonio principal de estos moradores.

POLICIA:

Tanto la Municipalidad anterior, por medio del Regidor encargado de este importante ramo, como la que funciona en el presente año, han dedicado especial atención1 a esta fase de la Administración Local. En el lapso de seis meses que esta memoria abarca del año en curso, se ha notado una reacción verdaderamente halagadora en las labores municipales que se han realizado. Las faltas de Policía denunciadas fueron juzgadas y castigadas con el apremio ordenado por la Ley respectiva, y las multas impuestas enteradas en la Tesorería Municipal. Dichas faltas, con las explicaciones necesarias, y acatando lo ordenado en su circular, se remiten en cuadro aparte, a más del resumen de ellas, que a continuación se menciona:

RESUMEN:
Por destazos clandestinos: 525.00
Por venta de carne con triquina: 20.00
Por desobedecer órdenes de la Alcaldía de Policía: 25.00
Por ejercer la medicina y la dentistería sin permiso: 16.00
Por no permitir la inspección del Inspector de Clandestinos: 5.00
Por no haber construido y reparado las aceras: 276.87

Total: L 867.8 7

LABOR MUNICIPAL:

La Municipalidad de 1935, en el período administrativo correspondiente a los meses del año económico a que alude este informe, atendió de la mejor manera que le fue posible al incremento del progreso material y moral de la comunidad. La Municipalidad que tengo el honor de presidir, en los meses del referido año que le ha tocado actuar, se ha ceñido en un todo a las normas trazadas por la Ley de Municipalidades y del Régimen Político y demás disposiciones gubernativas encaminadas a la efectividad de aquellas obras de imperativa necesidad pública, emprendiéndolas y desarrollándolas hasta lograr ponerlas al servicio público, siempre con el apoyo decidido de las autoridades superiores, especialmente del señor Presidente de la República, general Carías A. De esta manera, se ha dado margen al continuo desarrollo progresista de este municipio, siguiendo para ello un plan de trabajo armónico, de acuerdo con las rentas locales y sin compromisos económicos de ninguna clase. Sobre la labor municipal, en síntesis, se da la información siguiente:

BENEFICENCIA:

De acuerdo con lo presupuestado para el ramo de Beneficencia, se ha correspondido a las solicitudes presentadas durante el curso del año económico objeto de este informe; y es así como muchos pobres de solemnidad han sido favorecidos con ataúdes, apertura de sepulturas, dispensa de permisos de enterramiento, etc., no habiéndose presentado ningún caso en que la Municipalidad haya tenido que hacer todos sus gastos por su cuenta en cantidades mayores de L 25.00.

Egresos

Por Beneficencia egresó de la Tesorería Municipal la cantidad de L 404.00 durante el año económico mencionado.

SANIDAD:

El trabajo de los carros del Tren de Aseo ha aumentado con motivo de la actividad desplegada por los empleados encargados de él; es considerable el número de personas que durante este año se han suscrito para obtener ese servicio. Los inspectores dependientes de la Dirección General de Sanidad siempre prestan su cooperación en ese sentido, en visitas al Mercado "San Isidro", barberías, carnicerías, fábricas, pulperías, etc., contribuyendo de este modo al aspecto de aseo y de limpieza que la ciudad presenta y al mejoramiento de la higiene en todos los centros antes mencionados. La Municipalidad siempre ha cumplido las disposiciones dictadas a este respecto por la más alta institución sanitaria del país, ya que ellas van en pro de la higiene y la salud del vecindario.

El señor alcalde de Policía, en su oportunidad, ha expedido bandos ordenando el blanqueamiento de edificios, aseo de solares, barrido de calles, petrolización de aguas estancadas, instalación de nuevos servicios sanitarios y reparación de otros, etc.

En lo que se refiere a la reparación y construcción de aceras, la actividad desarrollada por el señor alcalde de Policía, don Mariano Moncada Saravia, apoyada por el suscrito y demás compañeros de labores, lo mismo que por el señor director de la Policía Nacional, general don Camilo R. Reina, ha sido coronada por el mayor de los éxitos, y ha sido también una labor que, en su magnitud y trascendencia, no había sido posible realizar en años anteriores ni siquiera con mediano éxito. La mayoría de los propietarios y arrendatarios de casas y solares urbanos han dado cumplimiento a esos bandos de buen gobierno, presentando por ello la ciudad un aspecto cada vez más atractivo. Esta labor, justamente apreciada, ha merecido el aplauso de las autoridades, de la prensa y de los vecinos de ambas ciudades capitalinas. La colaboración de estos habitantes a este respecto es digna de encomio.

Pocas son las personas que aún no han dado cumplimiento a esas disposiciones, pero a ellas se les ha aplicado el apremio que señala la ley del ramo, sin ninguna consideración. Las aceras construidas en el presente año se encuentran distribuidas en todas las avenidas y calles de esta ciudad, en lo general con materiales de buena calidad, y abarcan una extensión de 5,546 metros 18 centímetros.

UN CARRO PARA LA CARNE:

Por no reunir todas las condiciones higiénicas el carro en que anteriormente se hacía la distribución de carnes en esta ciudad, siendo ello una amenaza constante para la salud de los habitantes, la Honorable Corporación Municipal, previo contrato, compró al señor don José R. Pérez, en el mes de marzo, un carro refrigerador marca "Ford" por la cantidad de L 3,400.00, la cual ha sido totalmente pagada.

El carro mencionado es de los que se estilan y usan en las principales ciudades de los Estados Unidos de América, y su adquisición ha venido a llenar una necesidad imperiosa, por lo cual esta Municipalidad ha sido felicitada por las autoridades superiores y ha merecido el agradecimiento de los habitantes de esta ciudad.

MERCADO "SAN ISIDRO" Y RASTRO PÚBLICO:

El Mercado Público de esta ciudad ha merecido toda la atención de esta Municipalidad, siendo visitado, desde los primeros días del año en que dio principio al ejercicio de sus funciones la Honorable Corporación Municipal, por el informante y por el regidor encargado del ramo de Pesas y Medidas. Se han dictado todas las disposiciones que se han creído oportunas para obtener la mejor organización y buena marcha de este centro, y en virtud de su estricto cumplimiento se han aumentado sus rentas, dando a cada pieza el valor que le corresponde por su situación y demás ventajas comerciales, lo mismo que midiendo los puestos ubicados dentro del pabellón para asignar los impuestos en un todo de acuerdo con lo especificado en el respectivo plan de arbitrios.

En el mes de marzo del corriente año de 1937, fue elaborado por esta Municipalidad un nuevo reglamento del mercado, fundamentado en las necesidades de actualidad y previendo en él todos los medios para dar al público un servicio eficiente. Este reglamento fue aprobado en todas sus partes y sin modificación alguna, con fecha 20 de mayo, por el Honorable Concejo Departamental; se mandó a imprimir y a repartir para conocimiento de los interesados. También se dictaron las órdenes necesarias al señor administrador para proceder a la organización, por secciones, del establecimiento a su cargo, tal como se acostumbra en mercados de otros países de Centroamérica, para atraer así más a los comerciantes y dar una mejor presentación de él a los extranjeros que lo visitan.

El Rastro Público también ha tenido la atención que merece como servicio municipal, dado que es una de las fuentes productoras de las rentas del municipio, encontrándose en la actualidad en mejor estado y con mejor organización. En el cuadro de consumo pecuario puede verse el movimiento que tuvo durante el año fiscal de 1936 a 1937.

EDUCACIÓN:

Estando esta Municipalidad sabida de que los pueblos se salvan por su cultura, y que pueblos donde el alfabeto es "el pan de cada día" son pueblos que marchan directamente hacia la perfección de sus fuerzas vitalizadoras, o por lo menos no están propensos a ser víctimas de la codicia de otros, ha puesto sus actividades y prestado su apoyo decidido y entusiasta a la causa de la educación pública, llevando a los establecimientos de enseñanza, hasta donde se hace posible, los recursos y derroteros que señala la nueva pedagogía con el fin primordial de desterrar de los centros docentes los defectos que han privado en nuestra enseñanza nacional, y poder así, en no lejano día, asentar la escuela sobre bases mejores y más de acuerdo con los postulados que predominan en las escuelas de aquellos pueblos que proporcionan a la niñez una educación más de acuerdo con la psicología infantil y su libre desenvolvimiento, con pleno conocimiento de su país y de sus valores morales y materiales.

Durante el año escolar que hace poco se inició, lo mismo que durante el anterior, las escuelas urbanas están servidas por un personal en su mayoría capacitado y honorable, por lo tanto, recomendable y digno colaborador de los ideales que en este importantísimo ramo de la administración local persigue la Municipalidad. Cuentan, además, estas escuelas con el suficiente material para que el aprendizaje no se resienta en este sentido; y los directores de ambas escuelas son maestros respaldados por largos años de práctica y con buenas fojas de servicio obtenidas durante esos mismos años de labor en pro de la cultura del pueblo.

En la segunda quincena de febrero terminó el año escolar iniciado el 1.º de junio de 1936, cuyos resultados fueron magníficos.

Durante el año actual, las labores escolares, por acuerdo del Poder Ejecutivo, se iniciaron el 1.º de junio, y desde esa fecha funcionan las escuelas sin ninguna interrupción, tanto las urbanas como las rurales y privadas, a pesar de aquellos obstáculos motivados por enfermedad; la asistencia general oscila diariamente entre 1,330 y 1,361 alumnos de ambos sexos. En las rurales, por motivos que son del conocimiento de esa superioridad, la asistencia deja mucho que desear; sin embargo, se están buscando las maneras de subsanar esos motivos y obtener una mejor asistencia. Sigue siendo para la Municipalidad un problema la buena organización de las escuelas rurales, sobre todo por la falta de elementos especialmente preparados para esta clase de escuelas.

La asistencia del profesorado, hasta la vez, es muy buena. El regidor encargado del ramo visita las escuelas urbanas diariamente y dicta las medidas que cree necesarias para la mejor marcha de los planteles docentes. Ambas escuelas municipales, "República Argentina" y "Lempira", tanto alumnos como profesores, y por orden de la Dirección Local, se han provisto del uniforme correspondiente, presentando, por lo mismo, un aspecto de buen tono, siendo además un distintivo de profesores y alumnos que los caracteriza y que muchas ventajas reporta a las escuelas para realizar su función educativa. Esta Dirección Local ha proveído a los alumnos hijos de padres completamente pobres del uniforme correspondiente, lo mismo que de aquellos útiles que les son más necesarios.

La Escuela de Párvulos "Estefanía Castañeda" continúa funcionando en el edificio que le ha cedido la Alcaldía Municipal, la cual le presta todo el apoyo posible; este año la escuela ha recibido un mayor ensanche por el aumento de grados y de alumnos, y cuenta para atender en parte a su sostenimiento con la subvención autorizada a su favor por la Corporación, y que figura en el presupuesto respectivo, siendo pagada con la puntualidad debida.

Las piezas del segundo piso del Palacio del Ayuntamiento fueron cedidas para la instalación de la Escuela "República de Honduras", que funciona bajo la dirección de su fundadora, la distinguida educacionista señorita Isabel D. Laínez. Esta escuela desarrolla su obra educativa con la más viva satisfacción de las autoridades y de los padres de familia, y también cuenta con el apoyo decidido de esta Alcaldía Municipal, que ha facilitado todo aquello que ha sido solicitado por su directora con espontaneidad y buena voluntad. La educación pública, pues, marcha de una manera altamente prometedora en este municipio para bien de sus habitantes y de Honduras en general.

OBRAS PÚBLICAS
INTERESES MATERIALES — PARQUE "LA LIBERTAD"

En la segunda quincena del mes de enero del año en curso, bajo la dirección del señor regidor profesor don Juan Ramón Ardón, principiaron los trabajos de embellecimiento del Parque "La Libertad", el cual se encontraba desde hace muchos años en un estado completamente lamentable, siendo más bien motivo de crítica, tanto de estos vecinos como de las personas extrañas que lo visitaban, por encontrarse en la parte central de la ciudad sin ser objeto de modificación alguna en pro de su ornato y comodidad, quizá por descuido de los encargados de hacerlo.

Ahora ese centro de recreo presenta un aspecto atractivo, y aunque no es una obra de arte perfecta, su estado actual de embellecimiento es grato a los habitantes capitalinos y a los extraños que lo visitan, por lo que concurren a él numerosas personas durante las horas de solaz después del trabajo cotidiano. Estos trabajos se llevaron a cabo dentro de la mayor economía posible, arrojando el gasto la cantidad de L 1,604.29, lo que, dado el estado en que el parque se encontraba y su presentación actual, es relativamente poco.

SERVICIO SANITARIO Y VIALIDAD

En la avenida "Erasmo Velásquez" y entre las calles 5.ª y 6.ª se construyó una cloaca con una extensión de 150 metros, correspondiendo 50 metros a la 6.ª calle. Esta cloaca se hizo con la cooperación voluntaria de los vecinos interesados en ella, haciéndose por cuenta de esta Municipalidad la apertura del zanjón, el pegue de tubos, etc.

La importancia de esta obra no debe escaparse al señor gobernador, pues son muchos los vecinos que ya han instalado sus servicios sanitarios, ocurriendo esto mismo con muchas de las casas de esta ciudad que carecían de ellos por la falta de agua potable, de que hoy está dotada la población en suma abundancia, contribuyendo con ello a la higiene y salud de los moradores.

La vialidad urbana es un problema resuelto para la ciudad de Comayagüela. Así lo revelan las obras de esta naturaleza llevadas a cabo en administraciones anteriores en las que le ha tocado actuar al informante, teniendo una activa participación para realizarlas con feliz suceso.

La labor emprendida en el presente año hasta el último de julio, que abarca este informe, se resume así:

AVENIDAS Y CALLES:

Reparación y macadamización de la calle 7.ª, denominada "José T. Maradiaga". Apertura y arreglo de tres calles en el barrio "Lempira". Arreglo y macadamización de las calles de "El Socorro". Reparación y macadamización de las avenidas siguientes: "Francisco J. Mejía", "Marco A. Soto", "Erasmo Velásquez", "Morazán", "José Cecilio del Valle", "Ramón Rosa" y "Tiburcio Carías A.", nombres que corresponden a la 1.ª, 2.ª, 4.ª, 5.ª, 6.ª, 7.ª y 8.ª, respectivamente.

CARRETERA DE LA CUESTA Y DE LA PRESA Y CAMINOS RURALES:

Desde el lugar denominado "Lodo Prieto", cerca del kilómetro 7 de la carretera del Norte, hasta la casa de escuela de la aldea de "La Cuesta", se reparó totalmente el viejo camino allí existente, quedando convertido en una buena carretera por donde los automóviles transitan sin dificultad. Estos trabajos se efectuaron por los proletarios de la aldea, sujetos a la prestación de caminos, bajo la dirección y estricta vigilancia del inspector que facilitó el señor gobernador político, correspondiendo a una atenta excitativa que para ese objeto le hiciera la Alcaldía que está a mi cargo. También se reparó completamente la carretera que conduce a la presa de agua.

Estas obras prestan un buen servicio a los habitantes de esos lugares, pues ahora hacen sus viajes a esta ciudad sin inconvenientes y con mayor rapidez. En todas las demás aldeas, y también por los proletarios, fueron reparados los caminos vecinales. Tanto la reparación como la apertura de calles y avenidas se hizo dentro de la mayor economía posible.

LA ACERA DE LA IGLESIA:

En el mes de mayo del corriente año se terminaron los trabajos de la acera que circunda la iglesia parroquial de esta ciudad; este trabajo costó la suma de L 1,200.00 y se hizo bajo la dirección del albañil don Salomón Zepeda. La obra, una vez terminada, fue recibida por una comisión compuesta de personas integrantes de esta Municipalidad y miembros de la Sociedad "Pro-Ornato de la Iglesia de Comayagüela". El trabajo se hizo a satisfacción del vecindario y así lo hicieron constar ambas comisiones en el acta respectiva.

Presenta ahora el templo católico de esta ciudad un aspecto mejor, pues la acera ha dado mucho realce al ornato de la misma, lo mismo que a la ciudad en general.

EDIFICIOS ESCOLARES:

Tanto en el edificio que ocupa la Escuela de Varones "Lempira" como en el de la Escuela de Niñas "República Argentina", se han hecho las mejoras que se han creído de más urgencia, haciendo la instalación del servicio de agua en los inodoros y baños de ambas escuelas, provistas del material necesario, etc. A la Escuela de Niñas "República Argentina" se le dotó de un piano que esta Municipalidad adquirió por la suma de L 400.00, producto de la devolución que hicieran a la Municipalidad, en relación con un solar contiguo al norte y margen izquierda del río Choluteca, los herederos de don Pedro Reina P., según punto del acta N.º 8 y acuerdo suscrito entre ambas partes, cuya cantidad se ve legalmente invertida en el mismo acuerdo.

ESTADISTICA:

De acuerdo con los conceptos de su circular, se han elaborado los datos estadísticos que se especifican en la misma y cuyos resúmenes son los siguientes:

CENSO DE POBLACIÓN

Hombres: 7.877
Mujeres: 7.772

Total: 15.649

CENSO ELECTORAL

Mayores de edad: 2.849
Menores de edad: 89
Total: 2.938

Casados: 610
Solteros: 2.256
Viudos: 722
Total: 938

Saben leer y escribir: 1.943
No saben leer ni escribir: 995
Total:

REGISTRO DE MATRÍCULAS DE ARMA DE FUEGO

Pistolas o revólveres: 42
Escopetas: 11
Rifles de caza: 11
Total: 64

REGISTRO DE MATRÍCULAS DE VEHÍCULOS

Camiones: 49
Camionetas: 7
Turismo: 26
Limosinas: 19
Carretas: 189

ELECCIONES

El último domingo del año de 1936, previa la convocatoria dirigida al electorado Municipal, se practicaron las elecciones de Autoridades Locales, saliendo electos por la inmensa mayoría de estos, las personas que actualmente gobiernan y administran los intereses del Municipio y cuyos nombres se mencionan a continuación:

Alcalde Municipal: don Fernando Zepeda D.

Regidor 1: Mariano Moncada S.

Regidor 2: Roberto Morales

Regidor 3: Juan Ramón Ardón

Regidor 4: Antonio Valladares Andino

Regidor 5: Santos Mendoza García

Síndico: Vicente Machado Valle.

Bajo la égida de la paz y del orden, cimentado por el actual gobernante general don Tiburcio Carías Andino, el torneo electoral ha sufrido transformaciones verdaderamente halagadoras para la vida constitucional de la República. Los ciudadanos se van posesionando a conciencia de lo que significa el sufragio y de lo mucho que vale elegir, para su propio bien, en defensa y garantía de sus propios intereses y del progreso popular, a individuos que sepan corresponder en forma desinteresada a sus justos anhelos de renovación. Esta moralidad cívica se ha patentizado en el pueblo de Comayagüela durante los últimos años, y dentro del entusiasmo y del orden han concurrido a las urnas electorales sin presiones de ninguna especie, sin los sobornos y engaños de otras épocas en que la inmoralidad partidarista lo conducía tan solo a ser un instrumento de los que han aspirado a los puestos de la administración pública. Con todo ello, el gobernante, las demás autoridades y todos los ciudadanos en general van realizando conquistas salvadoras para la vida política y social del país.

PLAZA "JUSTO RUFINO BARRIOS":

Con el nombre del gran reformador de Guatemala y como un homenaje a la memoria de este conspicuo centroamericano, la Municipalidad acordó, en la sesión celebrada el día lunes primero de febrero del año en curso, bautizar con el nombre de este preclaro personaje de la historia del istmo la plaza situada frente al Cuartel de Veteranos, en el paseo de Guacerique. Actualmente se están llevando a cabo los trabajos de embellecimiento de este pintoresco centro de recreo, abrigando la Municipalidad la esperanza de inaugurarlo en el presente año, para lo cual ya se celebró con el señor albañil don Salomón Zepeda R. la respectiva contrata, en que se compromete este a construir los muros en la parte poniente y norte de la expresada plaza, por la suma de mil trescientos quince lempiras.

MR. W. E. TURNBULL COOPERA AL PROGRESO DE COMAYAGÜELA:

Un rasgo de altruismo y de simpatía para el pueblo de Comayagüela ha venido a impulsar, en el presente año, el progreso de la ciudad, consistente en el donativo de mil lempiras que el señor Turnbull, con la caballerosidad que lo distingue, entregó a la Municipalidad para su inversión en las obras materiales y de embellecimiento que se están llevando a cabo durante el año en curso. Oportunamente se le dio cuenta certificada y documentada al señor Turnbull de los trabajos realizados con dicha cooperación, testimoniándole una vez más las muestras de reconocimiento y de afecto que se le tienen en esta ciudad.

LA PRIMERA EXPOSICIÓN NACIONAL:

La Comuna de Comayagüela no circunscribe su acción únicamente a los intereses locales del municipio. El lema "Primero somos hondureños" lo patentiza en hechos que benefician al pueblo y que honran al país, brindando de esta manera su colaboración efectiva al señor presidente de la República en la gigantesca obra nacional que está realizando con eficacia por todos los rumbos de la República, dotándola de magníficos planteles de enseñanza, de vías de comunicación, incrementando la agricultura y la ganadería como fuentes principales del patrimonio de sus habitantes, fomentando las industrias, etc., etc., para que, con mejores bases para el progreso nacional, se obtenga en todos sus aspectos el bienestar del pueblo hondureño.

Su aporte en este sentido lo ofrece la Municipalidad de Comayagüela con la Primera Exposición Nacional de Agricultura, Ganadería, Industrias y Artes, que llevará a cabo en el presente año, del siete al veinte de diciembre, teniendo la alta satisfacción de informar al señor gobernador que tanto la Municipalidad como la Junta Pro Exposición están desarrollando una intensa labor de organización y de propaganda, a la que se han adherido eficazmente, prestando todo el apoyo necesario, las autoridades, la prensa, las estaciones radiodifusoras del país y de otros estados de Centroamérica, y distinguidas personas de la capital y de los departamentos, por lo que es de esperarse que este certamen sea realizado con brillante éxito.

En él podrán contemplar los visitantes muchas de las riquezas vegetales y minerales del suelo patrio, así como el estado prometedor de la agricultura y la ganadería, los productos de la industria con materiales extranjeros o con materia prima del país, la pequeña industria típica y regional, las obras de los artistas o de los aficionados a las bellas artes, las habilidades de nuestros escolares y estudiantes. Al amparo de la paz conquistada y de los anhelos de renovación del pueblo hondureño, este torneo vendrá a ser, de manera indudable, un verdadero acontecimiento nacional.

Del señor gobernador político, respetuosamente.

FERNANDO ZEPEDA DURÓN
Alcalde Municipal

EL PRIMERO Y ÚLTIMO ALCALDE:

En lo cierto han estado los que dicen que con Fernando Zepeda Durón Comayagüela ha tenido su primero y último alcalde. Él se ha dado todo a su pueblo natal; todas sus energías e influencia política las ha puesto a su servicio, y el pueblo de Comayagüela, como un justo agradecimiento, lo ha catalogado entre el número de los "Hijos Beneméritos" de este limpio y honrado pueblo, cuna de hombres ilustres y de una historia digna de conocerse por lo plena de actos heroicos y por lo pintoresca. En lo que se refiere al Distrito Central, véase la parte que a él le corresponde en la sección histórica.

PARTE HISTÓRICA

CUARTA PARTE: ORIGEN DE LOS PRIMEROS HABITANTES

VERSIONES:

Sobre el origen de los primeros habitantes de Comayagüela existen varias versiones. Nuestros hombres de ciencia han realizado estudios de carácter filológico y etnográfico, de los cuales ha salido predominando, sobre las demás versiones que citaremos, por tener más visos de verdad, la probable conclusión de haber sido Comayagüela poblada a mediados del siglo XVI por indígenas de origen azteca o mexicano, venidos del pueblo de Jano, jurisdicción del actual departamento de Olancho.

Estos indígenas se establecieron primero como a cuatro leguas al noroeste de Tegucigalpa, en la montaña de Jutiapa, viniéndose después a habitar el lugar llamado Toncontín (baile indígena) del Llano del Potrero, perteneciente allá por el año de 1910 a don Jesús Estrada; hace algunos años aún podían verse los vestigios de aquella población, los cuales, a medida que han ido surgiendo las nuevas edificaciones, han ido desapareciendo. De Toncontín, poco a poco, se fueron extendiendo por las márgenes occidentales del río Grande o Choluteca, hasta formar la actual ciudad de Comayagüela.

En afirmación de lo anterior viene la existencia de una aldea denominada "Comayagüela Vieja", y hoy, como aparece en el mapa de Honduras del profesor Aguilar Paz, simplemente Comayagüela; dicha aldea está situada como a cinco kilómetros al norte del pueblo de Jano, cabecera del municipio del mismo nombre.

EL ROBO DE NIÑOS:

Con respecto al motivo por el cual aquellos habitantes se vieron obligados a venir a habitar estas tierras, se refiere lo siguiente:

Se dice que existe, cerca del pueblo de Jano, una montaña denominada "La Chorrera", donde nace un río cuyas aguas desembocan en el Aguán. Los xicaques o mosquitos, tribus habitantes de nuestro fértil territorio denominado "La Mosquitia", en el departamento de Colón, se robaban continuamente los niños de Jano que acostumbraban ir a bañarse o a traer agua al río mencionado.

Que en vista de ello, el rey, compadecido de aquellos habitantes, ordenó trasladarse más al interior del país para librarlos así de las invasiones de las hordas xicaques. Y que fue así como los vecinos de Jano vinieron a constituir lo que hoy lleva el nombre de Comayagüela.

Con respecto a este robo de niños, varios historiadores creen que sus pérdidas se debían a que los xicaques, aliados de los ingleses —y siendo estos enemigos acérrimos de los españoles—, se unían con ellos para invadir las poblaciones de Olancho. También suponen que los habitantes de Jano idolatraban con cultos sangrientos, inmolando niños en aras de sus dioses, y que para librarse de un severo castigo declinaban su responsabilidad sobre los xicaques.

Lo de la alianza con los ingleses de parte de los mosquitos puede suponerse, pero en lo que se refiere a cultos sangrientos, está ya bien demostrado que los habitantes de Honduras no llevaban su idolatría hasta el extremo de hacer sacrificios humanos.

Esto del robo de niños más bien tiene visos de leyenda que de verdad histórica, y lo citamos como tal.

UNA COMISIÓN DE JANO:

En el año de 1888, siendo alcalde el distinguido y siempre bien recordado ciudadano general don Erasmo Velásquez, llegó a Comayagüela una comisión del pueblo de Jano a participar a los vecinos de La Cuesta que en aquel lugar existía un título de tierras que les pertenecía, pero que solamente yendo cuatro familias de La Cuesta a ubicarse en Jano se les daría el título citado.

Se les contestó que el rey, al verificar la traslación de los pueblos, había también hecho el cambio de ejidos, por lo que los ejidos de Jano les pertenecían a ellos, así como los de este lugar a los de Comayagüela.

Algunos historiadores deducen de la llegada de esta comisión la existencia, en época remota, de otros habitantes en este lugar, los cuales, en la época que vino la comisión mencionada, ya habían desaparecido por completo sin dejar a sus descendientes noticias de tales ejidos.

EXISTEN DOS RÍOS:

Al norte de Jano existe un pequeño río denominado "El Carrizal", lo mismo que otro llamado "Comayagüela" al oeste de la aldea del mismo nombre. Una de nuestras aldeas responde al nombre de El Carrizal, así como todo el municipio lleva el nombre de Comayagüela. Otra afirmación más en favor del origen que tratamos.

ALGUNAS DIFERENCIAS FÍSICAS:

Algunos arguyen que si se comparan los rasgos físicos de los indígenas de Jano con los de nuestros indígenas habitantes de las aldeas de La Cuesta, La Soledad, El Carrizal, etc., se pueden comprobar algunas diferencias: la cabellera de estos es negra y lacia, los pómulos no son tan pronunciados y se encuentran algunos cuya nariz es completamente aguileña, sucediendo lo contrario con los de Jano: de pómulos salientes, nariz chata, pelo de hebras negras y rebeldes. Muchos de ellos hablan todavía un verdadero dialecto, teniendo algunos todas las características de la raza negra.

Jano es un municipio de Olancho y no es cierto que algunos de sus habitantes hablen un verdadero dialecto; lo que acontece es que algunos moradores de caseríos cercanos a La Mosquitia hablan un castellano modificado o mezclado con vocablos propios de los indígenas, pero eso mismo acontece con nuestros indígenas de estas aldeas. En lo que se refiere a los demás rasgos físicos y su diferencia con estos, son muy pocos, y la mezcla quizá sea el motivo de la transformación física que se nota en nuestros indígenas. Tenemos varias familias como ejemplo.

Estas pequeñas diferencias no afectan en nada la conclusión sentada por nuestros hombres de ciencia, pues, como se ha visto, hay muchas razones fundamentales que la abonan para tomarla como verdadera.

ALGUNOS HISTORIADORES:

Refiriéndose al anterior origen (azteca o mexicano), algunos historiadores y hombres de letras arguyen que los primeros pobladores de Comayagüela, al ser cierto que vinieron de Jano, no pueden ser de origen náhuatl o mexicano (náhuatl es lo mismo que azteca), porque cuando el último rey tolteca Topilzín Acxitl emigró con los restos de su pueblo hacia el sur, llegó al occidente de Honduras, donde estableció el reino de Hueytlato o Payaquí, que tuvo por capital a la poderosa y portentosa Copantl. Según ellos, este reino no abarcaba el actual departamento de Olancho.

Pero la apuntada opinión es ilógica y, por lo mismo, no puede afectar en nada el anterior origen; pues de las invasiones mexicanas que sufrió Honduras allá por los siglos XI o XII, si es cierto que unas llegaron por el occidente y otras por el sur, también es cierto, como está demostrado, que estas no se concretaron a vivir reunidas en un solo lugar del país, sino que se fueron extendiendo por todas partes, dando origen a las diferentes tribus de que nos habla la Historia Patria.

POR QUÉ ESCRIBIMOS "MEXICANOS" EN VEZ DE "MEJICANOS":

Muchas autoridades en cuestiones de letras están de acuerdo en que la Real Academia Española "es una institución dogmática". Nosotros escribimos mexicanos en vez de mejicanos porque creemos conveniente referirnos a tiempos pretéritos, y para reafirmar lo anterior copiamos a continuación los párrafos siguientes tomados del folleto de propaganda comercial que publican las oficinas de la Unión Panamericana de Washington; y perdónese la digresión:

"EQUIS EN LUGAR DE J":

"Consultada la Academia Argentina de Letras acerca de la causa por la que se escribe México o no Méjico, solicitó la opinión del académico correspondiente, el escritor y diplomático mexicano Alfonso Reyes, actual embajador en Buenos Aires (1937).

'Por una razón histórica', respondió el autor de Visión de Anáhuac. 'A saber: los españoles del siglo XVI quisieron imitar el sonido sh de la palabra indígena con que los pobladores del Imperio Azteca se designaban a sí mismos: meshica (mexicanos). En aquel siglo, la X correspondía a dicho sonido. La grafía se conservó a pesar de que el valor fonético de la letra X evolucionó hasta la J. Por curiosos accidentes históricos —añade don Alfonso Reyes—, se ha creado en torno a la conservación de la grafía X (aunque siempre pronunciándola como J, en lo que todos están de acuerdo en México) un complejo de nacionalismo, que hace sentir a la opinión general que es más patriótico escribir México que Méjico, como si la conservación de la vieja ortografía robusteciera el sentimiento de la independencia nacional'".

Dada la explicación anterior, continuamos nuestro trabajo.

NOMBRES GEOGRÁFICOS DE COMAYAGÜELA:

Está probado, y esto no da lugar a duda, que varios nombres geográficos de Comayagüela son de origen azteca o mexicano. Por ejemplo: Cucuterique significa "cerro fragoso" (hoy se conoce ese cerro con el nombre de Las Crucitas); Sipile ("agua del sipe"); Camaguara ("agua amarilla"), y otros más. El significado de estos nombres ha sido tomado de la obra del doctor Membreño.

OTROS NOMBRES MEXICANOS:

Los habitantes de nuestras aldeas han llamado al burro quinicho, que en mexicano significa "ratón"; totocles o totoques, a los antiguos caciques; tapianes, a los criados del cura y alcalde mayor, y mezquitales, a las clases inferiores del pueblo.

NUESTRA OPINIÓN:

Fuera de las demás tradiciones que citaremos, las cuales vienen en apoyo del anterior origen, para nosotros los primeros pobladores de Comayagüela, sin lugar a duda, vinieron de Jano, y en esto no pueden haber incertidumbres, pues los nombres geográficos, costumbres, etc., vienen en abono de esa afirmación, la cual no debe ser catalogada como una simple leyenda, sino como una verdad histórica. Por lo cual, del origen de los primeros habitantes de Comayagüela no puede decirse que, al igual que los primitivos habitantes del Nuevo Mundo, está envuelto en el misterio.

Algunos historiadores hablan de la falta de documentos para sentar una afirmación tal. Ojalá nuestra afirmación diera lugar a algo en beneficio de nuestra Historia Patria.

EXISTE UNA TRADICIÓN:

En Comayagua existe la tradición de que, en el lugar denominado "Geto", existía hace más de trescientos cincuenta años una laguna que llevaba el nombre del lugar, y que allá, a principios de 1600, en dicha laguna habitaba una serpiente que dos veces al año ponía en tal movimiento las aguas, que estas inundaban las habitaciones de aquellos moradores, arrebatándoles muchas vidas. Que para librarse de estas continuas amenazas dispusieron trasladarse con familias y bienes a lo que ahora se llama Comayagüela. Como se ve, esto no pasa de ser una leyenda, a pesar de existir en Comayagua el lugar denominado "Geto".

ORIGINARIOS DE LEJAMANÍ:

Algunos historiadores opinan que los primeros habitantes de Comayagüela fueron originarios de Lejamaní, lugar situado al occidente de Comayagua, a cinco kilómetros de distancia de aquel lugar y a uno de la ciudad de La Paz. Los rasgos físicos de los habitantes de Lejamaní son en un todo iguales a los de La Cuesta, El Carrizal y demás aldeas de Comayagüela.

LA ENCOMIENDA DEL ESPAÑOL CÁCERES:

De abuelos a nietos se ha venido traspasando la tradición de que la encomienda de Lejamaní era propiedad de un español de apellido Cáceres, de cuya familia y por el tronco paterno fue descendiente el capitán Alonso de Cáceres, fundador de Comayagua. Que este mismo español era propietario de la encomienda del Pueblo Abajo, después Barrio Abajo y hoy La Chivera; que este español hizo venir a aquellos habitantes para unirlos con estos y dedicarlos a la explotación de las minas de Santa Lucía.

La Historia Patria nos enseña que allá por el año de 1590, siendo gobernador de Honduras don Rodrigo Ponce de León, el encomendero de Tegucigalpa y Comayagüela era el español Lope de Cáceres y Guzmán. Otra afirmación más de que los primeros pobladores de Comayagüela llegaron a mediados del siglo XVI.

EL ANTIGUO GUANCAZGO:

Reforzando lo dicho anteriormente se halla el antiguo guancazgo (cambio de visitas o pago de las mismas) entre las patronas titulares de Lejamaní y Comayagüela: "Un año viene a esta población la Dolorosa de Lejamaní, y al siguiente contesta su visita la Candelaria de Comayagüela". Desde allá por el año de 1893 dejó esta de corresponder a la visita de la Virgen de Lejamaní.

Desde principios del siglo XVII venían verificándose estas recíprocas visitas, y su costumbre estaba tan arraigada entre ambos pueblos que ni los rigores del invierno podían detenerlas, pues cuentan varios ancianos que esta costumbre les fue legada por sus antepasados, con la obligación de no interrumpirla jamás, si no querían verse víctimas de muchas desgracias.

"En otro tiempo esta festividad se efectuaba por septiembre u octubre, hasta que en cierta ocasión una avenida del río del Hombre, camino de Comayagua (el camino viejo, a mano derecha de la carretera), estuvo a punto de arrastrar a la patrona con su numerosa comitiva. Desde entonces se propuso y se acordó transferir la función al mes de febrero, en la estación seca".

Todavía, hasta la fecha, La Dolorosa de Lejamaní no deja de visitar a La Candelaria de Comayagüela. Todos hemos visto la comitiva de indígenas de aquel y este lugar recorrer el día dos de febrero de cada año las calles de esta ciudad, portando banderolas de papelillo a colores en la consecución de limosnas para mejor celebrar la tradicional festividad. De este lugar la conducen al santuario de Suyapa, con motivo de celebrarse en esos días las festividades en honor de la Milagrosa Patrona de los hondureños.

"Hemos hablado con los ancianos de La Cuesta, pretendiendo de nuestra parte fijar, siquiera vagamente, la época en que principió el guancazgo. Nos contestan que era costumbre religiosa observada por sus abuelos, que ya ancianos les recomendaban seguir cumpliéndola si querían vivir felices, porque tal era la creencia que ellos a su vez habían recibido de sus antepasados."

"No se crea que el guancazgo es, como cualquier otra costumbre, una de las muchas extravagancias que tienen los pueblos nacientes; envuelve, al contrario, una explicación histórica. O era un medio de conciliación entre pueblos enemigos impulsados a la fraternidad por el celo cristiano de sus curas, o se efectuaba solo entre los que tenían vínculos de cercano parentesco; esto último debió suceder con los nuestros, separados por veinticinco leguas de distancia. En manera alguna pudo sobrevenir entre ellos la enemistad, desde luego que esta surgía casi siempre por asuntos de tierras, y sus ejidos ni remotamente se tocaban: no fue, por tanto, necesaria la influencia de los curas para armonizar pueblos hostiles. Por otra parte, en comunicaciones de nuestras antiguas municipalidades a las de Lejamaní se llama a los hijos de esta población, sencilla y candorosamente, con el título de parientes; y en una de tantas cartas como se escribieron, dice que el guancazgo con Lejamaní debe conservarse por siempre, desde luego que ambos pueblos son hermanos."

¿COMAYAGÜELA ES UN DIMINUTIVO?:

Los entendidos en dialectos aseguran que Comayagüela es un simple diminutivo de Comayagua; y en el libro que publicó en el año de 1575, cuando aún principiaba la colonización pacífica de nuestro suelo, el cosmógrafo Velasco llama a esta ciudad: "Comayagua de los indios."

LA ORDEN DEL REY:

Se dice por allí también que cuando el rey ordenó a los habitantes de Jano trasladarse más al interior del país para ponerlos a salvo de las bárbaras hordas xicaques, el pueblo se dividió en el camino, yéndose unos a habitar lo que ahora se conoce con el nombre de Lejamaní, viniendo los otros a constituir Comayagüela.

PARA LA EXPLOTACIÓN DE MINAS:

A pesar de que todos estamos de acuerdo en que los primeros pobladores de Comayagüela fueron indígenas traídos por los descendientes de los conquistadores para dedicarlos a la explotación de las minas de Tegucigalpa y Santa Lucía y a las labores agrícolas, el origen anteriormente mencionado, con pruebas que no se pueden refutar, y el de Lejamaní no vienen más que a reafirmar que los primeros pobladores de Comayagüela fueron originarios de Jano.

¿CÓMO SE FORMARON LAS ALDEAS DE COMAYAGÜELA?

A medida que la ciudad de Comayagüela fue siendo poblada por descendientes de españoles (ladinos), los indígenas se fueron retirando a los lugares circunvecinos, y así se formaron las aldeas de La Cuesta, El Carrizal, La Soledad, San Matías, etc. El espíritu esquivo de nuestros indígenas no les permitía vivir juntamente con gentes de distintas costumbres; y ese espíritu huraño aún predomina en ellos, procurando por todos los medios posibles vivir lo más separadamente que pueden de quienes no poseen características puramente autóctonas.

NUESTRA IGLESIA PARROQUIAL

TRESCIENTOS TRIBUTARIOS:

En las postrimerías del siglo XVII, Comayagüela ya era una población de relativa importancia, con un número de habitantes de cerca de 900, de los cuales 300 eran tributarios, todos laboriosos y amantes del progreso. Prueba de ello es la construcción de su iglesia, entre 1788 y 1796. Antes de la construcción existía una ermita que hacía las veces de iglesia, y al ser demolida ocupó su lugar el antiguo camposanto (donde hoy se encuentran las tapias del proyectado edificio del Calvario) hasta que, por disposición gubernativa, fue trasladado al occidente de la población, al pie del cerro de Las Crucitas, donde —allá por el año de 1900— se encontraba una casa de propiedad de Mr. Cleaves y en dicho edificio el consulado americano. Del lugar mencionado fue trasladado después a Sipile.

A MEDIDA QUE EL TIEMPO PASA:

A medida que el tiempo pasa, los nombres de aquellos que hace muchos años nos precedieron, de aquellos que principiaron a echar los cimientos de la civilización actual, cobran un valor extraordinario, y al mencionarlos, nuestro espíritu hace un viaje al pasado para bañarse en las sanas y patriarcales costumbres de aquellos abuelos que supieron sustentar unas raras costumbres que les dieron por resultado muchos años de vida ejemplar.

El nombre más humilde en su época, santificado por la pátina del tiempo, tiene para nosotros un valor inapreciable, y así, el nombre, por ejemplo, de Juan Anselmo Vargas, uno de los operarios en la construcción de nuestra iglesia parroquial, tiene sabor a leyenda y pone en nuestros corazones las palpitaciones de la veneración. Por eso apuntaremos aquí los nombres de algunas de las diferentes personas que trabajaron, ya como operarios o maestros de artes y oficios, o como simples mozos, en la construcción de la iglesia mencionada.

LA LISTA ES ATRAYENTE:

El pintor: José María Gómez; los herreros: Sixto Bustillo y Juan José Carías; los canteros: Manuel Alvarado y José Ramón Aquino; el calero: Martín; y el maestro albañil: Teodoro.

Juan José Aquino, Juan Benito Flores, Francisco Cortés, Tomás Vivas, Andrés Santos, Martín Valladares, José María Juánez, Claudio Vargas y sus hermanos Vicente, Felipe y Juan del mismo apellido, como oficiales y operarios.

EL MAESTRO ALBAÑIL TEODORO:

El maestro albañil Teodoro… Ese nombre, caro lector amigo, ¿no os trae a la memoria, a pesar de no poder conocer ni el apellido de quien lo llevó, manojos de recuerdos de aquel ayer pletórico de leyendas, cuando nuestra actual, progresista y bella Comayagüela principiaba a dar sus primeros pasos en el camino del progreso?

EL CALERO MARTÍN:

El calero Martín… Y ese nombre, de aquel humilde obrero de nuestro pasado, ¿no os recuerda los sufrimientos por los que tuvieron que pasar nuestros abuelos en el afán de ir conquistando poco a poco su libertad? ¿No os recuerda la historia de todos estos países de habla española, que tantas penalidades sufrieron bajo el vergajo del amo inclemente y que solo veía en estos habitantes materia propicia para saciar sus apetitos de oro? En el calero Martín está representado el "sufrido Juan" de todos los tiempos, y en el calero Martín está resumida la historia de aquellos nuestros antepasados que, por real y medio diario, tenían que ofrendar hasta la vida en aras del ambicioso e insensible colonizador peninsular.

A FUERZA DE MÚSCULO:

Nuestra iglesia parroquial surgió bajo el golpe de músculo de aquellos obreros o con el sudor regado en los campos de labranza para poder pagar en fanegas de maíz el infamante y cruel tributo. Apenas si se habla de una orden librada por el subdelegado de Hacienda de este partido, Andrés de Cepeda, contra la Caja Real de Comayagua por trescientos pesos para dedicarlos a los trabajos mencionados, siendo cargados al fondo de comunidad de los indígenas de Comayagüela. Suma completamente pequeña en comparación con los trabajos a que había de hacerse frente.

SE INAUGURÓ SOLEMNEMENTE:

Hablando de la inauguración de la iglesia, en papeles del año de 1797 se dice que esta se verificó el ocho de diciembre de 1796, con toda la solemnidad del caso, y a ella asistieron el señor alcalde mayor, autoridades eclesiásticas, demás autoridades civiles, el pueblo en general y habiendo concurrido también los moradores de los valles y caseríos, y un crecido número de personas de Comayagua, Lejamaní y otras poblaciones importantes en aquellos tiempos.

SETENTA RELIQUIAS:

Y mientras nuestro pueblo logró hacerse de su iglesia a fuerza de incontables energías y cooperación mutua, un cierto cura de Tegucigalpa, allá por abril de 1825, dio orden de sacar setenta reliquias de plata y oro de la iglesia de Comayagüela.

Quién sabe con qué fines dio la orden mencionada el cura de marras. Quizá era uno de esos tantos pastores de almas que olvidan la humildad en que vivió el divino Rabí y aquello de "no hagáis morada de ladrones de la casa de mi Padre". Quizá era uno de esos curitas presumidos, nominalmente cristianos y aparentemente religiosos, que tanto abundan por estas tierras de Dios y tanto les encanta vivir a lo Salomón a costillas del pueblo crédulo e ignaro.

UN RICO Y CURIOSO INVENTARIO:

En el inventario que de las alhajas de nuestra iglesia se hizo el 1°
de noviembre de 1836, resultó lo siguiente: "una custodia, una
aceitera con su hisopo, un copón, un incensario con su naveta, una
portátil, una lámpara con sus mecheros y su vaso, una cruz alta, una
concha de bautizar, cuatro candelabros, las dos cruces, la del guión y
la del estandarte, tres coronas de plata, una daga y un resplandor, más
un vaso y la paz, la caja de óleos con cuatro ampolletas."

Estas alhajas fueron depositadas en el alcalde 1° con la obligación
de entregarlas al terminar el año. Pero el año terminó y las alhajas no
fueron devueltas; y en aquella época se aseguraba que las benditas
alhajas fueron divididas entre el señor alcalde 1° y los curas de
Tegucigalpa. Esto nosotros no lo aseguramos, solo lo referimos.

MEJORAS A LA IGLESIA:

El 6 de febrero de 1847 se acordó hacerle ciertas reparaciones, se
pidió el apoyo del gobierno y con el producto de las alcabalas
municipales se formó un fondo de parroquia.

En 1863, en vista de que la Virgen de Concepción poseía algunos
bienes, varias personas de esta localidad solicitaron permiso para
venderlos y dedicar el producto a las reparaciones que requería el
templo. En el año de 1931 se le construyó una sacristía de estilo
moderno.

El día 27 de agosto del año de 1935, por excitativa e interés del
señor vicario capitular don J. Benjamín Osorio, del Br. don Salvador
Turcios R. y del coronel don Ricardo Tulio Machado, la honorable
señora doña Eusebia de Vargas y otras distinguidas personas de esta
ciudad, se organizó una sociedad con el fin primordial de impulsar el
ornato del templo parroquial, eligiéndose la siguiente directiva:

Presidente: don Pascual P. Sosa
Vicepresidente: Tomás Lozano
Vocales:
1° doña María M. Landa
2° don Salvador Turcios R.
3° doña Jesús Obando

4° don Terencio Z. Amador

5° doña Francisca de Lagos Andino

6° don Medardo Cerrato V.

7° doña Luisa Ruiz

8° don Manuel de J. Garay

Fiscal: licenciado José López Aguilera

Tesorera: doña Eusebia de Vargas

Vice tesorero: don Manuel E. Sosa

Secretarios:

1° Ricardo Tulio Machado

2° Armando Cerrato V.

Bajo los auspicios de la anterior directiva se construyeron los hermosos muros que circundan la iglesia, y por donación que le hiciera la Municipalidad que fungió el citado año de 1935.

La misma directiva dispuso, en una de sus sesiones, poner a la orden del señor alcalde municipal de 1937 la cantidad de L 914.44 para la construcción de las aceras. Dicha Municipalidad, presidida por el progresista ciudadano don Fernando Zepeda Durón, y por gestiones e interés exclusivo de él, llevó a cabo la construcción de las aceras en el mes de mayo del año de 1937 ya mencionado, costando ese trabajo la cantidad de L 1.200.00, fuera de L 60.00 que se invirtieron en la colocación de cuatro escaños a ambos lados de la parte del muro que da al costado principal de la iglesia. El trabajo fue ejecutado por el maestro albañil don Salomón Zepeda R., quien lo entregó de conformidad con el contrato y a satisfacción de los miembros municipales y de la sociedad de ornato.

La directiva de la sociedad mencionada sigue organizada, y aunque últimamente no da a conocer ninguna labor, se dice que siempre abriga buenos propósitos de mejoramiento en pro de la iglesia parroquial de esta ciudad.

VISLUMBRES DE INDEPENDENCIA

REAL CÉDULA DE 4 DE JUNIO:

La real cédula de 4 de junio de 1582 estableció el tributo entre nuestros indígenas. Por el año de 1789, Comayagüela ya contaba con cerca de 900 habitantes; y como queda dicho, 300 eran tributarios y con la obligación de sembrar diez brazadas de maíz para dar cumplimiento a la orden real.

A los peninsulares no les bastaba explotar inicuamente a nuestros aborígenes en los duros trabajos de minas y en las labores agrícolas, también los obligaban a pagar tributo como una manera de hacerles más insoportable la esclavitud. Las brutalidades que los peninsulares se gastaban con los nativos fueron uno de los factores más importantes en el incremento de los aires libertarios que culminaron con la proclamación de nuestra independencia.

1.122 TOSTONES DE TRIBUTO:

La Audiencia, en vista del patrón de Comayagüela, manda con fecha 18 de noviembre de 1803 que solo 279 individuos paguen tributo, quedando excluidos los que debían ejercer cargos de cabildo. La cantidad tributaria ascendería a 1.122 tostones, o sea 17 reales por cada persona. Esta cantidad total se pagaría en dos partidas: la llamada tercio de San Juan y la otra de Navidad, advirtiendo que de la cuota de cada contribuyente se sacarían 28 maravedíes para destinarlos al fondo de comunidad.

El pago se verificaría así:
En San Juan: 280 PS. 4R.
En Navidad: 220 PS. 4 R.

QUINCE LIBRAS DE CARNE POR UN REAL:

En aquellos tiempos, un maestro albañil ganaba tres reales diarios, y un simple peón, real y medio a lo más. Las condiciones de vida eran sumamente baratas; en el año de 1689, por ejemplo, se compraban quince libras de carne por un real. Había también mucha abundancia de frutas; sin embargo, nuestros aborígenes sufrían incontables hambres, pues el español lo acaparaba todo y se llegó a registrar el inaudito caso de ser un indígena amputado de ambas manos por tomar un fruto del cercado ajeno.

Muchas veces el señor alcalde mayor exigía los servicios de los nativos sin darles "ni siquiera la manutención". Y las tierras de Centroamérica fueron abonadas con los cuerpos de nuestros indígenas, caídos unas veces víctimas del látigo inclemente y otras flagelados por hambres atroces y los repugnantes medios de vida. Pero ese abono fue propicio a nuestra emancipación, y esa semilla taumatúrgica sigue fructificando y, en no lejano día, brindará a estos países un mejor y seguro camino a seguir. Lo anterior es una afirmación respaldada en documentos.

PRELUDIOS:

En estas circunstancias se encontraban los nativos cuando hasta ellos llegó la alentadora noticia de la proclamación de la independencia de los Estados Unidos de Norteamérica y el glorioso grito dado en el pueblo de Dolores por el cura Miguel Hidalgo y Costilla, que con gesto digno de la mejor epopeya levantó el pendón simbólico para iniciar la era de los hombres libres en tierras del trópico ístmico.

Y ante el movimiento emancipador que agitaba a aquellos pueblos, el andamiaje colonial principió a bambolearse en Centroamérica, y principió también a vislumbrarse el sol de la libertad, bajo cuyos benéficos rayos se tonificarían estos pueblos ístmicos que ya tenían cerca de 300 años de sentir en sus carnes el guantelete de hierro de la esclavitud.

Los representantes de los reyes españoles en tierras de Centroamérica pronto se sintieron envueltos en una atmósfera inquietante y amenazadora. El deseo de libertad iba creciendo; las protestas contra el régimen imperante, aunque en voz baja, eran continuas y precursoras de acontecimientos máximos.

En vista de ello, y en el deseo de conjurar el peligro en que se veía el gobierno colonial, en el año de 1811, el señor don Antonio Tranquilino de la Rosa, enemigo acérrimo de los independientes, lanzó la iniciativa de conservar en las alcaldías de Tegucigalpa a don José de la Serra, a don Juan Judas Salavarría y a don José Irribarren, españoles de pura cepa y, por lo mismo, fieles sostenedores del régimen colonial. El señor de la Rosa propuso, además, establecer la picota para, por su medio, suprimir todo brote de independencia.

Todas estas noticias llegaron a oídos del pueblo, y fueron ellas el origen de las primeras manifestaciones públicas del descontento general, y de la primera valiente protesta del pueblo de Comayagüela contra las maquinaciones de los peninsulares y a favor de la independencia.

LA MAÑANA DEL 19 DE ENERO:

El descontento fue tomando auge, y así, la mañana del 19 de enero de 1812, los vecinos de La Plazuela, de San Sebastián, de Comayagüela y de la reducción de Jacaleapa, se presentaron en la plaza de Tegucigalpa en número de cerca de doscientos hombres armados de palos y machetes, dispuestos a no permitir, por todos los medios, que los peninsulares Serra y Salavarría tomaran posesión de sus puestos.

Y corría de boca en boca el estribillo, espontáneo y sencillo, pero significativo, de los supremos momentos:

Si quieren que no haya guerra
y que todo sea alegría,
renuncie Salavarría
con su compañero Serra.

Y la protesta amenazaba culminar en una verdadera hecatombe; los ánimos estaban completamente indispuestos. Era la voz del pueblo, ante la cual nadie se puede oponer, porque ella es la voz de Dios.

De no haber sido por la oportuna intervención del señor cura Márquez, quien haciéndose presente en la sala consistorial logró persuadir a la Municipalidad de que, si no se depositaban las varas en personas gratas al pueblo, este llevaría a cabo, contra todo obstáculo, sus intenciones siniestras.

Y la Municipalidad, al escuchar el grito unánime del pueblo de que "no admitiría a los alcaldes electos por el ayuntamiento para el presente año, ni a ningún otro que fuese europeo", acordó, acorralada por las críticas y amenazadoras circunstancias, depositar las varas en los señores José Manuel Márquez y don Joaquín Espinoza, como regidores electos para el nuevo año de 1812, sustituyendo a don José Irribarren, por ser europeo, por don Miguel Eusebio Bustamante.

En esa gloriosa mañana del 19 de enero de 1812, fecha que debería grabarse en mármol pentélico o en bloques de obsidiana, el pueblo invicto de Comayagüela, unido al de La Plazuela, San Sebastián y Jacaleapa, principió a dar muestras más palpables del odio que sentía por el déspota que durante tanto tiempo lo había hecho sentir todos los dolores de la esclavitud.

Las cadenas se hacían pedazos poco a poco, y el león ibero empezaba a acallar sus rugidos de mando. Los corderos se trocaban de repente en altivos y valientes cachorros con ansias de no seguir bajo el tutelaje del viejo león. El esclavo levantaba al fin la cabeza en gesto de rebeldía sagrada y amenazando convertir la azada en arma contra el colonizador inclemente y cruel. Y fue así como los iberos principiaron a comprender que es completamente difícil contener el ímpetu de un pueblo que lucha en aras de su libertad.

Don Tranquilino de la Rosa, el señor amigo de la horca y cuchillo, estuvo a punto de perder la vida en ese memorable día del 19 de enero de 1812. Los mulatos e indios, tan vejados por él, se convertían de repente en hombres libres y, como tales, protestaban. El fruto principiaba a entrar en completa madurez. Y ya se vislumbraba en algo el glorioso y próximo amanecer del 15 de septiembre de 1821.

UN BANDO INHUMANO:

Los peninsulares veían día a día desmoronarse el edificio colonial; su caída era segura y, sin embargo, echaban mano de todos los medios a fin de lograr sostener por más tiempo el mencionado régimen.

El prólogo de nuestra independencia, como la de todos los pueblos, fue rubricado con sangre inocente por los déspotas. (Recuérdese lo que aconteció en San Salvador el 5 de noviembre de 1811). Pero de nada sirvió ese proceder inicuo; la sangre de los mártires sirvió de abono propicio al surgimiento del sagrado árbol de la libertad.

El virrey de México, con fecha 25 de junio de 1812, publicó el inhumano bando por medio del cual se ponía fuera de la ley a todos los independientes, quedando los esbirros facultados para quitarles la vida impunemente. El guantelete salvaje cayó mortífero sobre muchos de nuestros abuelos. Pero esa disposición criminal, engendro de un cerebro enfermo quizá, y que sufre ahora la condenación de la historia, solo logró acallar por un momento los ardientes deseos de independencia; surgiendo más tarde con mayor fuerza y pujanza hasta dar en tierra completamente con los sayones representantes de las testas coronadas de allende el océano.

EL PUEBLO DE COMAYAGÜELA RECLAMA SUS DERECHOS:

El pueblo de Comayagüela, a raíz de los sucesos mencionados, principió a mostrar su repugnancia hacia las obligaciones —la mayoría de las veces ilegales— que sobre él echaban las autoridades españolas.

La Constitución de Cádiz de 1812 suprimía el pago del real tributo; en consecuencia, nuestros indígenas quedaban, de hecho, libres de esa carga. Y basándose en la mencionada Constitución, con fecha 3 de noviembre de 1820, el cabildo de Comayagüela participó al señor alcalde mayor, don Narciso Mallol, que los indígenas mostraban repugnancia en el pago de los tributos, haciendo ver que la Constitución del 12 los eximía por completo de ese gravamen.

El señor alcalde mayor, a sabiendas del derecho que asistía a estos vecinos, hizo publicar un bando por medio del cual decía que él no había recibido ninguna orden al respecto y que, por lo mismo, el tributo se seguiría pagando hasta que las Cortes dispusieran lo contrario.

Anteriormente, en 1813, nuestros indígenas habían elevado una solicitud ante el señor subdelegado de Hacienda, presbítero don Juan Francisco Márquez, pidiendo la devolución de 4,634 pesos del Fondo de Comunidad que habían entregado al antecesor de Márquez, don Tranquilino de la Rosa. Pero esos dineros no fueron devueltos, pues, como muy bien creían los solicitantes, después de varias búsquedas, "ellos se habían evaporado en los bolsillos del español". Igual cosa había sucedido con el tesoro de muchos cabildos de indios.

El Fondo de Comunidad fue creado algunos años después de la conquista con el fin primordial de mejorar la situación de los indígenas.

Al principio consistía en real y medio que cada individuo daba para los gastos comunes. Después se dispuso que cada contribuyente sembrara de maíz diez brazadas de tierra, y en cédula de 4 de junio de 1582 se ordenó que se continuara en esa forma la contribución. Se proporcionaron a los cabildos, mientras corrieron a cargo de ellos los fondos, cajas en que guardarlos y libros en que llevar las cuentas.

El Fondo de Comunidad no era más que una de las tantas ironías que los peninsulares se gastaban con los indígenas.

REAFIRMANDO LO ANTERIOR:
Hemos dicho que esos fondos tenían como fin primordial mejorar la situación de los aborígenes; sin embargo, nada de ello se hizo.

Los capitales se aumentaban, y poco después se dispuso dar esos dineros a usura, con lo que, agregando los intereses, los propios de los cabildos de indígenas llegaron a contar con más riquezas que los ayuntamientos españoles.

Y en vista de lo cuantioso de esos capitales, en 1639 se dispuso fueran incluidos en la Real Hacienda y administrados por oficiales reales, dejando solamente a los cabildos el derecho de solicitarlos. Y por lo que anteriormente dejamos dicho, se puede apreciar el caso que hacían de las solicitudes de los cabildos.

"De ellos debían pagarse los maestros de las escuelas de indios, donde no hubieran fundaciones para hacerlo. En real orden de 14 de febrero de 1810 se manda que sirvan al empréstito patriótico pedido a México. Por otra de 20 de diciembre de 1816, que de ellos se pague a los intérpretes de los indios a razón de cuatro reales diarios, reintegrables con el titulado medio real de ministros."

Por último, se acuerda dar esos dineros a interés a los propios indios, a un 8 por ciento anual. Y en cédula de 25 de junio de 1815 se recomienda observar si esa disposición rinde buenos beneficios, y de lo contrario, recoger los dineros y no continuar prestando más.

Y esta vez, pese a las laudables órdenes reales —nunca obedecidas—, los dineros desaparecieron en poder de una persona particular, el nombre de la cual, a pesar de los muchos registros que al respecto hemos hecho, no lo hemos podido averiguar.

ORDEN DE DON NARCISO:
El señor alcalde mayor de Tegucigalpa, don Narciso Mallol, con fecha 4 de febrero de 1818, a petición del cabildo de Comayagüela,

ordenó que se recogieran los indios dispersos para hacer más fácil el cobro de los reales tributos.

CIUDADANOS DE LA MONARQUÍA ESPAÑOLA:

Fuera de la solicitud de devolución de los 4,634 pesos, anteriormente también habían solicitado amparo ante el ayuntamiento de Tegucigalpa, fundándose en que la Constitución del 12 los elevaba al grado de ciudadanos de la monarquía española, y como tales quedaban exentos del pago de tributos. Pero aquel ayuntamiento se declaró incapaz de conocer de esa solicitud, y los indígenas de Comayagüela no tuvieron más remedio que seguir pagando el oneroso tributo.

Ya por este tiempo, Comayagüela acariciaba la idea de solicitar ante el señor alcalde mayor la instalación de un ayuntamiento que sustituyera al antiguo cabildo indígena.

CONSTRUCCION DEL PUENTE MALLOL:

La Comunicación entre Comayagüela y Tegucigalpa se veía paralizada durante la estación lluviosa, por las grandes crecientes del Rio Grande, paralizando también el comercio y ocasionando muchas desgracias personales. Para subsanar un poco esas dificultades, el señor cura, don José Francisco Pineda, mandó colocar una hamaca; y se principió a pensar en la construcción de un puente para conjurar completamente los peligros e incrementar más las relaciones comerciales entre ambas ciudades.

En el año de 1789 se inició la construcción del puente sobre el Río Grande o Choluteca. Pero el tiempo pasaba y la obra continuaba en proyecto.

Las opiniones sobre el lugar más adecuado para tal obra estaban en pugna: unos opinaban que en la poza de "El Tabacal", otros en el lugar donde se encuentra en la actualidad; diciendo estos que el terreno en la poza de "El Tabacal" era muy deleznable. (Y la razón estaba en favor de los que tal opinaban, pues el 12 de noviembre de 1852 se hundió el barrio "El Jazmín" a consecuencia de un copioso invierno, aterrándose por completo la poza de "El Tabacal"). Por fin, después de mucho deliberar y de correr el tiempo, se logró acopiar algún material y levantar los cimientos en el lugar actual, pero una avenida del río arrasó con todo.

Fue hasta el año de 1817, bajo el gobierno del alcalde mayor don Simeón Gutiérrez, que al fin se decidió definitivamente su construcción; y fue por la actividad desplegada por el mismo señor Gutiérrez que se logró elaborar los planos respectivos, los cuales, una vez que fueron sometidos a la aprobación de la Junta Superior de Hacienda, obtuvieron aquella; y se hizo un llamamiento al vecindario para que en los días festivos acarrearan cal, arena y piedra al toque de las campanas. Y fue así que, al hacerse cargo don Narciso Mallol de la Alcaldía Mayor, dio principio a los trabajos, los cuales se terminaron poco después de su muerte, o sea en el año de 1821.

Dirigieron la construcción de tan necesaria obra el ingeniero don Juan Bautista Jáuregui y el arquitecto don Juan Benito Quiñónez.

LA OBRA COSTÓ 6,000 PESOS:

El gobernador de la provincia, don Ramón Anguiano, calculó el valor de la obra en $36,000.00, pero una vez terminada se comprobó que solamente se habían gastado $6,000.00, gracias a la cooperación del pueblo, de la cual el de Comayagüela puso la mejor y mayor parte, sin desconocer por eso la ayuda de Tegucigalpa; pero los comayagüelas fueron los más entusiastas y decididos, como se puede ver en los informes que los señores constructores Jáuregui y Quiñónez elevaban al gobernador de la provincia y a la Junta Superior de Hacienda.

Todos los peones existentes en la futura noble y heroica Villa de Concepción trabajaron en esa importante obra, y los que no prestaban su colaboración personalmente facilitaban bueyes, carretas y hasta dinero en efectivo. En un solo mes se enviaron a los constructores 200 obreros de Comayagüela, además de haber trabajado un mes gratis, incluyendo también los días festivos, como desde el principio de los trabajos lo habían acostumbrado.

El puente se componía de ocho arcos, pero una fuerte avenida del Río Grande destruyó dos el 23 de octubre de 1822. Se procedió inmediatamente a su reconstrucción, aumentándole dos arcos para el lado de Comayagüela, terminándose los trabajos en el año de 1823.

El 12 de octubre de 1906 llovió torrencialmente en la cabecera del río Choluteca. Comayagüela y Tegucigalpa sufrieron las tristes consecuencias de ese copioso invierno: el río creció como nunca se había visto, invadiendo hasta el portón de la Escuela de Artes y Oficios que da a la calle del Cementerio, y el puente no resistió el formidable empuje del río y fue dividido en tres pedazos en la fecha y día antes citados. En ese entonces era presidente de la república el general don Manuel Bonilla.

La reconstrucción se inició inmediatamente, terminándose al siguiente año, bajo la administración del general don Miguel R. Dávila. En esa ocasión se construyó la punta de diamante con el objeto de desviar las maderas en las grandes avenidas del río y evitar así subsiguientes desgracias. En esa misma ocasión se construyeron los dos pasadizos que dejan el centro para el tráfico de vehículos.

VISLUMBRES DE INDEPENDENCIA (TERMINACIÓN)
AÑO DE 1815:

Tener un ayuntamiento propio: he allí el anhelo de los vecinos de este honrado pueblo, el cual día a día aumentaba en habitantes e iba ascendiendo más en materia de progreso, de manera plausible. Sus fértiles terrenos y demás condiciones de vida fueron aumentando el número de sus moradores. En el año de 1815 contaba ya con 1,499 habitantes. En 1820, con 1,697, distribuidos en 348 casas (798 mujeres y 899 hombres). Legalmente, pues, ya podía poseer su propio ayuntamiento. Pero como adelante se verá, el señor alcalde mayor, don Narciso Mallol, siempre se salía con evasivas, quién sabe con qué objeto.

OFICIOS:

A mediados de 1821 los oficios en esta ciudad estaban representados por 236 labradores, 12 tejeros, 4 sastres, 7 albañiles, 8 carpinteros, 7 herreros, 6 alfareros, 8 escribientes, 3 cameros, 5 albarderos (talabarteros), 10 coheteros, 8 panaderas, 14 costureras o hilanderas.

EL PRIMER CENSO:

El primer censo levantado el año de 1801 arrojó un total de 1,062 almas, de las cuales 315 eran tributarias.

INSTALACIÓN DEL AYUNTAMIENTO:

Comayagüela, pues, por todas circunstancias, era digna de contar con su ayuntamiento, pero el señor alcalde mayor, don Narciso Mallol, aunque lo prometía siempre que ello se le solicitaba, nunca daba cumplimiento a su palabra. Por tres veces se recurrió a él en ese sentido y siempre encontraba evasivas para librarse de dar la orden de su instalación.

Hasta que, en vista de la malicia y mala voluntad del señor alcalde mayor, elevaron una queja contra él ante el ayuntamiento de Tegucigalpa y la Junta Provincial. Y fue así como, el 17 de noviembre de 1820, encontrándose el señor Mallol temporando en Santa Lucía, envió un oficio al señor alcalde 1° don Seferino Retes, ordenándole que procediera a instalar ayuntamiento en el cabildo de Comayagüela, especificando en el mismo oficio las bases necesarias.

El señor alcalde mayor había depositado vara en el regidor constitucional don Andrés Lozano, y este, como tal, procedió a nombrar por votación pública los 17 electores que debían a su vez elegir los miembros del nuevo ayuntamiento.

LOS DIECISIETE ELECTORES PARA FORMAR EL NUEVO AYUNTAMIENTO:

Los nombramientos para formar la mesa electoral recayeron en los señores Victoriano Hernández, José Antonio Ramírez, Pablo Sosa, Miguel Jerónimo, Pedro Turcios, Marcos Núñez, Manuel de Jesús Nolasco, Leandro de los Santos, José Rodríguez, Eusebio Pagoaga, Juan José Hernández, Isidro Girón, Francisco y Antonio Cortez, Eugenio Turcios, Juan Lucas García y José Gregorio Nolasco.

Notificados que fueron, se les citó para que el domingo 26 de noviembre (1820) procedieran a elegir un alcalde, cuatro regidores y un procurador síndico.

Practicada la elección en la fecha apuntada, salió electo para alcalde don Juan Roque, y para regidores, del 1° al 4° respectivamente, don Manuel José Gaitán, don Serapio Cruz Ramos, don Manuel Trinidad Hernández y don Bernardino Valladares; y procurador síndico, el escribiente don Calixto Valladares.

EL ANTIGUO CABILDO INDÍGENA:

Y así fue transformado el antiguo cabildo de indios, que databa desde fines de 1600, en ayuntamiento, orientándose así Comayagüela por senderos más seguros hacia la consecución de un mejor porvenir.

EL AYUNTAMIENTO ACTIVA:

Cuatro días después de haberse verificado las elecciones, el ayuntamiento inauguró sus importantes y trascendentales funciones.

El treinta de noviembre del mismo año, en sesión celebrada en esa fecha, se acordó solicitar del señor gobernador y jefe político del reino la devolución del Fondo de Comunidad depositado en la Caja Real, para atender con él al sostenimiento de la escuela pública y demás establecimientos de enseñanza.

La escuela había principiado a funcionar a raíz de la Constitución de Cádiz de 1812, pero en ella nuestros aborígenes encontraban los obstáculos que los peninsulares ponían a los que ellos consideraban "una raza inferior" y la cual no tenía ninguna necesidad de instruirse, ya que, según ellos, esa raza había aparecido con la única finalidad de servir de acémilas de carga.

Sin embargo, los hijos de españoles encontraban en la escuela toda clase de facilidades. Algunos historiadores afirman que desde el siglo XVI los monarcas españoles venían prestando, por medio de órdenes estrictas, apoyo a la instrucción de los indios. Si ello acaso es cierto, también debe recordarse que los representantes de los reyes en estas colonias desatendían esas órdenes, muchas veces a sabiendas de los mismos reyes; ya que estaban bien compenetrados de que los pueblos instruidos no son materia propicia para formar esclavos.

Y cae por su mismo peso que era imposible que los españoles trataran de forjar las armas que, tarde o temprano, se debían volver contra ellos mismos, como sucedió en México, en la América del Sur y en estos pueblos istmeños.

Y si es cierto que ya a mediados del siglo XVIII se favorecía la instrucción de los indios, ello lo hacían apremiados por las circunstancias y muchas veces para vindicarse o defenderse en algo ante las Cortes de los malos informes con que los españoles, por ambiciones en los empleos, continuamente se hacían víctimas los unos a los otros.

Y a pesar de las cédulas de 7 de noviembre de 1693, de 10 de mayo de 1770, de 28 de noviembre de 1772 y otras más, a los indígenas siempre se les ponían trabas en la instrucción. Por ejemplo: el adulto que a los cuatro años no había logrado aprender el castellano era excluido completamente de las aulas. Y téngase presente: los aborígenes que, dichosamente, lograban ingresar a la escuela, gracias si recibían una hora diaria de instrucción. Y en el estado de primitiva ignorancia en que estos pueblos se encontraban, ¿sería posible que aprendiesen el idioma en cuatro años?

El pago de los maestros corría a cargo del Fondo de Comunidad, y en los lugares donde no lo había, ese pago era satisfecho con el producto de las siembras de maíz.

En las cédulas anteriormente citadas, y en la de fecha 7 de junio de 1815, se recomendaba impulsar la enseñanza entre los aborígenes por los medios posibles, obligando a los padres, con buenas maneras, a enviar a sus hijos a la escuela.

Debemos, en parte, hacer constar que algunos de los representantes de los monarcas en estas colonias se interesaron por dar cumplimiento en un todo al contenido de esas cédulas. También hay que recordar que los peninsulares tenían que luchar tesoneramente, en este caso, con la ignorancia crasa que privaba en los padres de familia.

En el año de 1820 ganaba un maestro de primeras letras 120 pesos al año, pagándole además 30 pesos por el desempeño de la secretaría municipal.

Entre los primeros maestros que sirvieron en la escuela de Comayagüela se encuentran los nombres de Santiago Bueso, Nicolás Midence y Cástulo Ortega.

El 17 de octubre de 1822 se acordó, para atender los gastos del sostenimiento de la escuela, arrendar los terrenos baldíos e imponer un gravamen a las cofradías existentes.

En Comayagüela existían cinco cofradías: Nuestra Señora de la Concepción, Nuestra Señora de la Soledad, Nuestra Señora de la Candelaria, Nuestra Señora de Guadalupe y la del Señor de los

Milagros. La más importante de estas cofradías era la de la Soledad, la cual llegó a contar en 1819 con quinientas reses, y la de la Candelaria en 1835 con 2,500 pesos de bienes.

Estas cofradías, verdaderas sanguijuelas del pueblo, medios propicios para que engordaran los señores curas, recibieron el golpe de muerte durante la administración del Dr. Soto al separar la Iglesia del Estado. "Se dice que en cierta ocasión, al llegar a oídos de los vecinos el rumor del próximo peligro de las cofradías, acordaron repartirse los bienes, llevando luego a cumplida práctica esta, para ellos, feliz resolución."

Medida muy acertada la del Dr. Soto y que el pueblo de todos los tiempos aplaudirá, porque es distintivo de los pueblos que van alcanzando algún grado de civilización el ir desprendiéndose poco a poco del tutelaje de la Iglesia, amiga de que siempre prevalezca la ignorancia en el pueblo para, por ese medio, conquistar incautos que crean las patrañas de sus curas. El dogma solo prevalece en los pueblos que aún llevan muy arraigada la vena del coloniaje. Y estos pueblos de América se orientan desde hace muchos años por postulados en un todo de acuerdo con los preceptos sentados por el Divino Maestro Jesús, sin hacer caso de las adulteraciones que en ellos han introducido los curas con la única finalidad de llenar su andorga insatisfecha.

Y a pesar de lo dispuesto y acordado el 17 de octubre de 1822, los que manejaban las cofradías, siempre renuentes a la instrucción del pueblo, casi en nada ayudaron al sostenimiento de la escuela.

LA PRIMERA ESCUELA DE NIÑAS:
La escuela de niñas se estableció en Comayagüela hasta el año de 1868, y se inauguró el año 77.

UNA SOLICITUD:
Por solicitud que hiciera el ayuntamiento el 9 de diciembre del año antes mencionado, 1822, Mateo fue agregado a Comayagüela. Pero en el año de 1843 pidió su reincorporación a Tegucigalpa, y esta fue aprobada el 27 de marzo del año citado.

LA INDEPENDENCIA
COMAYAGÜELA, PUEBLO DE PATRIOTAS:

Los vientos libertarios que venían soplando desde 1811 y 1812 fueron tomando auge, y cuando se llevó a cabo la proclamación de la independencia, Comayagüela, envuelta en un solo anhelo y un solo entusiasmo, se declaró abiertamente en favor de Tegucigalpa, y aquellos dos patriotismos se sumaron en uno para oponerse valientemente a las tendencias absurdas del gobernador Tinoco, residente en Comayagua, el cual, víctima de una ceguera inaudita o quizá muy acostumbrado a oír el chasquido del látigo español sobre las espaldas de nuestros abuelos, era decidido amante del gobierno colonial; el tutelaje era su mayor obsesión.

El gobierno de Comayagüela, envuelto en las llamas del más acendrado amor por la libertad. Este pueblo invicto, a semejanza de una cuadriga contra las tempestades férreas, dio su grito valiente de protesta contra el gobernador Tinoco; y en sesión celebrada el día 26 de noviembre, presidida por el alcalde constitucional don Juan José Roque, a moción del señor síndico procurador don José Calixto Martínez, acordaron formar una compañía de cien hombres, formando otras en lo sucesivo si fuese necesario, para apoyar decididamente a Tegucigalpa contra las disposiciones erróneas del gobernador Tinoco.

Además, la actitud patriótica de Tegucigalpa y Comayagüela estaba también secundada por los Llanos de Santa Rosa, Gracias, Omoa, Trujillo, Olancho, Choluteca, Santa Bárbara y otros partidos.

Pero, desgraciadamente, contra la oposición de los patriotas estaban los intereses creados, los eternos enemigos de la libertad, ese grupo agorero, presidido por la "aristocracia" entronizada en Guatemala, y la anexión a México se llevó a cabo el 5 de enero de 1822.

El pueblo de Comayagüela mantuvo todavía por ocho meses más su actitud franca y valiente en favor de la independencia absoluta, y fue abrumado por las circunstancias que, el 22 de septiembre, dio el juramento de fidelidad al imperio de Iturbide.

MORAZÁN EN ESCENA:

A raíz del movimiento de Tegucigalpa y Comayagüela a favor de la independencia proclamada el 15 de septiembre de 1821 en la Capitanía General de Guatemala, principió a perfilarse la figura homérica de nuestro héroe epónimo, el general Francisco Morazán. El gran predestinado a ser más tarde "el semidiós de nuestra historia", el patriota íntegro cuyo nombre iría sobre el tiempo como símbolo de unión y libertad.

Y Morazán fue nombrado teniente de una división, y su hermoso corcel de guerra principió a piafar inquieto, presintiendo ya que su hocico color rosa se bebería más tarde los vientos de todas las victorias por tierras del istmo, llevando sobre su fuerte lomo al gran paladín de nuestra democracia, empuñador del gonfalón de la libertad y del progreso.

LA EFÍMERA ANEXIÓN A MÉXICO:

La anexión a México fue una cosa efímera, un accidente más en la vida de estos pueblos ístmicos. El espíritu republicano dominaba por doquiera, y caído el imperio de Iturbide, Centroamérica se proclamó libre, soberana e independiente de España, México y cualquier otra potencia, el 1° de julio de 1823.

EL CÓLERA MORBUS:

El cólera morbus invadió Guatemala, causando, además de muchas muertes, grandes trastornos políticos, surgiendo en esa época el general Rafael Carrera. Una epidemia engendraba otra epidemia. El cólera morbus fue un verdadero azote, pero no lo fue al grado de aquel indio ignaro guardador de cerdos que, como un ciclón, se desprendió desde las abruptas sierras para lanzarse, genio maléfico, contra la obra que realizaba nuestro invicto demócrata y unionista, general Morazán.

El 21 de septiembre de 1837 el cólera morbus invadió Tegucigalpa y Comayagüela, pero, dichosamente, no ocasionó ningún trastorno político como en Guatemala. En el espacio de un mes, hubo en esta ciudad 112 atacados.

HONDURAS Y NICARAGUA:

El enemigo más acendrado que tuvo Morazán fue la aristocracia, cuyo principal asiento estaba en Guatemala. A la cabeza de la aristocracia, formada en su mayoría por descendientes de españoles que se decían "poseer en sus venas sangre azul", y que esa sangre estaba respaldada por viejos pergaminos, estaban los frailes, eternos enemigos de los demócratas y fieles partidarios "del régimen absoluto".

Esa aristocracia instigó a Honduras y a Nicaragua a tal grado que las dos se aliaron contra El Salvador, llevando por primordial objeto derrocar al general Morazán, en aquel entonces jefe del Estado salvadoreño. Francisco Ferrera fue nombrado general en jefe del ejército destinado a invadir El Salvador.

Los campos de El Espíritu Santo y San Pedro de Perulapán fueron mudos testigos del resonante triunfo de los ejércitos protectores de la ley y la libertad republicana, y también lo fueron del completo descalabro del ejército invasor, en cuyas filas cundió el pánico ante el empuje formidable de los libres, guiados por el valor y la pericia del general Morazán.

Ferrera huyó seguido de los disparos de los soldados demócratas, cuyo lábaro glorioso flameaba en las cumbres que acarician los vientos de las resonantes victorias.

Después, toma El Salvador la ofensiva, y un ejército al mando del general Cabañas invade a Honduras. Don José María Zelaya, jefe del Poder Ejecutivo, al saber que los ejércitos libres estaban en las inmediaciones de Tegucigalpa, envió al general Cabañas propuestas de paz. Pero las negociaciones no dieron ningún resultado.

Y en los campos de La Soledad, a inmediaciones de Comayagüela, los 300 texiguats que acompañaban a Cabañas hacen morder el polvo de la derrota a los 1,000 hombres que componían el ejército que capitaneaba don José María Zelaya. Cabañas ocupa la población, quedando en el campo de batalla 112 muertos de una y otra parte, y 15 heridos.

Este combate tuvo lugar el 13 de noviembre de 1839.

ACCIÓN DEL LLANO DEL POTRERO:

Nicaragua envía en auxilio del gobierno de Honduras al sargentón Manuel Quijano, con una columna de leoneses. Por el camino se le unen los hombres del gobierno dispersos a causa del combate de La Soledad, y así Quijano logra organizar un ejército de 1,000 hombres. El general Cabañas solamente contaba con sus 300 valientes texiguats, y con tan escaso número hace frente a los 1,000 hombres de Quijano en los campos del Llano del Potrero.

El combate fue reñido; los 300 veteranos de Cabañas hacían prodigios de valor, pero a pesar de ello, el número vence al fin. 31 de enero de 1840.

En esa acción estuvo Cabañas a punto de ser prisionero, pero su serenidad lo salva: encabrita su famoso corcel de guerra y, en un salto prodigioso, salva una roca como de tres varas de elevación y, bebiéndose los vientos, "el que fue vencedor aun vencido" burló a sus enemigos. Su figura pequeña, pero imponente sobre el ancho y fornido lomo de su brioso corcel, se perdió a la distancia, mientras los soldados de la aristocracia se quedaban mudos de asombro.

Ese lugar, conocido desde entonces con el nombre de "El salto de Cabañas", se encuentra a la izquierda del camino que va para Ojojona. La roca se encuentra tajada verticalmente y al pie de ella existe una corta sabana.

Algunos historiadores aseguran que la roca que saltó Cabañas tiene por término medio de seis a ocho varas de elevación, pero nadie es capaz de saltar semejante altura así monte el mejor corcel. Por eso nosotros le ponemos tres varas de altura, por ser lo más probable.

PARTE DEL GENERAL CABAÑAS:

"Comandancia General de la segunda división del ejército salvadoreño. D. U. L.—San Antonio del Sauce, febrero 3 de 1840.

Al secretario general del supremo gobierno del Estado:

El 29 del próximo pasado salió de Tegucigalpa la división que está a mis órdenes, con el fin de atacar a los leoneses. El día 23 se encontró nuestra caballería con la enemiga en el Llano de La Trinidad; pero no tuvo ningún resultado importante esta escaramuza, y Quijano ocultó su fuerza y marchó al cerro de Hule, en dirección a Tegucigalpa, mientras que nuestra división continuó su camino por otro rumbo hasta Sabanagrande. En este punto supe la marcha del enemigo y que Quijano estuvo para fusilar a Ferrera, a quien conducía preso. El 25 retrocedí sobre Tegucigalpa y, habiendo llegado a la hacienda del Potrero el 26, se presentó la tropa contraria con disposición de atacarme; se formó y se preparó para el combate, mas viendo la decisión de mis fuerzas, se retiró para Tegucigalpa, a refugiarse dentro de sus trincheras. Cargué con la caballería hasta Comayagüela, a donde también llegó la infantería, y pasamos la noche inquietando al enemigo.

Al día siguiente se le provocó varias veces, infructuosamente, y todas las partidas que pasaban el río eran repelidas hasta sus fortificaciones. Por la tarde del 29 supe que la división enemiga se había aumentado con hondureños, y a las siete de la noche replegué la de mi mando, silenciosamente, al Potrero, donde permanecí hasta el 31, en cuyo día, a las tres de la tarde, fui provocado por el enemigo, que contaba con fuerzas superiores en número a las mías. Resolví, pues, retirarme al departamento de San Miguel, a unirme con las fuerzas que, para auxiliarme, debían hallarse acantonadas allí.

A este fin destaqué varias guerrillas para que entretuviesen al enemigo, y en el interín retiré la reserva y la mayor parte de los soldados que habían entrado en acción. Los días siguientes, hasta esta fecha, he caminado con celeridad, y, en consecuencia, he logrado efectuar mi reunión hoy con las tropas destacadas en este departamento. Así me hallo ya con el número necesario para hacer escarmentar al enemigo si intentase penetrar a este Estado, y he conseguido preservar al grueso de la división de un descalabro a que se veía expuesto por su corto número respecto a las fuerzas de Quijano.

Espero que el supremo gobierno aprobará mis operaciones; y también espero me comunique las órdenes que tenga oportunas, en inteligencia de que, si se me remiten, puedo volver a tomar la ofensiva.

Sírvase usted, ciudadano ministro, dar cuenta de todo al general jefe supremo, y admitir las seguridades de mi aprecio.

—T. Cabañas.”

INTRANQUILIDAD:

A pesar de haberse retirado del territorio hondureño las fuerzas enemigas, la intranquilidad privaba, pues aún andaban alterando el orden algunas patrullas, y las fuerzas del tristemente célebre Quijano ya se habían retirado, quedando únicamente las de Ferrera.

Las tropas del valiente y honrado Cabañas, contra las afirmaciones de sus enemigos, está demostrado que no ocasionaron ningún atentado contra la propiedad privada, ni molestaron a nadie injustamente. En cambio, las tropas del esbirro Quijano cometieron toda clase de atropellos. "Y más bien que las tropas de un gobierno, parecía un capitán de bandidos. No daba cuartel a los vencidos; el rico, aunque fuera amigo, estaba en peligro de un repentino despojo; para él eran medios muy lícitos el incendio, el robo y la violencia; para el bello sexo fue un sátiro que abusó de la fuerza, sin que la honestidad y la doncellez le importaran un comino. Sus expediciones militares fueron una devastación, y las gentes huían de él como se huye de una horda de salvajes o de una plaga asoladora."

COMAYAGÜELA A PUNTO DE PERECER:

En el año de 1844, esta población se conquistó la mala voluntad del gobierno de Ferrera. El régimen que predominaba era el mismo del 40. Comayagüela estuvo a punto de perecer arrasada por la animadversión de don Francisco.

En el año citado de 1844 se incuba el movimiento revolucionario de Texíguat. Este movimiento tenía por finalidad apoyar los esfuerzos del patriota don Joaquín Rivera, estando los texíguats de acuerdo con los hondureños refugiados en León. Muchos vecinos de Comayagüela estaban inmiscuidos en este movimiento, entre ellos don Pablo Maradiaga.

En vista de lo anterior, el general Ferrera, por medio del jefe político, envió un oficio a esta municipalidad dándole a saber que se tenía conocimiento de que varios vecinos de este municipio estaban con los revolucionarios de Texíguat, y que, de continuar atentando contra su gobierno, en represalia ordenaría incendiar Comayagüela. Y aquel ex sacristán hubiese llevado a cabo el monstruoso castigo, a no haber sido la oportuna intervención de muchos vecinos sobresalientes de ambas poblaciones, entre ellos el invicto entonces teniente don Luis Velásquez, por cuya intervención no fue fusilado en Nacaome el señor Maradiaga, quien, causando alta, había llegado a aquel lugar a incorporarse al ejército del general Santos Guardiola, sin saber que este tenía órdenes de fusilarlo.

ACCIÓN DE ARMAS EN COMAYAGÜELA:

En el año de 1863 se libró un combate en el propio Comayagüela entre fuerzas de don Florencio Xatruch, que venía de Nicaragua, y el coronel don Eusebio Sevilla, quien se encontraba en esta plaza al mando de 200 hombres.

LOS CURARENES:

Comayagüela ha sido víctima de todos los movimientos revolucionarios que han flagelado a Honduras; pero siempre sus valientes hijos han sabido ponerse al lado de las buenas causas, dando muestras elocuentes de su valor denodado, hidalguía y grandeza de alma.

En el mes de noviembre del año de 1871, siendo comandante de armas del departamento el general Enrique Gutiérrez, partidas de curarenes invadieron ambas poblaciones, poniendo en jaque al gobierno por cerca de un año.

El gobierno de El Salvador puso en conocimiento del de esta república el levantamiento mencionado. El general Andrés Van Severén y los coroneles Ricardo Streber y Salvador Cruz salieron a batir a los facciosos. Primero se creyó que ese levantamiento era promovido y sostenido por los emigrados hondureños en Nicaragua; después que el mismo general Medina, deseoso de un cambio de cosas, era el promotor del movimiento. Este tomó más incremento a causa de haber sido incendiado Curarén por el aventurero coronel Chambeau.

El 11 de noviembre se libró el combate de La Arcadia, a ocho leguas de esta ciudad. Y aunque los defensores eran pocos, triunfaron debido a la disciplina y al valor de que hicieron derroche. En ese combate los hijos de Comayagüela se portaron a la altura; en el triunfo influyó en mucho la audacia y serenidad de los descendientes de Jano, como lo hace ver la proclama-manifiesto del señor comandante de armas, general Gutiérrez:

"PATRIOTAS: Tegucigalpa está orgullosa de poseer en su recinto, así como en los pueblos del departamento, tantos valientes defensores del orden. De hoy en adelante no abrigará más temores a esas hordas, tan criminales como desgraciadas, que consagran su existencia a la destrucción de su propia patria. Estáis vosotros, y cuando de nuevo se dé la voz de alarma, si por desgracia llega el caso, la sociedad confía que, como ahora, volveréis a protegerla. A los corazones generosos, como los vuestros, el heroísmo no fatiga aunque estén lacerados por dolorosas decepciones. ¡Vencedores de La Arcadia! Vuestro comportamiento merece una verdadera admiración. Solo erais doce y luchasteis contra ciento veinte, y los vencisteis: vuestra firmeza no solo desbandó a los enemigos, sino que tal vez evitó una catástrofe a toda la columna y le preparó el triunfo del día siguiente. Tegucigalpa no olvidará vuestros nombres, y yo viviré eternamente reconocido al servicio eminente que me prestasteis."

PATRIOTAS DE LA VILLA DE CONCEPCIÓN:

¡Jefes y soldados de la guarnición! También vosotros habéis sido valientes. Vuestra calma al retiraros bajo los fuegos enemigos, en una noche oscura, sobre un terreno difícil y sin haber tenido una sola baja, es un acontecimiento poco común y una prueba de vuestro valor tranquilo y excelente disciplina. Tenéis el carácter de verdaderos soldados. En seguida, el 11 por la mañana, vuestra carga sobre el enemigo, que ocupaba las alturas de La Arcadia, fue magnífica; eran pocos los contrarios, pero aunque hubieran sido 500 los hubierais aniquilado. ¡Para vuestro valor no hay número! Yo os rindo mis agradecimientos, y Tegucigalpa, en testimonio del suyo, os ofrece ese pequeño obsequio (?). Aceptadlo y brindad por el orden público y por la prosperidad de nuestra querida patria. – Tegucigalpa, noviembre 12 de 1871. – Enrique Gutiérrez.

NUEVOS INTENTOS DE LOS INVASORES:

La derrota que a los facciosos se les había infligido en La Arcadia no fue suficiente para hacerlos escarmentar. Luego proyectaron atacar a Tegucigalpa. Para ello, por medio del engaño, hicieron salir de la ciudad al general Van Severén con 50 hombres. Severén fue sorprendido en la cuesta de La Malalaja; allí se defendió como pudo, pero a pesar del valor de sus hombres, el número del enemigo lo obligó a batirse en retirada. Van Severén había sido herido desde el principio del fuego de La Malalaja y llegó a Tegucigalpa "desangrando y jadeante". Quedando el coronel Graciano Federico Milla haciendo todo lo posible por detener a los invasores.

Los esfuerzos del valiente coronel Milla fracasaron también ante el número, y el veinte de noviembre, a la una de la tarde del 71, los facciosos ocuparon Comayagüela.

"Sus propósitos eran horribles, infamantes, siniestros; nada menos que incendiar la población, ahorcar a los ciudadanos, violar nuestras doncellas, acabar con las familias y destruir las propiedades. Venían ebrios de venganza, de pillaje y de lujuria, traían haces de leña, cuerdas y puñales, terrible bagaje propio solo de la devastación y de la muerte. Si triunfaban, Tegucigalpa no sobreviviría un año más a su ruina."

El pánico cundió por todas partes, y los más huyeron ante el inminente peligro.

Pero a pesar de todo, se logró organizar un grupo como de 25, encabezados por un joven de apellido Midence, apostándose en la altura de El Jazmín, mientras los facciosos llegaban a la entrada del puente por el lado de Comayagüela. Se rompieron los fuegos; los patriotas hacían prodigios de valor y de pericia. El combate duró dos horas. Y la disciplina y el patriotismo triunfaron. Los invasores, después de dejar en el campo ocho muertos, retrocedieron hasta la iglesia y el cabildo de esta ciudad. Al verlos retroceder, los patriotas abandonaron las alturas de El Jazmín, cruzaron el río y rompieron un fuego nutrido contra las hordas invasoras.

Alguien de los patriotas —se dice que fue uno llamado León Fernández— tuvo el acierto de gritar: "¡Adentro, olanchanos, el cansancio no debe ser motivo para dejarnos arrebatar el triunfo!". Los facciosos creyeron que los patriotas habían recibido un fuerte refuerzo y se corrieron hacia El Llano del Potrero; fueron seguidos hasta ese lugar, haciéndose varios prisioneros.

La tranquilidad volvió a reinar en Tegucigalpa: 25 patriotas la habían salvado.

En una nota del 21 del año citado aparecen varios de los nombres de los patriotas que supieron, haciendo milagros de valor y de pericia, salvar a las dos poblaciones de los facciosos que capitaneaban García y Barahona. Sus nombres, como un sincero homenaje de reconocimiento, deben pasar a la historia; ellos son:

Juan López, Antonio Escobar, José María Zelaya, T. Ferrari, B. Guerrero, C. Andino, R. Ferrari, P. Uclés, R. Midence, J. M. Fiallos, Miguel R. Ugarte, Jerónimo Zelaya, M. Vijil, C. Moncada, Abelardo Zelaya, Rafael Villafranca, I. Vásquez, Daniel Casco, Máximo Gálvez, Jacob Ugarte, Manuel A. Casco, Ignacio S. Fiallos, Ramón Zelaya, Carlos Zúniga, Apolonio Henríquez y José María Reina.

PLAUSIBLE ACUERDO DE ESTA MUNICIPALIDAD:

En sesión del 1° de enero del año siguiente, esta Corporación Municipal acordó fijar, de manera estable y en lugar visible, en el cabildo, en caracteres sobresalientes, los nombres de los patriotas vencedores en la memorable jornada del 20 de noviembre del 71. Acordando también eximirlos por tres años del pago de todo impuesto y cualquier cargo vecinal, exonerarlos del servicio militar y costear con fondos del municipio la instrucción de sus hijos.

Gestos como estos son dignos de ser grabados en mármol con los nombres de las personas integrantes de aquella Municipalidad. Estos gestos son una enseñanza de cómo se debe reconocer y premiar el patriotismo.

EL ANTIGUO CABILDO:

En el año de 1845 se construyó el antiguo cabildo de Comayagüela. Y bajo el gobierno del Dr. don Francisco Bertrand, se llevó a cabo la construcción del actual, 1915-1919, siendo jefe de la comuna el progresista ciudadano don Francisco Valladares L.

AL RANGO DE VILLA:

A excitativa del gobierno municipal, y en vista de los relevantes méritos que abonaban a Comayagüela, el Congreso y el Senado, con fecha 22 de agosto de 1849, la elevaron al rango de villa, siendo presidente de la república el Dr. don Juan Lindo, "permitiéndosele asimismo celebrar una feria anual que principiaría el 8 de diciembre de cada año".

Desde esa fecha, pues, viene celebrándose la tradicional feria de Comayagüela, la cual solamente ha sido un foco de corrupción y un triste recuerdo de las costumbres coloniales, recuerdo que, como muestra de imperar todavía raigambres del tutelaje español, ha venido privando hasta el año de 1935, pues, como se verá más adelante, las fiestas de Concepción últimamente se están orientando por senderos más humanos y más acordes con los postulados de la civilización.

UNA MEDIDA PLAUSIBLE:

En el año 1850, bajo el gobierno municipal de don Luis Velásquez, se acordó no permitir dentro de la zona urbana construcciones que no fueran de adobe. El primer jalón en pro del ornato de la reciente villa.

Ya en el año de 1820 se había ordenado a los vecinos construir sus casas dentro del casco de la población, pues estos las tenían en los lugares circunvecinos y solo bajaban al pueblo a las sesiones del cabildo o cuando se verificaba algún acontecimiento digno de presenciarse.

EL CEMENTERIO DE SIPILE:

En el año de 1860 se puso al servicio público el cementerio de Sipile, siendo alcalde 1° don Martín Sosa y alcalde 2° don Luis Velásquez.

NUEVA INVASIÓN DE LOS CURARENES:

Los curarenes, capitaneados por el general José María Barahona, de triste recordación, repitieron su invasión el 30 de julio de 1872, pero fueron rechazados, aunque se presentaron en mayor número: la muralla que les oponían los comayagüelas al lado de los tegucigalpas era inexpugnable.

EL VAPOR "GENERAL SHERMAN":

Si en el año de 1856 al 57, cuando las incursiones del filibustero Walker (llamado por los nicaragüenses), fueron los comayagüelas unos de los primeros en ponerse a las órdenes del gobernante para rechazar al pirata, también hicieron lo mismo en el año de 1873, cuando, siendo presidente de la república don Céleo Arias, incursionó por la costa norte del país el vapor GENERAL SHERMAN, secretamente auxiliado por la fragata inglesa Niobe. Los piratas asalariados por el guatemalteco Enrique Palacios recorrieron las aguas del Océano Atlántico y, después de bombardear el castillo de San Fernando de Omoa, tomaron Trujillo. Los comayagüelas habían marchado a defender Omoa al mando del general Streber.

Comayagüela, siempre fiel defensora del honor nacional, se puso a las órdenes del gobierno para rechazar al invasor, y además del aporte de soldados, nuestra municipalidad ayudó monetariamente de manera espontánea y entusiasta. En esa ocasión principió a distinguirse el general Erasmo Velásquez, el ciudadano siempre recordado por su pundonor militar y sus otras muchas virtudes ciudadanas.

M ANIFIESTO DE LOS COMAYAGUELAS:

El 22 de junio del mismo año de 1873, la Municipalidad de Comayagüela y varios otros importantes vecinos, en sesión extraordinaria y solemne, dispusieron poner todo su contingente al servicio del Gobierno para lograr librar al país de la invasión pirata:

"En la Sala Consistorial de la Villa de Concepción de Comayagüela, a los veintidós días del mes de junio de mil ochocientos setenta y tres. Reunida la Corporación Municipal y los vecinos notables. CONSIDERANDO: que tal invasión filibustera amenaza las libertades públicas, el decoro nacional y los principios democráticos sostenidos desde nuestra independencia; y que es preciso ahogar en su cuna el movimiento, pues de lo contrario puede peligrar la Soberanía Nacional. CONSIDERANDO: que el Supremo Gobierno Provisorio ha declarado la Nación en estado de guerra en el Decreto del 17 de este mes, por la referida expedición pirata. CONSIDERANDO: que es un deber positivo de todo buen ciudadano prestar apoyo decidido a las autoridades constituidas en todo caso, y más aún cuando estas profesan en todo principio conformes con los del pueblo: el orden, progreso y libertad. Visto todo esto, RESOLVEMOS:

1°.- Adherirnos al Supremo Gobierno Provisorio y prestarle, en cuanto nos sea posible, todo apoyo y cooperación para la defensa nacional, así con nuestra persona e intereses.

2°.- Trabajar por todos los medios posibles, haciendo propaganda de su buena causa, para llamar a su alrededor a todos los ciudadanos.

3°.- Elevar esta acta al conocimiento del Supremo Gobierno, por medio del señor Gobernador Político, y mandarla imprimir y circular para conocimiento de nuestra opinión.

Así concluyó la presente reunión, firmando ante el secretario que da fe.

Cesario Velásquez.- Olayo Sosa.- Domingo Aguiluz.- Felipe Turcios Velásquez.- Juan Aquino.- Cipriano Velásquez.- Leonardo Irías.- Perfecto Cobos.- Luis Velásquez.- Simeón Lozano.- Pedro Reina.- Hermenegildo Valle.- Ramón Cabrera.- Erasmo Velásquez.- Andrés Bucardo.- Rafael Rivera.- Juan Castro.- Gregorio Turcios.- Máximo Andino.- Filadelfo Turcios.- Francisco Durón.- José María Andino.- Lorenzo Lozano.- Juan Miguel Ramírez.- Aniceto Ramírez.- Pedro Madariaga.- Joaquín Díaz.- Máximo Centeno.- Por Gregorio Flores, Isidro Aguilar, Eusebio Hernández, Tomás Duarte, José María Velásquez, Miguel Pérez y por mí Lizandro Méndez.- Por Benito Ramos, Ciriaco Gómez, Onofre Sosa, Esteban Bautista, Serapio Sosa, Dolores Martínez, Inocente García y por mí Eduviges Sosa.- Por los señores Serapio Sosa, Dolores Martínez, Dámaso Juárez, Pedro Hernández, Bernardino Rodríguez, Ceferino Sosa, Luciano Sosa, Serapio Aguirre y por mí Brígido Salvador.- Vicente Gómez.- Eusebio López.- Valentín Durón.- Nicolás Sosa.- Jorge Ramírez.- Máximo Lorenzana.- Por Potenciano Valladares, Cruz López.- Ante mí Luis Portillo, Secretario."

OTRO GESTO VALIENTE DE LOS COMAYAGÜELAS:

En el año de 1876, Honduras se encontraba sumida en la más completa anarquía a causa de las guerras civiles. La Municipalidad de Comayagüela, en mayo del citado año, desconoció el Gobierno que presidía el general José María Medina, proclamando en su lugar al general don Ponciano Leiva. Tegucigalpa también se adhirió a Leiva.

El general don Andrés García, excomandante de Armas de Tegucigalpa, regresó de Olancho comandando una fuerte columna de olanchanos y atacó a esta por el lado de la Piedra Grande (camino viejo de Olancho), pero, a pesar de haberla sorprendido, no podía posesionarse de ella; los tegucigalpas se defendían como leones.

En nuestra iglesia parroquial, el señor gobernador político, don Miguel Lardizábal, oía la misa en compañía de la Municipalidad y otros vecinos sobresalientes. Los comayagüelas, al escuchar los primeros tiros en Tegucigalpa, como un solo hombre corrieron, acompañados del señor gobernador, a unirse a los tegucigalpas, y la acometida fue arrolladora con la llegada de estos vecinos, a tal grado que, al poco tiempo, el general García y su columna eran completamente derrotados.

COMAYAGÜELA Y EL DOCTOR SOTO:

Varios representantes de Honduras, entre ellos sobresalientes vecinos de Comayagüela, escribieron al Dr. don Marco Aurelio Soto, residente en Guatemala, suplicándole viniera a librarlos del estado de anarquía en que se encontraban sumidos. El Dr. Soto accedió a las peticiones de los hondureños; llega a Amapala donde, con fecha 27 de agosto del 76, inauguró su Gobierno Provisional, de acuerdo con la política que en Guatemala desarrollaba el reformador don Justo Rufino Barrios. El general Medina estaba en Gracias ejerciendo su Provisional Gobierno, pero en vista de que todos los insurgentes reconocían el Gobierno del Dr. Soto, declinó en él el poder.

Al solo desembarcar en Amapala el reformador hondureño, la población de Comayagüela, con muestras de verdadero entusiasmo, se declaró abiertamente su partidaria; y al inaugurar su gobierno, fue también una de las primeras en adherirse a él solidariamente. Y el 13 de septiembre del año citado, la Municipalidad suscribió una calurosa y sincera manifestación, ofreciendo al Dr. Soto todo su apoyo y acatamiento.

El Dr. Soto siempre reconoció el cariño entusiasta, acendrado y sincero que el pueblo de Comayagüela le guardaba, y su gobierno, en repetidas ocasiones, favoreció en algo a esta población. Y como una muestra de ese reconocimiento, mandó colocar en el parque de esta ciudad la actual estatua de "La Libertad", con la leyenda siguiente:

MARCO AURELIO SOTO
PRESIDENTE DE LA REPÚBLICA DE HONDURAS
AL LABORIOSO Y HONRADO PUEBLO DE LA VILLA DE CONCEPCIÓN

COMAYAGÜELA Y EL GENERAL BOGRÁN:

Al separarse el Dr. Soto del poder, el Consejo de Ministros expidió decreto convocando al pueblo a elecciones. El general don Luis Bográn salió ungido por la voluntad popular, haciéndose cargo de su alto puesto el 30 de noviembre de 1883.

El general Bográn últimamente se había trocado en antagonista acérrimo de la política del Dr. Soto, a pesar de haber colaborado con él en su carácter de comandante de armas y gobernador político del departamento de Santa Bárbara. Comayagüela, reconocida partidaria y admiradora del Dr. Soto, se conquistó la animadversión del presidente Bográn.

LAS AMENAZAS DEL GENERAL BOGRÁN:

En el año de 1886, el Dr. Soto maquinaba por volver al poder. Varios vecinos de esta población, entre ellos Purificación Velásquez, Tranquilino Velásquez, Miguel Cortez, Gabriel Lozano, Pedro Reconco y otros más, se dirigieron a la frontera de Nicaragua a engrosar las filas del ejército que apoyaba al Dr. Soto.

Al general Bográn le hicieron creer sus parciales que todos los ciudadanos de Comayagüela se habían marchado a la frontera nica. El señor presidente llamó inmediatamente a los miembros municipales; una vez estos en Palacio, los reprende y llega a tal grado su acaloramiento que poco faltó para que abofeteara al señor alcalde don Pablo Maradiaga. Les exigió reunirle al pueblo de Comayagüela dentro de cuatro días, y que, si tal no hacían, convertiría a esta población en un simple barrio de Tegucigalpa.

Con esta amenaza, la protesta de los comayagüelas tomó caracteres alarmantes y amenazadores; para este pueblo nunca ha importado el número ni la fuerza cuando se ha tratado de defender sus derechos; pero gracias a la intervención de varios vecinos influyentes no dio mayores y lamentables resultados que la viril y enérgica protesta de los honrados y valientes hijos de esta ciudad.

117

Para lograr sofocar las malas intenciones que el presidente Bográn abrigaba para con estos habitantes, se suscribió un acta adhiriéndose a él, y hasta se habla por allí de un terreno que los comayagüelas cedieron al Gobierno. Pero a pesar del acta mencionada, la mala voluntad del general Bográn para con estos laboriosos vecinos fue siempre la misma.

El general Longino Sánchez, después de ocupar el puesto de comandante de armas de este departamento, pasó a desempeñar el cargo de gobernador del mismo.

EL PROYECTO DEL MERCADO:

Esta Municipalidad desde hacía varios años venía acariciando la idea de construir un mercado, centro de indiscutible necesidad para dar una mejor orientación al comercio. Además, continuamente llegaban quejas de las señoras vendedoras, las cuales tenían sus puestos a la intemperie, y rogaban a la Municipalidad se les construyera siquiera un manteado para librarse del sol y del agua.

Se gestionó ante el Gobierno, y este, con fecha 4 de febrero de 1884, erogó la cantidad de 1,000 pesos a favor de Comayagüela para la construcción del mercado y del acueducto.

Anteriormente, nuestras vendedoras hacían sus negocios en los corredores del Cabildo Municipal de Tegucigalpa con las consiguientes dificultades; por intrigas de las vendedoras tegucigalpenses se les lanzó de aquel lugar, y entonces se acomodaron en la boca del puente, en la parte de Comayagüela. La Municipalidad les instaló un manteado en ese lugar.

LAS ABSURDAS ÓRDENES DE DON LONGINO:

El señor gobernador Sánchez, enemigo gratuito de estos vecinos, aprovechó aquella oportunidad para molestarlos, ordenando a la Municipalidad retirar a las señoras vendedoras a unas 150 varas de la margen del río, alegando que dichas señoras habían convertido en inodoro los bajos de los arcos del puente y que las muchas suciedades que arrojaban al río envenenaban las aguas.

Esta Municipalidad no juzgó justa la orden gubernativa, pues los señores agentes municipales velaban continuamente por el aseo del puente y del río, no siendo ciertas las afirmaciones de don Longino.

En atenta nota se suplicó al gobernador Sánchez revocara la orden, advirtiéndole que, de no hacerlo, la Municipalidad recurriría en queja al Poder Ejecutivo.

La Municipalidad no fue oída en su justa queja, y a los pocos días el poderoso gobernador, que más tarde se trocaría en traidor, mandó arrojar a las vendedoras del puente con la policía.

Esta orden arbitraria y contraria a la autonomía municipal debía ser objeto de una enérgica protesta, pues de lo contrario la gestión administrativa de la Municipalidad quedaría por el suelo. Por esa época —1888— ejercía las funciones de alcalde nada menos que don Erasmo Velásquez, el que más tarde moriría valientemente en el célebre combate de Las Anonas, el 27 de julio de 1892.

CONSIDERACIONES MUNICIPALES:

La Municipalidad celebró sesión para acordar lo más conveniente en relación con la orden arbitraria girada por el señor gobernador con fecha 4 de mayo del mencionado año.

En la sesión se consideró que, "es un deber de las municipalidades hacer respetar su independencia y autonomía que le garantizan la Constitución y leyes secundarias en el ejercicio de las importantes funciones administrativas que tienden a la mejora y al progreso de los pueblos cuyos más caros intereses se les han encomendado por los mismos; que toda medida arbitraria que ataque tal independencia y autonomía no solo es reprochada por nuestras leyes, sino condenada por los principios y los dictados de la razón, pues nulifican por completo y enervan la acción de las autoridades en el cumplimiento de los deberes que les imponen las leyes, y que el silencio, en casos como estos, no solo indica la humillación más abyecta, sino la aprobación tácita de las arbitrariedades y la nulidad completa de la autonomía e independencia del poder municipal.

CONSIDERANDO: que es también un deber usar de aquellos medios legales que por lo menos sirvan de una protesta contra la violación de la autonomía del poder municipal, y que de no hacerlo sería traicionar la confianza que los pueblos han delegado en sus representantes.

CONSIDERANDO: que desgraciadamente esta corporación municipal ha sido víctima de las injustas disposiciones gubernativas dictadas en todo lo concerniente a la permanencia provisional del mercado en la margen izquierda del Río Grande, que divide a esta villa de Tegucigalpa, porque a pesar de las razones legales y racionales que apoyan la conducta observada por esta corporación, en vista de observaciones justas hechas a la Gobernación Política a fin de que acceda a las pretensiones del alcalde de Tegucigalpa, por estar destituidos de la verdad cuando afirma que la permanencia provisional del mercado en el lugar antes expresado origina malas condiciones higiénicas, el expresado gobernador ordenó a los agentes de policía desalojar del mercado a los vivanderos y demás abastecedores del mismo… etc.

Por tanto: esta corporación municipal acuerda por unanimidad de votos facultar al señor síndico de esta misma, don Carlos A. Sosa, para que en su representación haga una solicitud al Supremo Poder Ejecutivo pidiendo se sirva revocar la orden aludida del señor gobernador político, y autorizar a esta municipalidad para construir el edificio para mercado en el lugar que tiene acordado…".

LOS FINES DE DON LONGINO:

Sánchez, al molestar a las vendedoras de la boca del puente, tenía por único objeto que estas, apremiadas por la necesidad, se acogieran al mercado de Los Dolores de Tegucigalpa, satisfaciéndose así también los deseos del señor alcalde municipal de aquella ciudad.

EL MERCADITO "EL PROGRESO":

La municipalidad obtuvo permiso para la construcción del mercado, logrando comprar un terreno por la cantidad de 1,500 pesos; encomendando los trabajos al reputado carpintero don Hermenegildo Valle y al agrimensor don Pedro Reina; y con el apoyo decidido de los demás vecinos, muy luego surgió el edificio deseado, bautizándose con el nombre de "EL PROGRESO" y siendo instalado el 29 de junio del 88. Su inauguración revistió todos los caracteres de la solemnidad del caso.

El mercadito mencionado prestó importantes servicios durante muchos años, hasta que en 1908 fue terminado el mercado "San Isidro", construido por iniciativa e interés del progresista ciudadano general don Benjamín Henríquez, durante su gestión administrativa local del año de 1905.

En su lugar, pues no queremos alterar el orden de las fechas, nos referimos a grandes rasgos a tan importante edificio, incendiado el año de 1924 a raíz de la dictadura de López Gutiérrez y reconstruido durante la administración del Dr. Paz Baraona.

LA FUSIÓN DE AMBAS POBLACIONES UNA IDEA QUE NO SE LLEVÓ A CABO:

Desde hacía algún tiempo se venía acariciando la idea, de parte de varios vecinos de esta villa y de Tegucigalpa, de la fusión de ambas. Y en el mes de septiembre del año de 1890, de acuerdo ambas municipalidades y con el beneplácito del presidente Bográn, se comisionó al señor síndico de Tegucigalpa, Dr. don Carlos Alberto Uclés, y al regidor general don José María Reina, para que, de acuerdo con los concejales de Comayagüela, procedieran a elaborar las bases de la proyectada fusión.

Estas fueron elaboradas, y se acordó que ambas municipalidades celebrarían sesiones en el local de la Gobernación Política. El 25 de septiembre las comisiones nombradas celebraron la primera sesión, principiando a discutir las bases elaboradas por los señores Uclés y Reina. Se acordó celebrar sesión los días 26 y 27 de septiembre.

Pero en la sesión del 27, el señor gobernador hizo leer un acuerdo por medio del cual declaraba terminado aquel asunto y quedando por lo mismo fusionadas ambas municipalidades "de hecho y de derecho". Aquel era un verdadero golpe de mano del señor gobernador político, y los comisionados, en vista del acuerdo, resolvieron dar por finalizadas sus sesiones.

El señor gobernador político quizá obedecía órdenes superiores, secretas, y amparado por las facultades que en estos casos le concedía la ley, dictó las siguientes decisiones:

"Artículo 1°.- Las municipalidades de Tegucigalpa y Villa de Concepción y sus respectivos términos quedan unidos en un solo municipio, término que llevará la denominación de aquel: Tegucigalpa.

Art. 2°.- Las actuales municipalidades seguirán funcionando sin alteración alguna hasta el último día del año en curso.

Art. 3°.- Los residentes en el nuevo término municipal que tengan derecho electoral, según las leyes, procederán a elegir el último domingo de octubre próximo una sola municipalidad, compuesta del número de vocales que determina el artículo 29 de la ley respectiva.

Art. 4°.- Las actuales municipalidades, de común acuerdo, resolverán todos los demás puntos que tiendan a hacer más provechosa, justa y equitativa la unión. Es entendido que sus resoluciones deben someterse a la aprobación de este despacho.

Pablo Nuila.- Rafael Turcios, Srio.- Es conforme.- Gobernación Política del departamento de Tegucigalpa.- Tegucigalpa, septiembre 28 de 1890.- Rafael C. Turcios, Srio."

LA ACTITUD DE LOS COMAYAGÜELAS:

En la misma fecha, septiembre 28, la municipalidad de esta ciudad acordó declararse en sesión permanente para conocer de la resolución dictada por el señor gobernador político. Se había hecho invitación a todos los vecinos, y estos concurrieron en número de cerca de quinientos; las salas consistoriales estaban de bote en bote, y el pueblo comentaba en voz baja la actitud del gobernador, contraria en un todo a los deseos de ellos.

Durante la sesión se dio lectura al protocolo de las conferencias celebradas en la Gobernación Política; se pidió la opinión de los vecinos allí presentes, y esta fue manifestada por medio de los vecinos "notables", los cuales, de una manera palmaria, manifestaron su oposición a que este municipio se uniese al de Tegucigalpa.

Y dilatándose la discusión en un asunto que pronto debía resolverse, el síndico Muñoz expuso:

"Que por lo que había oído, conocía que no era dudosa la opinión del pueblo en este asunto, por lo que pedía se tomase votación nominal sobre los puntos siguientes: si se apela o no de él (el acuerdo del gobernador), y si se protesta o no de una resolución que, si bien para después, podía ser de beneficios al pueblo, en el tiempo actual no es la más oportuna".

Fue aceptado lo pedido por el señor síndico, e inmediatamente se procedió a tomar votación nominal, y por unanimidad de votos se acordó:

"1°.- No conformarse con el acuerdo del Gobierno Político Departamental, en que une el municipio de esta Villa de Concepción al de Tegucigalpa.

2°.- Que de este acuerdo se haga la respectiva protesta; y

3°.- Comisionar al síndico municipal para que apele de él ante el Supremo Poder Ejecutivo".

La apelación del señor síndico fue elaborada en términos concisos, claros y enérgicos; con argumentos irrebatibles refutaba el "golpe de mano" del señor gobernador; la fusión había fracasado por completo. La sesión celebrada por la municipalidad de esta ciudad, y a la cual concurrieron la mayoría de sus vecinos, dio a conocer a las autoridades superiores el paso en falso que daban al querer, por la fuerza, sostener dicha fusión, siendo ello un proceder completamente antipolítico.

LA ACTITUD DE LOS CUESTEÑOS:

Después de la sesión celebrada, los ánimos quedaron completamente acalorados y predispuestos contra el señor gobernador Nuila. Los vecinos de La Cuesta se presentaron un día en número de cerca de doscientos, armados de pistolas y machetes, en pleno cabildo.

El señor director de policía, Mr. Bayer, con 25 agentes, quiso deshacer la manifestación por medio de las armas; hubo tiros, saliendo herido uno de los manifestantes y cayendo otros presos. Los comayagüelas suplicaron a Bayer que pusiera en libertad a los revoltosos detenidos; en estos momentos llegaron de Tegucigalpa 50 hombres a reforzar a Bayer; entonces los cuesteños se acercaron a ellos con cautela y con el objeto de quitarles las armas.

Ante la amenaza de los valientes cuesteños, mayores en número a los agentes de Bayer, este resolvió tratar la cosa por medios pacíficos, y a sugerencia de algunos notables vecinos de esta, los ánimos fueron deponiendo en algo su actitud amenazante en vista del giro que tomaban las cosas.

En esto llegó a la plaza el general Velásquez, "el ídolo de este pueblo", quien les hizo ver lo inoportuno de aquella manifestación, ya que la cosa había sido arreglada de acuerdo con el sentir del pueblo de Comayagüela; los excitó para que regresaran a sus hogares, y los cuesteños acataron las órdenes del general Velásquez, regresando a sus casas convencidos de que la fusión de Comayagüela con Tegucigalpa había fracasado por completo.

LA TRAICIÓN DE DON LONGINO:

El pueblo de Comayagüela jamás ha sido rencoroso; hidalgo hasta lo increíble, llegado el momento depone toda actitud hostil contra aquel que lo ha estado maltratando, y se pone a su lado para defenderlo de aquellos que, pisoteando las leyes y olvidando sus deberes, tratan de traicionar a las autoridades constituidas; tal aconteció cuando el general Longino Sánchez, quien por enemistad con los señores general don Carlos F. Alvarado, ministro de la Guerra, y el licenciado don Simeón Martínez, ministro de Hacienda, y deseando vengarse de ellos, trató de dar un golpe de Estado; es decir, quiso destituir al presidente Bográn.

El 8 de noviembre de 1890, en las primeras horas de la noche, se presentó en Casa Presidencial, cambió la guardia por sus parciales, poniendo presos a los oficiales del Estado Mayor, dando a conocer con ello que había desconocido el Gobierno, a cuyo servicio estaba.

El general Bográn se encontraba en una casa particular cuando recibió la noticia; al principio se creyó completamente perdido, pues se imaginó encontrarse solo ante el peligro; pero su esperanza volvió cuando momentos después se vio rodeado del pueblo de Tegucigalpa, al cual se había sumado el de Comayagüela, el cual, como un solo hombre, había volado a defender al Gobierno constituido y a tratar de aplicar a Sánchez el castigo merecido. A la cabeza de los comayagüelas iba el general Velásquez.

En la boca del puente se colocó un retén y se levantaron barricadas, y el presidente Bográn puso inmediatamente una circular a los señores comandantes de armas de la República, notificándoles lo sucedido y pidiéndoles refuerzos para lograr castigar al traidor.

Al principio todo se redujo a inspecciones y a tiros ralos; a todo esto, los comayagüelas se habían atrincherado en el cerro de Las Crucitas, dispuestos a rechazar y hacer morder el polvo de la derrota a don Longino.

Cuando llegaron las primeras tropas de los departamentos, el batallón de los comayagüelas llegaba a cerca de seiscientos, dispuestos por todos los medios a hacer experimentar al traidor.

A continuación, como un documento histórico, reproducimos un artículo aparecido en los números de La Gaceta de 19 y 20 de noviembre de 1890. Por las frases hirientes que en este artículo aparecen, se ve que fue escrito entre tiros y sangre; así pues, debe tomarse en cuenta eso al juzgar lo hiriente de sus palabras.

LA TRAICIÓN DEL GENERAL LONGINO SÁNCHEZ:

"En la noche del día ocho del corriente, el general Longino Sánchez, comandante general del departamento, con todos los elementos que se le habían confiado, se levantó en armas contra el Gobierno del general Bográn, que lo había colmado de favores, cometiendo así, al par que una traición infame, una ingratitud sin nombre."

"Esta traición, envuelta en el misterio, al aparecer con alguna franqueza en el Palacio Presidencial, sembró en el ánimo de los pocos que de ella se apercibieron, no la flaqueza ni el miedo, sino el valor y el coraje contra el salvajismo, contra el representante de la fuerza del momento, y en favor del Gobierno legítimo del general Luis Bográn."

"Los que tuvimos la suerte de encontrar al señor presidente a inmediaciones del Palacio, cuando en este se engrillaba y se ofendía de palabra a algunos amigos que tuvieron la desgracia de dirigirse a la Mansión Ejecutiva con el objeto de ofrecer y prestar sus servicios al señor presidente, conservaremos el recuerdo y tendremos siempre la satisfacción de haber comenzado la obra de defensa del Gobierno, que es hoy la honra y el honor de la República."

"El señor presidente, rodeado de algunos amigos, inmediatamente después de tener noticia de la traición, concibió la idea de trasladarse a Comayagüela, y allí, en medio del entusiasmo de un pueblo que veía en salvo a su jefe y que se levantaba indignado contra el escándalo y la traición, con ánimo resuelto dictó por telégrafo a los gobernadores y comandantes las órdenes y disposiciones que han dado por resultado el afianzamiento de la paz y la garantía de que no será turbada en lo sucesivo por traiciones y por golpes de cuartel."

"A dicho lugar, respondiendo al llamamiento del Gobierno, concurrieron fuerzas de La Paz, Comayagua e Intibucá, y con estas se preparó el plan de campaña, comenzándose a poner en ejecución el día 10, que salieron de Támara los patriotas encabezados por el general don José María Reina y por los coroneles don Dionisio Gutiérrez, don Miguel R. Dávila, don Erasmo Velásquez, don Félix Molina, don Rafael López y don Félix Martínez, quienes tomaron posiciones en el cerro de Sipile. A este punto llegaron al día siguiente el señor presidente, el ministro general don Carlos Alvarado, los generales E. Salignac, don Andrés Matute, don Ramón Zelaya Vijil, don Tiberio Avilez y gran número de amigos; avanzando por la noche hasta llegar a la Villa de Concepción, donde se incorporaron, dos horas después, el general don Santos Bardales y el coronel Serrano, con fuerzas de Amapala y Choluteca, respectivamente."

"El 13, al amanecer, un tiro del cañón situado por las fuerzas del Gobierno en el cerro llamado Juana Laines, anunció a los traidores que era llegada la hora de reivindicación de sus derechos por el pueblo, comenzándose inmediatamente las operaciones militares sobre esta capital por distintas direcciones y con tal celeridad, que fueron tomadas, poco tiempo después, las posiciones que el enemigo tenía en el litoral del Río Grande, pertenecientes a esta capital, quedando reducido a 'La Leona', defendida por poderosa artillería, a San Francisco y a la Penitenciaría."

"A las once se trasladó a la capital el señor presidente, alojándose en la casa del señor licenciado don Jerónimo Zelaya; y a las dos o tres de la tarde fue tomada 'La Leona', después de un reñido combate, pues así lo exigía su posición, que parece inexpugnable."

"Este golpe alarmó mucho a los traidores que defendían la Penitenciaría y que guardaban a los prisioneros de la noche funesta del ocho del corriente, hasta el grado de salirse estos, con excepción del ministro de Hacienda, licenciado don Simeón Martínez, que había sido fusilado sin forma de juicio el once por la tarde, y del licenciado don Rafael Alvarado Guerrero, a quien se rescató por la suma de quince mil pesos al día siguiente" (don Longino sabía hacer las cosas).

"Tomadas las posiciones de 'La Leona' y la Penitenciaría, el traidor y los suyos quedaron reducidos al cuartel San Francisco, donde fueron estrechados de tal manera, que después de cuarenta y seis horas de incesante combate se vieron en la necesidad de fugarse con dirección al oriente de la población."

"Desde ese momento, el Gobierno, en posesión de los cuarteles de la capital y de todos los elementos que en ellos se encierran, dictó sus órdenes a fin de que fueran capturados los traidores, de los que se han escapado muy pocos hasta la fecha. El general Sánchez, después de hacer resistencia en su fuga a los vecinos del pueblo de San Antonio, no queriendo sin duda ser capturado, se suicidó. Los demás prisioneros, que llegan a setenta, están sujetos a Consejo de Guerra extraordinario los unos, y los otros serán juzgados en breve."

"He aquí consignados, a grandes rasgos, los principales acontecimientos de la traición encabezada por el general Longino Sánchez, y las operaciones militares puestas en ejecución para develarla."

"Ejemplo de heroísmo y de disciplina han dado los soldados que tomaron parte en la recuperación de los cuarteles de la capital, y de verdadera adhesión, los pueblos todos que han rodeado a la autoridad legítima. Tegucigalpa y la Villa de Concepción dieron el grito de alarma, que fue acogido por todos los hondureños, y que hoy repercute, en manifestación de triunfo, más allá de los confines de Centroamérica. Hagamos votos porque no se derrame una gota de sangre más; por una paz progresiva y digna, que mantenga imperecedero, en el corazón de los hondureños, el recuerdo de las gloriosas jornadas llevadas a cabo últimamente en favor del orden y de la libertad."

— L. R.

LA PLAZA DE TEGUCIGALPA:

"Señor comandante en jefe del ejército de operaciones, general don Luis Bográn:

Por orden de usted salió el ejército el 12 del corriente, como a las ocho de la noche, de las posiciones que ocupa en el cerro de Sipile, donde el enemigo arrojaba sus bombas desde el 10, para ocupar la Villa de Concepción. La operación se verificó en dos columnas: la una al mando de los generales Zelaya Vijil, Matute y Avilez, y otra a las órdenes del general Reina, ocupando la primera las casas de doña Elisa López y don Cipriano Velásquez, a la entrada derecha del puente, y la segunda la Escuela de Artes y Oficios, al costado izquierdo del mismo puente.

Una vez tomadas estas posiciones, que dan frente a la línea que el enemigo ocupa a la otra margen del río, los respectivos jefes las fortificaron y aspilleraron, preparándose de esta manera para la defensa en caso de un ataque repentino. Las anteriores operaciones solo nos costaron la pérdida del teniente Pablo Morales, muerto en la Escuela de Artes y Oficios.

Los generales Bardales y Villavicencio, con dos compañías de amapalinos, una de Choluteca y una pieza de artillería, se incorporaron al ejército a las once de la noche, tomando posesión a nuestra retaguardia.

A las dos de la mañana, y por disposición de usted, se ordenó al coronel Cerrano que ocupara con la compañía de cholutecas el barrio de Los Dolores y el cuartel de la División Morazán, cuyo movimiento se ejecutó felizmente cruzando el río por el paso llamado 'Martínez'.

Al mismo tiempo se ordenó al teniente coronel Barrera que ocupara el cerro de Juana Laines con su cañón Krupp y una sección de artilleros, a efecto de estar preparados para el ataque.

Apercibido el enemigo de todos estos movimientos, rompió sus fuegos de artillería y fusilería, los que sostuvo toda la noche con ligeras intermitencias. A las cinco y treinta minutos de la mañana del día trece, la pieza de artillería colocada en Juana Laines comenzó a bombardear el cuartel de San Francisco, al mismo tiempo que el Krupp que el enemigo tenía en la fuerte posición de La Leona dirigía sus granadas ya sobre nuestra pieza, ya sobre el cuartel general, situado en la plaza de la Villa de Concepción.

Habiendo observado que el enemigo tenía amenazada su retaguardia por la fuerza del coronel Cerrano, abandonó la Casa de Gobierno, el Palacio Presidencial, la casa del licenciado don Jerónimo Zelaya y la Pesa Vieja. Se ordenó inmediatamente a los generales Reina, Matute, Zelaya Vijil y Avilez la toma de dichas posiciones, cuya orden se ejecutó bajo los mortíferos fuegos de artillería e infantería dirigidos por el enemigo desde el cerro de La Leona.

A las ocho de la mañana, el presidente trasladó su cuartel general a la casa del licenciado don Jerónimo Zelaya, y seguidamente se dio la orden para atacar La Leona, cuya operación se verificó simultáneamente por el coronel don Miguel R. Dávila, que avanzó con el teniente coronel don Rafael Rodríguez por la pendiente oriental; por el coronel Beyer, los voluntarios americanos, varios patriotas al mando de don Antonio Cárcamo y el comandante primero don Isaac Matute, por el oeste; por el capitán don Dolores Cerrano, por el lado del Guayabo; y por el capitán don Dámaso Pinel, por Buena Vista. El coronel don Dionisio Gutiérrez marchó con una escuadra en apoyo del coronel Dávila, y los coroneles Reina y Matute apoyaron de frente a las fuerzas de los expresados jefes.

En menos de veinte minutos fue tomada por asalto dicha posición, quedando en nuestro poder un cañón Krupp y otro Whitworth. En este importante asalto tuvimos la desgracia de perder al valiente coronel don Rafael Ramírez, muerto heroicamente al frente de su fuerza, y que nos hirieran varios soldados patriotas, entre los últimos al licenciado don Carlos Cáceres Bustillo."

"Seguidamente se dio orden a los diferentes jefes para ocupar las posiciones más inmediatas al enemigo cumpliendo las órdenes de la manera siguiente: Los generales Bardales y Villavicencio tomaron las casas de los Zúñiga, de don Teófilo Fiallos, del Padre Carías y tapias de doña Pura de Valle y don Santos Soto, frente al Cuartel de San Francisco; el General Reina, los coroneles Molina, Velásquez, Muñoz, Gutiérrez y Dávila, el Teniente Coronel Martínez y el patriota Alcalde de Comayagüela Lic. don Saturnino Medal, ocuparon la casa de los Ferrari, casa de los Tribunales de Justicia, Escuela de Varones y Colegio de Señoritas; y los generales Zelaya Vijil y Matute, las casas de los Pavón y Padre Gómez, apoyando con parte de sus fuerzas las posiciones del General Reina, y destacando al Teniente Coronel Pereira a atacar a la Penitenciaría y cortar las comunicaciones entre dicha posición y el Cuartel de San Francisco, con lo cual quedó el enemigo aislado y reducido al recinto del expresado Cuartel. Las fuerzas del General Ávila y del Coronel Campos, que constituían la reserva, ocuparon el Palacio Presidencial. El fuego continuó todo el día y toda la noche del trece, sin interrupción y con encarnizamiento extraordinario, habiendo hecho el traidor varias tentativas infructuosas para romper nuestra línea. El 14 como a las ocho de la mañana, el enemigo intentó hacer una salida, aunque sin resultado. La línea de hierro que lo circundaba era infranqueable. Nuestra artillería logró apagar los fuegos de la del traidor y hacer pedazos el techo y ventanas del Cuartel de San Francisco, en términos que la posición hacían de momento insostenible.

"A las once regresó el general Williams con tres compañías de cholutecas y dos piezas de artillería; este refuerzo oportuno sirvió para relevar las tropas, cansadas en un combate tan dilatado y reñido.

"A las tres de la mañana del día 15, el fuego se hizo más vivo por el frente, con el objeto de llamar nuestra atención por este lado y de fugarse por retaguardia, como al efecto lo verificó a favor de las densas sombras de la noche, aunque dejando cinco individuos muertos y seis caballos también muertos, al romper nuestra línea.

El fin del jefe infiel ya es bien conocido, señor presidente: perseguido por todas las direcciones y sin más leve esperanza de salvación, se suicidó en el momento de ser aprehendido por los patriotas del mineral de San Antonio y una escuadra de las fuerzas del general Laínez, que de Danlí venía a incorporarse al ejército.

"En esta memorable acción, que duró cuarenta y seis horas, todos los jefes, oficiales y tropas, lo mismo que los PATRIOTAS DE TEGUCIGALPA Y COMAYAGÜELA, y los ciudadanos americanos que concurrieron a ella, se han conducido con tanto valor y arrojo, que no me atrevo a hacer mención especial de nadie, por temor de ser injusto con los demás.

"Por separado daré al señor comandante en jefe la lista nominal de los muertos y heridos que ha tenido el ejército, pues hasta esta hora los datos recogidos son incompletos.

"Las pérdidas del enemigo no pueden estimarse ni aproximadamente, porque enterraba sus muertos en el recinto del cuartel, haciéndolo en sepulturas hechas con tal objeto. — Tegucigalpa, noviembre 16 de 1890. El mayor general del ejército, E. Saliñac."

La actitud de los vecinos de Comayagüela en la traición de Sánchez no necesita comentarios: ellos, haciendo completa abstracción de resentimientos anteriores para con el gobernante, rodean a este en el momento propicio y se constituyen en defensores del honor nacional, como buenos soldados bien compenetrados de sus deberes de tales.

El general Bográn, a raíz del triunfo, dictó órdenes tendientes a premiar el valor y el sacrificio de todos los hondureños que, valiente y espontáneamente, volaron a develar el "golpe de Estado" encabezado por el general Sánchez; y si esas órdenes no se llevaron a cabo en parte, no fue culpa del gobernante, pues los movimientos revolucionarios que muy luego se incubaron en la frontera de Nicaragua no dieron lugar a ello.

SÍNTESIS DE LOS ACONTECIMIENTOS DE 1892, 1893 Y 1895:

Escribimos la historia de Comayagüela, y por lo mismo, solamente narramos los hechos que más afectaron a esta ciudad, advirtiendo que Comayagüela posee en síntesis la historia de Honduras; todos los movimientos revolucionarios que, desgraciadamente, han azotado y asolado nuestra patria, por motivos que a nadie escapan, Comayagüela se ha visto envuelta en ellos, y sus hijos siempre han sabido distinguirse por su valor y disciplina.

El 5 de julio de 1892, cerca de cien comayagüelas se unieron a los tegucigalpas para dirigirse hacia la frontera de Nicaragua a acuerpar el movimiento revolucionario que encabezaban los generales Terencio Sierra, Manuel Bonilla y el Dr. Policarpo Bonilla.

A fines de marzo de 1893, el ejército revolucionario levantó el campo de Tatumbla y vino a presentarse en las alturas del cerro El Picacho. Y mientras el general Sierra atacaba por el lado de La Leona, se trababa un combate en el cerro de Las Crucitas, saliendo vencedores, después de cerrada y mortífera acción, los del gobierno.

Después de varios y continuos choques entre gobiernistas y revolucionarios, estos, apremiados por las circunstancias, tuvieron que reconcentrarse en La Leona, y poco después, el general Sierra dio orden de marchar rumbo al noroeste de Tegucigalpa, y en el lugar llamado La Labranza, se acordó que el grueso del ejército pasase a Cedros, mientras el general Sierra seguía amenazando la plaza y lograba que las fuerzas de Vásquez no persiguiesen al ejército revolucionario que marchaba hacia Cedros.

Sierra se concretó a evolucionar alrededor de la capital y con ello consiguió que Vásquez no persiguiese al ejército que iba con rumbo a Cedros.

El general Alfonso Villela y el general Vásquez salieron a perseguir el ejército revolucionario; acampó este último en el caserío de Coa; el general Sierra no los perdía de vista, y cuando aquellos menos lo esperaban los atacó de tal manera que Vásquez y los suyos fueron derrotados, dando gracias con haber podido salvarse, pues estuvieron a punto de caer en poder del general Sierra.

Sierra, después del combate de Coa, se dirigió a marcha forzada hacia la capital; el general Vásquez, al darse cuenta de ello, vuela hacia Tegucigalpa encerrándose en ella. Entonces Sierra se dirige hacia las llanuras de El Potrero, a seis kilómetros de Tegucigalpa.

El general Sierra había logrado su objeto: Vásquez se encontraba acorralado en Tegucigalpa, donde estuvo inactivo por varios días; mientras, el ejército revolucionario acampado en Cedros lograba resistir los continuos ataques del general Villela. El general en jefe de las fuerzas expedicionarias se dirige a Suyapa, de aquí a San Juan de Flores (Cantarranas), de donde marcha a unirse con sus compañeros en Guaimaca.

DIECIOCHO EJECUCIONES:

Entre tanto, los revolucionarios ejecutaban sus hábiles evoluciones; el general Vásquez ordena sean pasados por las armas 18 prisioneros, los cuales fueron ejecutados en el atrio de la iglesia de esta ciudad.

SITIO DE TEGUCIGALPA:

Los revolucionarios, con el apoyo de Nicaragua, pasaron de El Corpus a Choluteca y de esta ciudad a Tegucigalpa, la cual, con fecha 23 de enero de 1894, fue sitiada por cuatro mil hombres.

Los revolucionarios, en su marcha de Choluteca a Tegucigalpa, tuvieron que librar ligeros combates con los destacamentos que el enemigo tenía colocados desde el cerro del Hule hasta Loarque. Libraron una acción en El Llano del Potrero contra la división vasquista al mando del general Ezequiel Ferrera. El 24 y el 25 se peleó con verdadero encarnizamiento; durante esos días, el triunfo sonreía a los de Vásquez.

El mismo 25, el general Bonilla, apoyado por el nutrido fuego que la artillería al mando de Grafenhors dirigía hacia el enemigo, fue a ocupar el cerro de El Berrinche. El 26, el general en jefe de las fuerzas revolucionarias ordenó a Alfonso Brenes que, con su cañón, fuese a apostarse en El Berrinche para que, unido a la artillería, favoreciera el asalto que se había ordenado sobre el cerro de Las Crucitas.

El 27 se inicia el ataque a esta ciudad, la cual, después de un serio y nutrido combate, fue ocupada, mientras el enemigo, diezmado por el fuego de la artillería, se declaraba en retirada. El general Silvestre J. Herradora ocupaba desde el 24 los altos de Guacerique; de este lugar se destacó el 28 la columna que debía ocupar Las Crucitas, pero los cañones enemigos situados en Juana Laines no lo permitieron y la columna tuvo que reconcentrarse.

El propio día 28 fue atacada La Burrera; el campo quedó lleno de muertos, sin ningún resultado favorable para los sitiadores. Con el objeto de preparar el asalto sobre uno de los cañones colocados en La Granja, los de Vásquez, situados en Juana Laines, dispararon sobre los sitiadores más de 200 cañonazos. Se trabó un combate durante varias horas; los de La Granja se defendían como leones, pero después de lamentables pérdidas, a los sitiadores les faltó el parque, y los de Vásquez pudieron retirarse a sus trincheras.

El 10 de febrero acuerdan los revolucionarios tomar El Picacho por medio de un asalto bien combinado. Se ordena al general Teodoro Valladares y al coronel Antonio Lara atacar Buena Vista, posición intermedia entre El Picacho y la capital. Defendía Buena Vista el coronel Francisco Murillo Medina; después de una hora de combate, Valladares y Lara se apoderan de Buena Vista; después se acuerda dejar en dicho lugar 25 hombres y que Valladares y Lara se retiren a Las Crucitas; inmediatamente Medina se aprovecha de esto y recupera la plaza, favorecido por los rifleros al mando de Jeffers.

Después de haberse efectuado un consejo de generales, el día diez por la noche se lanzaron 300 hombres sobre El Picacho. El combate fue una verdadera carnicería: se luchó cuerpo a cuerpo y los machetes describían hipérboles diabólicas en la noche oscura; aquello fue una hecatombe. Y cuando los asaltantes habían logrado ocupar una parte de las trincheras enemigas, tuvieron que retirarse dejando en el campo cerca de 100 muertos y como 40 heridos.

Y los combates continuaron así hasta que el día 22 de febrero de 1894, Vásquez abandonó la capital y se dirigió a la frontera salvadoreña, penetrando a ella los ejércitos revolucionarios. Durante este sitio, los comayagüelas dieron una vez más muestras de su valor y disciplina admirables.

El Dr. don Policarpo Bonilla se hizo cargo de la Presidencia provisionalmente durante un año; al finalizar este, se practicaron elecciones, siendo entonces el Dr. Bonilla electo constitucionalmente. Durante el último año de su gobierno, 1898, se reconstruyó el actual puente de Guacerique, el cual había sido construido el año de 1879.

El 1° de febrero de 1899, el Dr. Bonilla entregó el poder al general Terencio Sierra. Durante su administración, nuestro poeta máximo Juan Ramón Molina estuvo recluido en el cuartel "San Francisco" y poco después fue enviado a trabajar en la carretera del sur.

Durante la revolución a que dieron lugar las elecciones del año 1902, los comayagüelas continuaron dando muestras de su valor y serenidad, hasta que el 13 de abril de 1903, con el apoyo de El Salvador y de Guatemala, entró el general Bonilla triunfante a Tegucigalpa. El día 13 estuvo a punto de ser saqueada esta ciudad por las fuerzas revolucionarias; siendo invadida la casa de don Francisco Verde; notificado de ello, el general Bonilla inmediatamente salió a evitar el saqueo, llegando muy a tiempo y pudiendo así evitar hasta choques lamentables entre los mismos soldados.

En el año de 1904, por ciertas oposiciones del Congreso en contra del presidente Bonilla, este hizo poner presos y remitirlos a la Penitenciaría Central a los diputados don Miguel A. Navarro, don Marcos Carías, don Jesús M. Alvarado y otros más.

Los sucesos revolucionarios de este período no toca a nosotros referirlos. Pasaremos por alto las administraciones del general Dávila, del Dr. Bertrand y del Dr. Membreño.

ADMINISTRACION DE LÓPEZ GUTIÉRREZ

LA DICTADURA:

Después del Dr. Bertrand, llega a la Presidencia el Gral. don Rafael López Gutiérrez, después de una crisis política de todos conocida.

EL SITIO:

Practicadas las elecciones para designar al ciudadano que debía sustituir en el poder al general López Gutiérrez, se presentan tres candidatos: el Dr. don Tiburcio Carías Andino, por el nacionalismo; y por el liberalismo anarquizado, los doctores don Policarpo Bonilla y don Juan Ángel Arias. Practicadas aquellas, el Dr. y general Tiburcio Carías A. saca, sobre sus contrincantes, mayor número de sufragios, pero el Congreso no encuentra mayoría absoluta a favor de ninguno de los candidatos. Es decir, partidario el Congreso de los doctores Bonilla y Arias, pisoteando la ley y sus deberes de representantes del pueblo, no declaran electo al general Carías A., siendo él el llamado, legalmente, a sustituir a López Gutiérrez, y entonces este se declara en DICTADOR.

Honduras, pues, desde aquel momento, estaba sumida en la más desastrosa dictadura, y era necesario salvarla; el decoro nacional lo exigía: las ciudades, los campos y campiñas debían ser otra vez regadas con sangre fraterna, pero era necesario demoler la dictadura del déspota y establecer de nuevo el imperio de la ley.

El general Carías, seguido de un grupo de patriotas, sale para Lamaní, donde día a día se le suman mayores contingentes. Su nombre se convierte en un símbolo libertador, y a su llamamiento altivo y noble responden en occidente Tosta y Ferrera.

El general Carías logra levantar un ejército considerable y así se dirige para El Pedregalito; se libra allí un combate, arrebatan al enemigo una ametralladora y considerable número de armas, y continúan para la frontera de Nicaragua. De Las Manos, el ejército libertador, a pesar de estar desarmado y mal alimentado, se dirige hacia La Montañita; por Suyapa, se une a Ferrera y a Tosta, y se da principio al sitio: cerca de 15,000 hombres rodeaban la capital. Se combate desde el 23 de febrero hasta el 28 de abril de 1924, fecha en que los ejércitos libertadores, después de haber hecho escarmentar al déspota y sus parciales, entran a la ciudad entre el entusiasmo de sus moradores, los cuales, portando banderolas azul y blanco, agitan su alegría al paso triunfante de los patriotas.

Los dictadores contaban con un ejército de cerca de seis mil hombres, y todas las demás ventajas que podían brindarles la ciudad. Sin embargo, los libertadores, aunque hubiesen sido menos, habrían triunfado; llegaban amparados por el pabellón de la buena causa, y los esbirros no tuvieron más remedio que abrirles paso.

El general López Gutiérrez falleció en pleno sitio, el 10 de marzo de 1924, a las tres de la tarde; lo sustituyó el Dr. Roque J. López.

Al ser tomada la capital por los ejércitos libertadores y garantizadores de la ley, el 28 de abril, el general Vicente Tosta asumió la presidencia con carácter provisional; practicadas elecciones, salió triunfante el Dr. Miguel Paz Baraona, quien se hizo cargo de la presidencia el 1° de febrero de 1925. Todos conocemos los diferentes aspectos de la administración Paz Baraona: la democracia estuvo en su apogeo y principió Honduras a recibir empujes de progreso.

El general Carías A., patriota ante todo y de quien es este pensamiento grandioso y enaltecedor: "Para mí vale más una gota de sangre hondureña que mil presidencias", no quiso ser el sustituto del Dr. Paz Baraona. El pueblo lo aclamaba, pero él, fiel abanderado de la paz, se negó rotundamente a ello.

UN DESASTRE ADMINISTRATIVO

El 1° de febrero de 1929, el Dr. Vicente Mejía Colindres, constitucionalmente, sustituye al Dr. Paz Baraona. El adelanto alcanzado en todos los aspectos del progreso por Honduras durante la administración del Dr. Paz Baraona se hace añicos con Mejía Colindres en el poder. Su administración fue un completo desastre y la libertad se convirtió en libertinaje. Los duendes y demás parciales lo dominaron por completo. Fue la administración de las prebendas, de los desfalcos. La deuda interna aumentó de manera asombrosa. Las aduanas enriquecieron a muchos: se registró el caso de un simple guarda muelle convertido, de la noche a la mañana, en capitalista.

Nada absolutamente se hizo en bien del país; fue una administración de hambre y miseria. Las rentas nacionales solo servían para satisfacer las exigencias insaciables de la camarilla que rodeaba al gobernante, convertido en maniquí de esta. Mejía Colindres, además de todo el mal que su inhabilidad como gobernante causó a Honduras, es el único y exclusivo responsable del asesinato del general Ferrera.

¿Y Comayagüela, qué obtuvo en su bien durante la ingrata administración colindrista? Nada, absolutamente nada, pues si es cierto que se intentó proveerla de agua propia, ello solo fue una manera de enriquecer bolsillos particulares, y esa obra necesaria y grandiosa, desde un principio, es debida a esfuerzos de los nacionalistas, como se verá en la parte en que, en síntesis, hacemos la historia de tan importante y gigantesca obra.

EL GENERAL CARÍAS EN EL PODER

LA REVUELTA DE LAS TRAICIONES:

Del folleto Sobre la ruta, publicado por el diario La Época, es lo siguiente:

Y surgió el caudillo.

Los años y las luchas lo fueron incubando en el regazo oscuro de la masa anónima. El sol de 1923 lo puso a la luz: fuerte, erguido, broncíneo. Surgió el caudillo y toda Honduras se estremeció ante su aparición.

Sinteticemos el crisol donde se ha forjado ese temple extraordinario de Tiburcio Carías. Ha necesitado de los ácidos corrosivos y de las mezclas fuertes. La derrota, la adversidad, han estado en la manera decisiva. Caído en 1911, busca la tierra para vivir, pero no humilla la frente en la antesala. Derrotado en 1928, impone la paz en el país para sentar la más patriótica tradición nacional. Triunfante en 1932, inaugura la era del orden, de la moralidad y del progreso. Jamás, ni ante los fracasos ni en las victorias, se ha alterado el bronce egregio de que fue forjado. Y la gesta magnífica llega a su apogeo.

Allí está. Figura legendaria donde viven en extraño consorcio la Honduras del ayer tumultuosa y violenta, como pasan cuadrigas de guerreros en un friso helénico, y la Honduras de hoy, entregada a la paz y al trabajo, como un cuadro virgiliano. Allí está, más alto que los demás, no solo por el cargo que ocupa, sino por la talla de su personalidad como caudillo y como estadista. Allí está, fuerte, erguido, macizo, sin la menor vacilación en su carácter espartano, sin el menor temblor en la austeridad de su virtud, sin el más leve desfallecimiento en su integridad moral. Grande por su vida, grande por sus obras, grande por sus hechos.

Ave, hombre... Honduras te saluda.

LA REVUELTA DE LAS TRAICIONES:

Llegado el período de propaganda política de 1932, el nacionalismo unánime lanza como su candidato al Dr. y general don Tiburcio Carías Andino. El liberalismo decadente lanza su figura más impopular y despreciada: el licenciado Ángel Zúniga Huete. Llega el último domingo de octubre del año antes citado, se practican las elecciones, y el general Carías, con una mayoría nunca vista anteriormente en Honduras, infringe una derrota legal y democrática a su adversario. Se llenan todos los trámites legales, y el general Carías solo espera el 1° de febrero para ascender al poder.

Pero los conculcadores de la ley, los eternos enemigos del orden, infringen a la patria otro golpe criminal: la REVUELTA DE LAS TRAICIONES. Pero el general Carías está preparado para contrarrestar esa revuelta salvaje y criminal engendrada en plena Casa Presidencial, y los ejércitos caríistas hacen morder el polvo de la derrota a los revoltosos: allí está La Boca de las Vueltas, allí el testigo mudo de "La Pirámide", allí están las ruinas de Tenampúa, que contemplaron la huida de los cobardes amigos del bochinche, del robo y del asesinato.

Sobre la REVUELTA DE LAS TRAICIONES, tomamos el siguiente artículo publicado, a raíz de ese suceso lamentable, por el diario El Cronista:

"Falta de la opinión pública que guía siempre a la victoria, la revuelta de las traiciones, como movimiento sin ningún móvil justificativo, sin ningún ideal acreditante, sin ninguna fuerza moral que la apuntalase, palmo a palmo, reducto por reducto, ha ido quedando aniquilada y vencida ante el empuje formidable, brutal y despiadado de las fuerzas ciegas de una justicia implacable; fuerzas ciegas de alud, de ciclón o de tromba, que han dejado pasmada la catástrofe, que han sorprendido a la ambición desesperada en sus arrestos de náufrago, que han sembrado el pavor en las huestes ensoberbecidas de los industriales de la guerra, que no han podido disfrutar de la gloria de un triunfo, porque es contra la gloria de un triunfo legítimo que se han rebelado, débiles para sobrellevar los azares de un intento que ha revestido proporciones de suicidio.

¿Dónde está la batalla, una sola de las batallas ganadas por los soldados del crimen?

¿Dónde está la espada luminosa que se haya cubierto de laureles y de gloria?

Desde San Pedro Sula y El Sauce hasta Curarén y Boca de las Vueltas, los traidores han sido envueltos por simunes de derrota, ahogados en sangre de tragedia y expiación.

Las armas de la traición nada han podido contra las armas de la lealtad. Sobre las montañas de vidas tronchadas por su salvajismo cavernario, la justicia, erguida como una diosa a quien ciega el furor y mueve el coraje del castigo, ha levantado su mano conminadora, dando su fallo definitivo, que recorrerá la historia para perpetuar en mármol eterno la página negra de un partido que, embrujado de soberbia, desoyó los consejos de la razón, ya que era otro el derrotero que le marcaba, para abrir las alas de su esperanza hacia los vientos del porvenir, cuajado de presagios brillantes, que se hubiesen cumplido con solo poner en práctica la sabiduría de la espera, porque en el saber esperar hay un hondo secreto de victoria.

¿Qué quedará después de esta tremenda saturnalia?

Desprestigio por dentro y por fuera. Inversión de valores morales. El nombre de la patria clavado de estigmas y erispones. Su corazón aguijoneado de vergüenzas y mordido de conmiseraciones. El progreso detenido por los labios de la regresión anuladora de estímulos creadores y energías propulsoras. La cultura herida en pleno rostro por la barbarie de las hordas. La miseria adherida con fortaleza de garfios sobre cuerpos y espíritus. El dolor de la catástrofe, mudo en su inmensidad, bañado el solar patrio en lágrimas y sangre.

Y frente a todo ese desastre, una voluntad, un anhelo redentor, una energía, un hombre: Tiburcio Carías Andino, con la espalda encorvada por el peso de tanta responsabilidad, pensativo, posesionado de la gravedad del instante, resuelto a sacar a su patria del caos y la ruina, respaldado por todo un pueblo ansioso de marchar erguido como el que más, por sacudirse de estorbos y aniquilar resabios que le han sumido en un estancamiento de ciénegas; estorbos y resabios que no son otros que la ambición del fácil enriquecimiento de los unos, que la situación privilegiada les proporciona el poder; de los otros, que el vivir la vida holgada y sin desastres del zángano, los más.

Y frente a esa voluntad, frente a ese anhelo redentor, frente a esa energía, frente a ese hombre, la pupila asombrada de todos los que piensan que llegar al poder en tal forma y tal minuto es algo para poner a prueba al más hábil estadista y la más poderosa energía. Es algo que se merece quien tiene tanto que dar a su pueblo; es algo que solo llega a manos de predestinados que saben sonreír a la catástrofe, porque están convencidos de que para las resoluciones heroicas no existen valladares, como no existen desfallecimientos, miedos y zozobras en las almas disciplinadas para las grandes pugnas, para los aprestos reconstructivos, para las reparaciones de yerros que han sido rémoras de todo esfuerzo evolutivo, para la derrota de rutinas y domesticidades que han aherrojado músculos y nervios. Y frente a ese hombre y frente a esa pupila asombrada, la expectación del mundo que ha quedado atónito ante el curso lógico de los acontecimientos de Honduras —inusitados, absurdos, paradojales—, que al ser dominados levantarán para el nacionalismo y sus valores un pedestal donde se levanta de manera luminosa y perpetua su capacidad para vencer y la sabiduría todopoderosa de aprovechar ese vencimiento en bien de todos, aun de aquellos que, llevados por un instinto gregario palpitante de irresponsabilidad, siguieron a los asesinos del orden a la perpetración de la más brutal de las traiciones".

(Párrafos de un artículo de Navas Gardela).

COMAYAGÜELA Y EL GENERAL CARÍAS:

Hemos dicho que el pueblo de Comayagüela siempre ha estado listo a ponerse de parte de las buenas causas, y ello es la verdad. Cuando el general Carías levantó su memorable ejército para derrocar a López Gutiérrez, los comayagüelas, en su mayoría, formaron parte de ese ejército admirable, y su heroísmo, disciplina y firmeza fueron puestos a prueba en las diferentes acciones que se libraron.

Solamente por el Dr. Soto ha delirado tanto, ha demostrado amor más sincero y acendrado el pueblo de Comayagüela, en lo que se refiere al general Carías Andino. Y, si se quiere, quizá el pueblo de Comayagüela —y aún quitándole el quizá— siente más admiración por el actual mandatario hondureño que la que ha sentido por otros anteriores. Y es que lo que el general Carías Andino ha hecho por Comayagüela, nadie lo ha hecho.

Un alcalde, benemérito de esta ciudad, ha puesto sus energías físicas e intelectuales al servicio del municipio, levantándolo a un nivel de progreso asombroso. Y el general Carías ha dado todo su apoyo a ese alcalde único.

Comayagüela, como se verá en la parte geográfica, es una ciudad con todos los distintivos de las ciudades modernas, gracias al general Carías A. y al desinterés, patriotismo y energía creadora de un alcalde.

Pero sobre todo, el actual mandatario ha dado a Comayagüela agua, agua en abundancia; y, en su mayor parte, el progreso de que disfruta en la actualidad se debe al precioso líquido que, como una bendición, el general Carías ha derramado sobre ella.

Los ciegos de pasión partidaria, los retrógrados, los papagayos del progreso, afirman que los trabajos de la introducción del agua a Comayagüela fueron principiados y terminada la presa en tiempos de Mejía Colindres; arriba afirmamos que, si es cierto que la presa fue principiada en aquellos aciagos tiempos, también es cierto que ello se debió a puras gestiones nacionalistas, como vamos a demostrarlo:

El caballero don Julio Lozano h., en una de las sesiones del Congreso Nacional de 1931, siendo diputado por este departamento, mocionó en el sentido de que se dedicaran, para la introducción del agua de Comayagüela, algunos de los sobreimpuestos decretados a favor de algunos de los departamentos. La moción fue ilustrada con todos los argumentos necesarios a tópico tan importante.

A raíz de esta moción, don Fernando Zepeda D., síndico de la Corporación Municipal de esta ciudad en aquel año, en la sesión celebrada el día jueves 15 de enero del citado año, pidió en forma de moción se elevara una exposición al Soberano Congreso Nacional acuerpando la moción introducida por el honorable diputado Lozano h., la cual fue aprobada con el beneplácito de los demás miembros municipales y pueblo en general. En la misma sesión, la Secretaría dio lectura a un oficio del señor general don Benjamín Henríquez, por medio del cual pedía lo mismo que lo pedido por el caballero Zepeda D., pero este ya se le había adelantado, sin desconocer por ello el interés del progresista y activo general Henríquez, quien, dicho sea de paso, mucho bien ha hecho a Comayagüela.

La honorable Corporación Municipal de aquel año, en sesión celebrada el 1° de febrero, continuó trabajando con toda energía porque la moción Lozano h. fuese acuerpada y aprobada por los demás diputados. Y el señor síndico Zepeda D. y demás componentes de la Municipalidad no se concretaron a apoyar solamente de palabras la moción aludida: se nombró una comisión para que se apersonara en la habitación de cada diputado a fin de lograr que estos dieran su apoyo a la moción susodicha. La comisión quedó integrada así: alcalde municipal don Salvador Espinoza Valladares; síndico, don Fernando Zepeda Durón; regidor 1°, don Ramón Landa; y el administrador del mercado "San Isidro", don Ricardo Tulio Machado.

Las gestiones de esta comisión fueron uno de los principales factores para que el Congreso Nacional cediera a Comayagüela parte de los sobreimpuestos decretados a favor de algunos departamentos. La moción del señor Lozano h. fue aprobada por el Soberano Congreso Nacional y, al efecto, con fecha 26 de febrero del ya citado año de 1931, emitió el Decreto No. 99, por medio del cual cedía a esta ciudad, y con el fin apuntado, parte de los sobreimpuestos también ya citados.

Durante los años de 1931 y 1932, por falta de apoyo del Poder Ejecutivo, solamente se pudo construir la presa sobre el río Guacerique, siendo muy vaga la labor desarrollada por la Junta de Fomento nombrada por aquel.

Fue hasta que el señor general don Tiburcio Carías Andino asumió el poder, por la voluntad popular, que se volvió a dedicar atención a esos trabajos.

Se reparó la presa, se perforó en roca viva hasta lograr abrir un túnel gigantesco, y se continuó hasta hacer llegar el agua a esta ciudad.

La obra costó L. 500,000.00, cantidad que los pesimistas veían anteriormente imposible de conseguir, pero al frente de esa obra que ahora brinda sus beneficios a Comayagüela estaba un Tiburcio Carías Andino, y con eso bastaba para tener fe en ella.

Comayagüela, pues, cuenta con agua propia gracias al actual mandatario, y el agradecimiento de este pueblo para con el general Carías será eterno.

Y de verdad que los comayagüelas saben agradecer lo que en bien de ellos se hace. En el año de 1936, siendo alcalde municipal el honorable y culto caballero don José F. Gómez, de quien se puede decir que es "un caballero sin tacha", se promovió una reunión de vecinos de esta ciudad, sin distinción de colores, con el objeto de poner de relieve la gratitud del pueblo de Comayagüela hacia el señor presidente de la República, general don Tiburcio Carías Andino, por haberle introducido el agua potable.

En la primera reunión celebrada el 31 de agosto del año citado, el señor alcalde Gómez manifestó: "Que tratándose de un beneficio para la comunidad en general, sería lógico, desde luego, hacer abstracción de diferencias de carácter partidario, pues lo que se desea es exteriorizar el sentimiento público de Comayagüela frente a la realización de su anhelo máximo, como ser el de tener agua propia; que la obra que el general Carías había logrado llevar a cabo en bien de esta ciudad sería en el futuro de proyecciones gigantescas e insospechadas, por cuanto del agua se derivan bienes múltiples e incalculables; que la gratitud es una de las más bellas virtudes humanas y que Comayagüela, que ha sido y es un pueblo de valientes, también debe significarse como un pueblo agradecido".

Al señor alcalde Gómez siguieron otros oradores, y todos ellos hicieron vibrar su patriotismo y agradecimiento para con el digno mandatario hondureño.

Más de 200 vecinos, entre ellos muchos liberales, llenaban los salones del Cabildo Municipal, y todos ellos daban a conocer de diferentes maneras su admiración por el estadista hondureño.

Se acordó, por último, obsequiar al general Carías una copa de oro elaborada por hondureños y con oro del país.

UN PARQUE Y UNA ESTATUA:

La Municipalidad, en sesión celebrada el primero de diciembre del mencionado año de 1936, interpretando el sentir del pueblo de Comayagüela y demás pueblos de la República, dio el acuerdo de construir un parque en los terrenos donde se encuentran las pilas distribuidoras del agua potable a esta ciudad y de erigir en el mismo lugar una estatua pedestre a nuestro gobernante, el gran estadista ciudadano Dr. y general don Tiburcio Carías A., como un justo reconocimiento a su obra magna de reconstrucción nacional y, de manera especial, por el regalo máximo que ha hecho a este pueblo al construirle su acueducto propio, que bien puede parangonarse con los mejores de su índole en Centroamérica.

Se nombraron comisiones especiales, una de ellas presidida por el general don Benjamín Henríquez, quien labora en la actualidad con todo entusiasmo y perseverancia en la realización de tan magna y significativa obra. El señor alcalde municipal Gómez, lo mismo que el que funge en la actualidad, caballero Zepeda Durón, hicieron atenta excitativa a los altos empleados públicos, empleados inferiores y demás de los departamentos, pidiéndoles apoyo monetario, y todos ellos respondieron de manera plausible, por lo que, en la actualidad, ya se cuenta con regular cantidad de dinero; se están elaborando los planos, y es de esperarse, como dejamos dicho, que tan magnífico y patriótico proyecto muy pronto se plasme en realidad.

REGIMEN CARIISTA

ALCALDES DE COMAYAGUELA:

Muchos municipios se quejan de atraso en todos los aspectos del progreso, y sin embargo, en esos municipios hay hombres preparados, y algunos que han logrado sobresalir de la masa anónima y hasta ocupar puestos sobresalientes en la "cosa pública". Entonces, ¿a qué se debe el atraso de esos municipios? Pues sencillamente a que carecen de hombres de acción, patriotas y desinteresados.

La historia de Comayagüela es la historia de los pueblos que, a fuerza de energías creadoras, han logrado ir poco a poco conquistándose un puesto sobresaliente entre sus congéneres.

Pero la historia de Comayagüela llega a su máximo de progreso y civilización en el año de 1933, con el ciudadano Fernando Zepeda Durón como jefe de sus destinos. Zepeda Durón ha sido y es el alma del progreso de Comayagüela, y esto lo reconocen propios y extraños, sin distinción de colores políticos.

En 1933 desarrolla un programa maravilloso, por lo armónico y por los milagros de economía llevados a cabo para darle realidad.

El Barrio de Concepción surge de nuevo a la vida, pleno de higiene, después de haber estado sumido por largos años en el estado más asqueroso que pueda imaginarse; en la estación de las lluvias era completamente intransitable. Ahora es un barrio ameno, atrayente y encantador, por lo limpio y por los demás atractivos de que es dueño. Y no se crea que durante ese año la labor de Zepeda Durón se concretó a ese barrio; toda la ciudad, con irradiaciones a las aldeas del municipio, recibió su acción benéfica y plausible. Y todos los aspectos del progreso principiaron a recibir toques magníficos de reforma. Fue el año de las iniciaciones, pero de las iniciaciones con tendencias firmes a continuar hasta llegar a convertirse en algo que ahora, en 1937, es timbre y orgullo de los comayagüelas.

Para poder apreciar la sorprendente obra de Zepeda Durón durante el año de 1933, véase parte geográfica.

AÑO DE 1935: ACCIÓN CÍVICA:

La Honorable Corporación Municipal, presidida en el año de 1935 por el ciudadano Zepeda Durón, a moción de tan digno jefe, "se dispuso, como un justo homenaje a las personas que son consideradas por sus méritos como valores morales o por los servicios prestados en el Ramo de Instrucción Pública, bautizar las escuelas rurales con los nombres de esas personas, acordando también bautizar las calles de esta ciudad con los nombres de ilustres hondureños que han dado a la ciudad grandes beneficios y prestigio enaltecedor con su gran intelecto y sus altas virtudes cívicas".

Todo lo anterior se llevó a cabo el 15 de septiembre del año citado, y fue uno de los puntos más sobresalientes de tan magna fecha. (Véase parte geográfica correspondiente al año de 1937).

EL BARRIO MORAZÁN:

Con fecha 11 de marzo de 1935, bajo el No. 1,526, el Poder Ejecutivo acordó la anexión del Barrio Morazán y zona de terreno que se delimita en el mismo acuerdo, al Municipio de Tegucigalpa. Esta Corporación Municipal dispuso pedir al Poder Ejecutivo, por medio de su representante legal, que declarara sin valor dicha resolución, y aquella superioridad, por medio del señor Ministro de Gobernación, Justicia y Sanidad, manifestó que el recurso interpuesto se encontraba en trámite y que se daría en su oportunidad la resolución que fuera procedente.

La Municipalidad, para mejor orientación, dispuso que se mandaran publicar en folleto todos los documentos y todo lo actuado en derredor de este asunto, para que fueran considerados por las autoridades correspondientes al dictarse sobre él la resolución definitiva. (Memoria Municipal 1935).

El acuerdo del Poder Ejecutivo quedó en pie, es decir, el Barrio de Morazán pasó a formar parte del Municipio de Tegucigalpa, pues los habitantes de este barrio, en su mayoría de aquel municipio, así lo pidieron.

COPIA DEL ACUERDO DEL PODER EJECUTIVO ANEXANDO EL BARRIO MORAZÁN A LA JURISDICCIÓN DE TEGUCIGALPA:

"Ministerio de Gobernación, Justicia, Sanidad y Beneficencia.— Tegucigalpa, Honduras, C.A.—Acuerdo No. 1,526.—Tegucigalpa, 11 de marzo de 1935.—Señor Alcalde Municipal.—Comayagüela.

Transcribo a Ud. el acuerdo que dice:

ACUERDO No. 1,526.—Tegucigalpa, 11 de marzo de 1935.

Vista la solicitud presentada a esta Secretaría por la Municipalidad de Tegucigalpa, el siete de agosto del año recién pasado, contraída a pedir que, accediendo el Poder Ejecutivo al deseo manifestado por todos los vecinos del Barrio "Morazán", se acuerde la anexión del citado barrio a la jurisdicción de Tegucigalpa.

RESULTA: que la peticionaria se funda en el hecho de que la Municipalidad de Comayagüela no ha ejercido ni pretendido ejercer actos de jurisdicción sobre esa zona; que los ciudadanos que allí residen están inscritos únicamente en el censo de Tegucigalpa, donde pagan sus contribuciones. Es un hecho cierto que solamente la ciudad de Tegucigalpa se comunica con el Barrio "Morazán" por un puente construido por la Municipalidad capitalina, quien ha mantenido el orden y prestado las garantías que exigen las personas que viven y los bienes que poseen en ese lugar.

RESULTA: que se oyó a la Municipalidad de Comayagüela; y,

CONSIDERANDO: que el Barrio Morazán está poblado por ciudadanos que siempre han sido considerados como vecinos de Tegucigalpa, donde aparecen censados y pagan sus contribuciones; y,

CONSIDERANDO: que es de interés y conveniencia pública alterar la jurisdicción municipal de Comayagüela, anexando el Barrio Morazán a la jurisdicción de Tegucigalpa, tomando en cuenta las razones expresadas y la dificultad que, en todo tiempo y especialmente en la estación del invierno, tiene aquella Corporación para comunicarse con los moradores del mencionado barrio, mantener el orden y prestarles el apoyo que necesitan.

POR TANTO: El Presidente de la República, aplicando el Artículo 7° de la Ley de Municipalidades y del Régimen Político, ACUERDA: Señalar como línea que separa en parte la jurisdicción del Municipio de Tegucigalpa del Municipio de Comayagüela, ambos de este departamento, la que, principiando en la confluencia del Río Chiquito con el Río Grande o Choluteca, aguas arriba sobre este, por la margen derecha, llega a la confluencia del mencionado Río Grande con el Río Guacerique; y de aquí, siguiendo rumbo general hacia el sureste, llega con una línea recta al mojón de Portillo de Barahona del sitio común de La Plazuela, en los ejidos de Tegucigalpa. COMUNÍQUESE.—Carías A.—El Secretario de Estado en los despachos de Gobernación, Justicia, Sanidad y Beneficencia.—

Abraham Williams.—Soy de Usted, Atto. y S.S.—(Sello).—(f) H. Fortín."

Es copia fiel con su original.

AGUSTÍN ALONZO,
Secretario Municipal.

UN VOTO DE AGRADECIMIENTO:

La acción progresista de la Municipalidad de Comayagüela del año a que nos venimos refiriendo fue estimulada por la cooperación generosa, entusiasta y decidida del señor presidente de la República, general don Tiburcio Carías Andino. En vista de ello, la Municipalidad, a moción del señor síndico, acordó por unanimidad elevar un voto de reconocimiento y gratitud imperecedera, en su propio nombre y en el del pueblo de Comayagüela, interpretando así el sentimiento popular en favor de un gobierno caracterizado por su honradez, por sus ideales de moralidad y por su espíritu constructivo, virtudes estas que justifican el anhelo de la universalidad de los hondureños para que el eximio gobernante Carías Andino continúe en el mando supremo de la nación. (La misma memoria).

J. RAÚL PADILLA

La Municipalidad del año de 1935, ya para terminar su período, se vio envuelta en los crespones del luto con la muerte prematura del joven licenciado don J. Raúl Padilla, muchacho honrado, capaz, buen amigo y, sobre todo, gran colaborador del señor alcalde Zepeda Durón; el suceso acaeció el 22 de diciembre. La Municipalidad deploró sinceramente tan infausto suceso, declaró tres días de duelo, costeó los funerales por su cuenta y se dio a la señora madre del desaparecido un medio lote para que en él reposaran para siempre los restos del licenciado Padilla.

J. Raúl Padilla fue, sobre todas sus demás cualidades, un buen nacionalista, un buen amigo y un buen ciudadano. Nosotros, amigos de él, como un homenaje sincero a su memoria, consignamos lo anterior.

AÑO DE 1936: JÚBILO Y GRATITUD DE UN PUEBLO:

La gratitud es una virtud que en la conciencia cívica del pueblo de Comayagüela vive latente como un fuego sagrado para sus grandes benefactores, tal como ocurre para con nuestro actual presidente, doctor y general don Tiburcio Carías Andino. Si él es forjador de una nueva Honduras, también es el forjador de una Comayagüela nueva, gallarda y floreciente. Por eso su pueblo se siente orgulloso y agradecido.

El acueducto es una obra no igualada, de gigantescas proporciones, la principal arteria que hará a la ciudad más vigorosa y próspera. Y esto solo basta para decir que la administración del general Carías ha sido para Comayagüela pródiga en el más alto grado. Aquí está simbolizado con caracteres indelebles su espíritu de gobernante constructor.

El pueblo y la corporación, en forma solemne y altamente cívica, han tratado de significarle su eterno reconocimiento y sus demostraciones de admiración y simpatía.

Y al principio del año, y con motivo de su aniversario natal, condecoró al ilustre mandatario con una medalla de oro en donde se ostenta esta inscripción: "AL GENERAL TIBURCIO CARÍAS ANDINO, BENEFACTOR DE COMAYAGÜELA". Y a mediados del año se organizó una Junta Patriótica de vecinos que está debidamente organizada bajo los auspicios de la Municipalidad y preparada para tributarle públicas manifestaciones de júbilo, cariño y gratitud. Y el día en que llegue la memorable fecha de la inauguración del agua potable, al final de su período, la Corporación ha querido perpetuar su glorioso nombre acordando que, por suscripción nacional, se construya un parque en los terrenos adyacentes a las pilas de distribución de aquel precioso líquido, y en ese pintoresco lugar de recreo se erija una estatua pedestre del general Carías que sirva de ejemplo y efectivo estímulo para las generaciones venideras. "Los trabajos para llevar a cabo esta obra del pensamiento y del sentimiento nacional, que consagrará las virtudes ciudadanas del señor presidente de la República, quedan perfectamente organizados, y ojalá toque a vosotros la gloria de convertirla en una bella realidad". (Memoria Municipal).

ÁLBUM CÍVICO

La prolongación del señor presidente general Tiburcio Carías Andino en el poder es un suceso histórico que honra y dignifica al pueblo hondureño. Adalid de la paz como fundamento del trabajo, y del trabajo como base de la prosperidad de la República, no podía menos el pueblo hondureño que pedirle su prolongación en el mando supremo del Estado, y casi por unanimidad de sufragios se manifestó la suprema voluntad del electorado, eligiendo a la asamblea que, dentro de las normas constitutivas, realizó tan patriótica determinación. La Corporación que en el año de 1936 he tenido la honra de presidir, como un homenaje y un recuerdo conmemorativo de este suceso trascendental, ha puesto en manos del señor presidente un significativo ÁLBUM CÍVICO, en que sus amigos y admiradores han escrito autógrafas de sentimientos de cariño que con toda sinceridad le profesan. En él se expresan opiniones francas y elocuentes y el regocijo de que continúe desde la Presidencia de la República laborando por la paz y el engrandecimiento de Honduras. (Memoria Municipal).

FERIA DE CONCEPCIÓN, EXPOSICIÓN LOCAL:

Las fiestas de diciembre de Comayagüela, a las cuales absurdamente se les ha venido dando el nombre de FERIA, pues a lo que así se ha llamado no ha sido más que un verdadero jolgorio, un centro de corrupción. Ninguna enseñanza ha brindado, anteriormente, la fiesta de Comayagüela; al contrario, ella ha sido un verdadero descrédito no solamente para la localidad, sino para Honduras en general.

En 1936, con el caballero don José F. Gómez como presidente del Ayuntamiento, nuevos derroteros se trazan a las fiestas de Comayagüela, y estas tienden a convertirse en una verdadera feria.

Como un documento histórico, copiamos a continuación, tomándolo de la Memoria Municipal del año citado:

El punto culminante de las fiestas patronales de la ciudad consistió en la apertura de una Exposición Industrial y Artística que, con el más brillante resultado, llevó a cabo esta Municipalidad, del siete al veinte del ya mencionado mes de diciembre. A la inauguración de tan importante como significativo número de la feria, concurrieron más de tres mil almas, y durante los días y horas de apertura fue constantemente visitada, desfilando frente a los numerosos objetos exhibidos, que fueron motivo del espíritu de observación y crítica encomiástica, alrededor de diecisiete mil personas.

La exposición fue objeto de los comentarios más justos y entusiastas, ya por parte de los visitantes como por la prensa y las estaciones radioemisoras de la República, habiendo sido colmada la Municipalidad de las más fervientes notas de aliento y calurosas felicitaciones.

Al crear esta exposición, que debido al breve tiempo de que se disponía se hizo con carácter local, se propuso la Municipalidad dar el primer paso o señalar el punto de partida para transformar los actos tradicionales de la misma, sustituyéndolos con otros acordes con la cultura que vamos conquistando, a fin de que el pueblo hondureño siga triunfando por la senda evolutiva de su prosperidad.

Con esta idealidad, la Honorable Corporación Municipal emitió el acuerdo que literalmente dice:

"Comayagüela, 15 de diciembre de 1936.

ACUERDO: La Honorable Corporación Municipal,

CONSIDERANDO: que la tradicional Feria de Concepción, que en el mes de diciembre de cada año se celebra en esta ciudad, no ha tenido en su desarrollo orientaciones que se hallen en armonía con las finalidades propias de esta clase de torneos, que se consideran como factores que vitalizan el progreso y la cultura de los pueblos.

CONSIDERANDO: que la referida Feria de Concepción es celebrada bajo los auspicios de las respectivas Corporaciones Municipales, y que estas tienen el imperativo deber de encauzarla por las vías de la moralidad, procurando que, a la vez que sea un centro de deleite y esparcimiento popular, sea un medio eficaz de difusión y propaganda de las riquezas naturales de Honduras y un exponente de la capacidad productora de sus habitantes.

CONSIDERANDO: que tan elevado como significativo propósito se puede obtener celebrando, como punto más importante de las festividades de la feria, una EXPOSICIÓN de cuanto sea revelador de la producción natural del país, de su agricultura, industrias, así como del arte en sus diversos aspectos, etc., etc., y

CONSIDERANDO: que, en consonancia con la ideología que antecede y que se refiere a la forma culta y benéfica que para el pueblo hondureño debe caracterizar dicha feria, la Honorable Corporación Municipal de 1936 presentó en las fiestas patronales del lugar, en el presente mes de diciembre, la primera exposición con carácter local, debido a la premura del tiempo, pero con el plausible objeto de que sea nacional en los años venideros.

POR TANTO, y con el propósito de transformar en lo posible la celebración de la referida feria, dándole una orientación de mayor cultura y utilidad práctica, tratando de elevar el nivel moral y estimular la capacidad productora, industrial y artística del pueblo hondureño,

ACUERDA: Fundar la Exposición Agrícola, Pecuaria, Industrial y Artística que se realizará en el mes de diciembre de cada año, con ocasión de las fiestas patronales y como el principal número de la tradicional Feria de Concepción.

2° Transcribir el presente acuerdo al señor presidente de la República, ministro de Gobernación, Justicia y Sanidad y al Honorable Concejo Departamental para su conocimiento y demás efectos.

José F. Gómez. – Cornelio Miranda. – Luis Amílcar Raudales. – Amadeo Salvador. – Toribio Ponce. – Agustín Alonzo, secretario."

PRIMERA EXPOSICIÓN NACIONAL DE COMAYAGÜELA

ADMINISTRACIÓN LOCAL, 1937:

Practicadas las elecciones de autoridades locales en el mes de noviembre de 1936, salió ungido con el voto popular para regir los destinos del municipio de Comayagüela el ciudadano don Fernando Zepeda Durón.

El pueblo de Comayagüela todo, ya con mucho beneplácito, vio llegar al ciudadano Zepeda Durón a empuñar otra vez el timón del carro administrativo de la localidad.

El 1° de enero de 1937, el alcalde electo y sus demás compañeros toman posesión de sus cargos; las campanas del regocijo se echaron al viento, pues Comayagüela iba a recibir su tercer jalón de progreso. Y el pueblo no fue defraudado en su justo regocijo: al solo iniciar sus labores, el señor Zepeda Durón hace mover por todos los ámbitos del municipio los hilos del trabajo redentor; se embellece el parque de Comayagüela, se hacen reformas en el mercado San Isidro y se elabora el nuevo reglamento del mismo, el cual, una vez llenados todos los requisitos del caso, entró en vigor; se reparan y abren calles, se construyen y se reparan todas las aceras de la ciudad; se compra un carro para el acarreo y distribución de carnes, un carro marca Ford y de los que se estilan y usan en las principales ciudades de Norteamérica; se abren nuevos derroteros a la instrucción pública, proveyendo los centros de enseñanza tanto urbanos como rurales del material didáctico necesario.

Se inicia la construcción de una plaza con el nombre del reformador de la hermana República de Guatemala, general don Justo Rufino Barrios, frente a la fachada principal del Cuartel de Veteranos; con la ayuda del gobierno se prepara el terreno, y acto continuo el alcalde Zepeda D. consigue los dineros necesarios para mandar a construir el muro que en la actualidad circunda la plaza mencionada. Los trabajos continuarán, y esta plaza, que lleva el nombre del reformador guatemalteco, es una muestra más de los sentimientos de confraternidad que animan al gobierno y pueblo de Honduras para con el gobierno y pueblo de Guatemala.

Un gran impulso recibe el ornato e higiene de la población: se construyen ramales de cloacas y se fomenta todo aquello que exige una ciudad que, como Comayagüela, ha llegado a colocarse en el plano que ocupan las ciudades más civilizadas y progresistas de Centroamérica. Y no se vaya a creer que la acción del señor alcalde Zepeda D. se ha concretado al casco de la ciudad; ella ha tenido saludables y necesarias irradiaciones que han abarcado todas las aldeas del municipio. (Véase la parte geográfica relativa al año de 1937).

PRIMERA EXPOSICIÓN DE COMAYAGÜELA:

El oportuno y patriótico acuerdo emitido por la Municipalidad de 1936, con fecha 15 de diciembre y por medio del cual quedó estatuida la celebración de la primera Exposición Local —la cual tuvo un resonante éxito, pues a ella concurrieron infinidad de expositores de todo el municipio—, en este año 1937 la exposición no se concretará únicamente a dar a conocer lo que se produce dentro del marco local, sino que ella abarcará todas las diferentes producciones del país en general.

El señor alcalde Zepeda Durón, con el objeto de estimular por medio de la competencia justa y razonable todas las fuerzas vivas del país, en la sesión celebrada por esta Municipalidad el 1° de julio del citado año, presentó un plan de trabajo bien elaborado y mejor pensado, para que sirviese de guía a la organización de la Primera Exposición Nacional de Comayagüela; en dicho plan estaban incluidas las artes, las industrias, la ganadería y la agricultura.

La Corporación Municipal, con todo beneplácito, dio su aprobación al plan presentado, dando amplias facultades al señor alcalde para que lo desarrollara de la manera que estimara más conveniente, haciendo en él las reformas que creyese oportunas.

Para la mejor organización y mejor éxito de tan noble y patriótico proyecto, y de acuerdo con el plan de trabajo aprobado, en la sesión del 15 de julio, la Corporación Municipal nombró la Junta Central Pro-Exposición Nacional de Comayagüela; y para ello fueron citadas con anterioridad muchas personas de esta ciudad, dentro de las cuales se nombró la directiva siguiente:

Presidente: Don José F. Gómez
Vicepresidente: Profesora Isabel D. Laínez
Vocal 1°: Doctor Héctor Galindo García
Vocal 2°: Profesora Dolores de Bográn
Vocal 3°: Profesora Nicolasa Cálix
Vocal 4°: P. M. Carlos Sierra C.
Vocal 5°: Profesor Gilberto Chavarría
Vocal 6°: Doctor Blas Cantisano
Vocal 7°: Doña Elia de Fortín
Vocal 8°: Profesora Filomena Carías G.

Vocal 9º: Profesora Cristina Medina
Vocal 10º: Profesora Tomasa Díaz
Vocal 11º: Don Matías Álvarez
Fiscal propietario: Don J. Tomás Quiñónez A.
Fiscal suplente: Don Toribio Ponce
Tesorero: Periodista Vicente Machado Valle
Secretario 1º: Profesor Juan Ramón Ardón
Secretario 2º: Profesor Eufemiano Claros V.

LA JUNTA ACTIVA:

La acción continua y entusiasta de la directiva de la Junta Central Pro-Exposición ha merecido elogios de parte de las municipalidades, de las autoridades superiores, de la prensa nacional y de todos los hondureños en general.

Y a la fecha, 6 de octubre, la exposición ha dejado de ser un proyecto para convertirse en una realidad cuyos benéficos resultados podrá el pueblo hondureño palpar en la fecha de su apertura.

Los espíritus apocados, pesimistas y genuflexos dudaban y dudan todavía de la realización de una exposición de las magnitudes de esta; pero, a pesar de los augurios sentimentalistas de los pequeños de espíritu, de los timoratos, la organización de la exposición ha seguido su curso; nada ni nadie la ha podido detener, y del 7 al 20 de diciembre los hondureños quedarán sorprendidos ante las múltiples y sanas enseñanzas que ella les brindará.

Cabe, pues, el honor al señor alcalde municipal Zepeda Durón y a los miembros integrantes de la directiva de la Junta Central, el haber sido los organizadores de la Primera Exposición Nacional, la cual será un gran acontecimiento en la vida nacional, además de que vendrá a poner muy en alto el nombre de la patria.

A las estaciones radioemisoras del país, en especial a la "H.R.N." del señor Rafael Ferrari, a la prensa toda del país, a las autoridades y pueblo en general, les quedará la satisfacción de haber contribuido a la realización de tan noble y patriótico proyecto.

EL DISTRITO CENTRAL

LO QUE DICE "LA ÉPOCA":

El editorial del diario La Época de esta capital, en edición de fecha 5 de octubre del año en curso (1937), refiriéndose a las luchas electorales, dice con respecto al Distrito Central:

De no haberse incluido en la nueva Constitución Política vigente el Distrito Central, a estas horas estaríamos presenciando el alboroto producido por las propagandas eleccionarias, motivo de todos nuestros desaciertos por la repetición de esos acontecimientos que llegaron a convertirse en verdaderos escándalos públicos, indicadores de un retroceso que Honduras no podía seguir tolerando por más tiempo.

Nada ha causado tanto daño al país como las constantes luchas electorales. Y de ellas al zafarrancho, a la matanza colectiva, a la destrucción de nuestro crédito en el exterior, no había más que un paso. Hemos dicho, y lo repetimos, que evitando la anarquía y ahuyentando el fantasma apocalíptico de la guerra civil, Honduras proclamó el continuismo del presidente Carías como la más sana aspiración de un pueblo cansado de los engaños de muchos ambiciosos, para quienes la tranquilidad de los hogares y el progreso material nada significaban frente a su sed insaciable de mando y lucro personal.

El establecimiento del Distrito Central, con una directiva de nombramiento del Poder Ejecutivo, cuyo período será de seis años, ha evitado a las ciudades gemelas de Tegucigalpa y Comayagüela ese espectáculo de las elecciones anuales para sustituir a las municipalidades, integradas muchas veces por hombres irresponsables, pero para quienes era suficiente la adquisición de una mayoría de votos para llegar a puestos que siempre han reclamado la presencia de personas honradas, capacitadas, laboriosas y dignas de la fe pública.

La historia de ambos municipios habla por nosotros. ¿Cuántas veces llegaron a las alcaldías individuos analfabetas, mediante el soborno o la violencia, a ofrecer la nota de escarnio y de vergüenza? Y cuántas veces quedaron relegados al olvido funcionarios que en otras ocasiones habían dado demostraciones inequívocas de probidad y trabajo metódico.

Las elecciones constantes en un país donde las masas todavía no están bien preparadas, en una capital que debe salir de su rezago tomando el ejemplo ofrecido por otros países que, al amparo del sosiego, han podido progresar año tras año, eran algo ilógico, algo que al fin llamó la atención de nuestros hombres públicos para introducir reformas constitucionales tendientes a procurar el bien nacional.

La creación del Distrito Central fue una medida salvadora, como salvadora ha sido la del continuismo, la piedra inicial del edificio que se está construyendo como honorable rectificación de nuestro pasado de desaciertos.

DECRETO NÚMERO 53

EL CONGRESO NACIONAL
DECRETA:

Artículo 1°.— Reformar el artículo 179 de la Constitución Política, que se leerá así:

"Artículo 179.—Para la administración de los departamentos, estos se dividen en municipios autónomos, representados por municipalidades electas por el pueblo, con excepción de los actuales municipios de Tegucigalpa y Comayagüela, que formarán un Distrito Central, cuya creación, organización y funcionamiento será objeto de una ley especial."

Artículo 2°.— El presente decreto será ratificado constitucionalmente y entrará en vigencia dos días después de su promulgación.

Dado en Tegucigalpa, en el Salón de Sesiones, a treinta de enero de mil novecientos treinta y siete.

Ant°. C. Rivera, Presidente

G. Cantarero P., Secretario
Vicente Cáceres, Secretario

Al Poder Ejecutivo.
Por tanto: Ejecútese.
Tegucigalpa, 30 de enero de 1937.

Tiburcio Carías A.
El secretario de Estado en los Despachos de Gobernación, Justicia, Sanidad y Beneficencia,
Abraham Williams.

RATIFICANDO EL DECRETO NÚMERO 53

OFICIO N° 1.741.—Tegucigalpa, 15 de diciembre de 1937.
Señor alcalde municipal.—Comayagüela.—

Para su conocimiento y demás fines, transcribo a usted el decreto que dice:

DECRETO N° 2.—EL CONGRESO NACIONAL, DECRETA:

Artículo único.— Ratificar el Decreto N° 53 de 30 de enero de 1937, que dice:

"Decreto N° 53.—El Congreso Nacional.—Decreta:

Artículo 1°.— Reformar el artículo 179 de la Constitución Política, que se leerá así:

'Artículo 179.—Para la administración de los departamentos, estos se dividen en municipios autónomos, representados por municipalidades electas por el pueblo, con excepción de los actuales municipios de Tegucigalpa y de Comayagüela, que forman un Distrito Central, cuya creación, organización y funcionamiento será objeto de una ley especial.'

Artículo 2°.— El presente decreto será ratificado constitucionalmente y entrará en vigencia dos días después de su promulgación.

Dado en Tegucigalpa, en el Salón de Sesiones, a treinta de enero de mil novecientos treinta y siete.

Ant°. C. Rivera, Presidente
G. Cantarero P., Secretario
Vicente Cáceres, Secretario

Al Poder Ejecutivo.
Por tanto: Ejecútese.
Tegucigalpa, 30 de enero de 1937.
Tiburcio Carías A.
El secretario de Estado en los Despachos de Gobernación, Justicia, Sanidad y Beneficencia,
Abraham Williams.

Dado en Tegucigalpa, en el Salón de Sesiones, a nueve de diciembre de mil novecientos treinta y siete.

(f) Ant°. C. Rivera, Presidente.
(f) G. Cantarero P., Secretario.
(f) Vicente Cáceres, Secretario.

Al Poder Ejecutivo.
Por tanto: Ejecútese.
Tegucigalpa, 9 de diciembre de 1937.

(f) Tiburcio Carías A.
El secretario de Estado en los Despachos de Gobernación, Justicia, Sanidad y Beneficencia,
(f) Abraham Williams.

Soy de Ud., muy atento y seguro servidor.

(f). ABRAHAM WILLIAMS.

EL OBELISCO:

En conmemoración del primer centenario de la Independencia Patria, el Gobierno mandó levantar en la parte sur de esta ciudad, cerca del Puente Guacerique y en una hermosa plazoleta, un obelisco de piedra pulida imitación mármol, de altura considerable, teniendo en sus cinco frentes los nombres de las cinco repúblicas del istmo centroamericano. En ese año, 1921, era alcalde don Francisco Valladares L.

EL TÍTULO DE CIUDAD:

El 10 de abril de 1897, siendo presidente de la República el doctor don Policarpo Bonilla, le fue conferido el título de ciudad, tomando en cuenta las circunstancias favorables que abonan a esta pintoresca y bella población. En 1896 se construyó un cómodo edificio para escuela de niñas. Y por oportunas gestiones, y por decreto diocesano de 30 de octubre de 1893, la iglesia de Comayagüela fue exaltada a la categoría de parroquia.

Por decreto legislativo de fecha 2 de marzo de 1898, se le declaró parte integrante de la capital de Honduras.

MERCADO "SAN ISIDRO":

A raíz de la dictadura de López Gutiérrez, fue incendiado el edificio del mercado "San Isidro", el cual había sido construido por los arquitectos don Cipriano Velásquez y don Federico Werling, previa contrata celebrada con estos y el general don Benjamín Henríquez, comisionado por la Municipalidad. En la sesión extraordinaria celebrada por esta con fecha 11 de septiembre de 1905, se dio la aprobación a la contrata mencionada, con la aprobación también del Poder Ejecutivo. El contrato fue hecho en forma de concesión por catorce años.

El mercado fue edificado en el terreno que la Municipalidad había comprado a don Francisco Verde por la suma de $10,000.00. El edificio tenía las siguientes dimensiones: 84 metros de este a oeste por 56 de norte a sur; construcción de adobe, cubierta de teja, con sus correspondientes cornisas, aceras, esquinas, etc., de cal y canto y piedra de cantería. La altura del edificio era de cinco metros, fuera del metro de las cornisas, las paredes con un espesor de tres cuartos de vara. Todas las portadas con una puerta de hierro, estando circundado el edificio por el interior de un corredor de tres metros y cuatro de anchura, con dos pabellones también por el interior, una pila de cinco metros de diámetro y ocho inodoros con sus correspondientes desagües; teniendo, además, un reloj grande en la portada que da al Parque Colón. El Gobierno ayudó a la Municipalidad con la suma de $20,000.00.

El edificio fue terminado en el año de 1908, y el 12 de septiembre la Municipalidad nombró a los señores Henry B. Burgois, Pedro R. Reina, Miguel A. García, Ismael Velásquez y F. C. Bol, para que pasasen a recibir el trabajo. Con fecha 28 del mismo mes, la comisión nombrada presentó su informe, satisfactorio.

La construcción del mercado costó la suma de $33,969.50. Se iniciaron los trabajos siendo alcalde don Benjamín Henríquez, y miembros municipales: don Bernabé Lorenzana, don Cosme D. Cruz, don Carlos Zepeda D., don Miguel R. Durón y don Vicente Valladares R.

El antiguo edificio, como hemos dicho, fue incendiado durante la dictadura de López Gutiérrez, a raíz del sitio, y reconstruido durante la administración del general Tosta, del 20 de julio de 1924 al 25 de julio de 1925.

Antes de construirse el mercado, en el lugar donde se encuentra el actual, era una zacatera de propiedad del señor Verde; en el centro había una hermosa ceiba bajo cuyo follaje trabajaron los operarios contratados por los señores Velásquez y Werling.

Durante la reconstrucción del mercado, 1924-1925, era alcalde municipal el caballero don José F. Gómez.

SUPERSTICIONES DEL PUEBLO DE COMAYAGÜELA

De las supersticiones del pueblo de Comayagüela, la más notable se refiere al cerro o colina de Torocagua, altura situada a media legua al sudoeste de la población. Decíase que al pie había una cueva donde habitaba el Diablo, bastando un convenio o pacto con él para hacerse rico. Para esto, había que entrar en medio de tinieblas, donde un gran toro, de ojos de fuego, lamía a los iniciados. Después entraba el solicitante en las fauces de una gran serpiente, colocada tras el toro, y a continuación debía pasarse frente a un enorme sapo de oro, para poder llegar a espaciosos salones donde el Diablo concedía sus dones.

A este propósito dice una señora de esta localidad que allí, en esos salones, se encuentra un millonario de Comayagüela, demoliendo huesos humanos y arrastrando una gran cadena al pie. A pesar de esto, hay tanta escasez de dinero que muchos vecinos de esta población se resolverían a sobrellevar mayores sufrimientos con tal de poseer el capital del empautado millonario.

Para algunos, la cueva de Torocagua llegaba hasta el cerro de San Cristóbal, en la jurisdicción de Danlí. La imaginación del pueblo rodea de misterio y de proporciones colosales a las grutas oscuras que aún no están exploradas. No falta quien crea que esta diabólica cueva pasa por Mansaragua, sitio delicioso de la jurisdicción de Güinope. Torocagua, como otras muchas excavaciones en peña viva, encontradas en el interior del país, no es otra cosa que construcción troglodita de los primitivos habitantes del país.

La creencia de que el Diablo habitaba allí tomó mayores proporciones cuando, muerto Paulino Reyes, propietario de las inmediaciones, desapareció todo el ganado de la mortual. Díjose entonces que, empautado con el Diablo, este había recogido sus intereses tan luego como expiró. También se refiere que Justo Vargas, muchacho como de quince años, fue por disposición de su madre a buscar un caballo por el lado de La Soledad. No habiéndolo encontrado, la señora dispuso que lo sabaneara en Los Terreros, por donde precisamente se entraba a Torocagua. El mozalbete, lejos de dar con el caballo, se encontró con Juan Ramón García, al tiempo que este salía de la cueva en completa desnudez y con una carga de plata al hombro. García se ocupó en contar sus dineros, poniéndolos enseguida al sol porque estaban enmohecidos. Vargas huyó de aquel sitio y fue a referir a su madre cuánto había visto. Espantada la crédula señora, le prohibió que volviera a presentarse en Los Terreros.

EL SIRENO ENAMORADO:

Hay otra leyenda más poética, pero tan extravagante como la anterior. Se dice que una hermosa joven de la familia Gómez tenía por costumbre bañarse diariamente en la poza de El Carrizal, donde un sireno enamorado de ella trató de seducirla. Lo consiguió muy luego y, del fruto de aquel amor, nació una hermosa niña con rostro de mujer y cuerpo de pez. Las habitaciones en tierra la incomodaban sobremanera y pidió que la dejaran vivir en el agua.

Conducida a la poza de El Tabacal, que entonces aún no estaba aterrada, dijo que era muy poco espaciosa para habitación de una sirena; menos pudo permanecer en la quebrada El Puesto y en el pozo de La Crucita, adonde enseguida la llevaron. Entonces pidió que la trasladaran inmediatamente a la laguna de Santa Ana, donde aún vive, siempre alegre y encantadora, dichosa sirena, al lado de su padre, preguntando a los transeúntes si aún quedan descendientes de los Gómez para contener las aguas, pues en cuanto acaben sus parientes ha ofrecido inundar Comayagüela. ¿Envolverá esta leyenda toda una revolución hidrográfica?

LA POZA DE LA CHORRERA:

Existe una superstición relativa a la poza de La Chorrera. Se forma esta con las aguas de La Umbrera, quebrada que recorre La Cuesta y tributa en El Guacerique.

Hay en el fondo de La Chorrera una hermosa piedra blanca en figura de caballo. El que logra sumergirse y montar en ella se convierte al momento en afortunado guerrero, excelente jinete y gran taurómaco. La tentativa de montar en la misteriosa piedra es acompañada de tambores invisibles, cuyos ecos se pierden en las vecinas alturas.

Cerca de La Chorrera existe el sitio llamado La Cofradía, porque allí se encontraba la perteneciente a la Inmaculada Virgen de Concepción. Mario Sosa, el mayordomo del hato, contaba a sus amigos que el ganado del corral pasaba la noche en completa paz sin tratar de salirse cuando la puerta de tranca se amarraba con nudo en forma de cruz, pero que si esto no se hacía, el Duende, favorecido por las sombras de la noche, se deslizaba hasta el corral, sacaba el ganado y lo espantaba. Alarmados, se ponían en pie los campistas; pero harto tarde, porque el Duende iba ya con los ganados a considerable distancia, dando fuertes silbidos desde los vecinos montes.

ALTO CON EL PEROL:

Contaba Ramón Silva que, acertando a pasar por El Rincón Grande, pequeño sitio de El Pedregal, dio con un gran perol que estaba en la puerta de una cueva. Entusiasmado con la importancia del hallazgo, trató de conducirlo a su casa; cuando, para arrastrarlo, ponía en acción todas sus fuerzas, oyó que le palmoteaban gritándole "¡Alto con el perol!". Espantado al escuchar tales voces, ya no pensó sino en retirarse de aquella mansión diabólica.

Unas mujeres que pasaron después por el mismo sitio pretendían confirmar la relación de Silva.

Cuentos del Duende abundan entre nosotros. Este enano formidable, hijo de la imaginación del pueblo, tiene aquí numerosos admiradores. A veces, convertido en amigo de los hombres, ha tratado de infundirles un soplo de sus energías o el secreto de su destreza, de su fuerza y de su astucia.

Uno de sus protegidos fue José María Midence, del Llano del Potrero. Era Midence un valiente campeón, capaz de poner en jaque a un centenar de hombres, tal dicen los viejos.

Si celebraban una boda o novenario, allí estaba él provocando riña; apoderarse de la novia o poner forraje a su caballo en el adoratorio del santo era cosa para él muy común y muy fácil de ejecutar. Era sumamente diestro y, además, invulnerable, en tanto que nadie escapaba de sus mortales golpes. Tal se dice ahora entre algunos crédulos ancianos.

Para conseguir tan brillantes cualidades, tuvo su período de prueba. Prendado el Duende de su valor, trató de tenerle por amigo. Conseguido esto, le habló del propósito que abrigaba de instruirle en sus artes diabólicas. Midence aceptó con entusiasmo.

El Duende llegó, uno de tantos días, a la casa de su amigo, y después de una fuerte copa de aguardiente se dieron a los ejercicios que habían convenido.

Por su orden, Midence se colocó de pie sobre una alta peña contigua a su casa de campo. El Duende cayó sobre él dándole terribles latigazos. El discípulo se retorcía como una culebra, sobrellevando con heroísmo aquel aprendizaje. Suspenso por corto tiempo el ejercicio, reanudaron a poco la tarea, pero entonces Midence escapó con más presteza que un león a los golpes formidables de su maestro y amigo. Desde ese momento Midence fue invencible y superior en la lucha a todos los adalides de la comarca.

Si alguien quiere imitarle, que vaya a los gimnasios del Duende, que saldrá hecho todo un hombre; eso sí, después de soportar los terribles latigazos que marcaron fuego a las carnes de Midence. Bien sabido es que toda gloria tiene que principiar por escalar un sacrificio, y todo aprendizaje un estudio dilatado y doloroso.

(De la Revista del Archivo de la Biblioteca Nacional).

LOS DIAMANTES DE LA BURRERA:

El pasaje que vamos a narrar, aunque es verídico, lo incluimos en nuestra sección "Tradiciones y leyendas", porque es una tomada de pelo verdaderamente sugestiva y que da a conocer la ingenuidad con que muchas veces nos hemos dejado explotar por aventureros sin escrúpulos que, rodeados de un oropel y portando un título efímero, llegan a nuestra hospitalaria Honduras para abusar de nuestra buena fe. Casos como el que narraremos han sucedido muchos. Y si lo dudáis, pregúntaselo a nuestras encopetadas damitas y no menos encopetados caballeros. Pero, a Dios gracias, ya los hondureños hemos abierto los ojos y no es fácil que ahora nos explote así no más cualquier "caballero de industria". Pero vamos al grano:

Hace más o menos cincuenta y tres años se apareció por estas tierras de Dios un tal Dr. Hugo, "caballero" de mucha labia y a quien no pocas damitas y caballeros apellidaron de "simpático". Y el nombre del Dr. Hugo corría de boca en boca; hubo quienes lo rodearan de una leyenda heroica y atractiva. Decían que el doctor de marras era de "por ahí", de un país lejano, es decir, como todos los caballeros de industria, no tenía patria definida. Que en su país era personaje distinguido y hasta se hablaba por allí de ciertos pergaminos desteñidos que atestiguaban un antiguo abolengo. Que estuvo en París allá por el 93, siendo muy joven, y que en las guerras que Víctor Hugo detalla en su Año Terrible, había desempeñado un gran papel.

Es el caso que el Dr. Hugo llegó a hacer creer a varios personajes sobresalientes de Tegucigalpa que en la quebrada de La Burrera existía un gran depósito de diamantes. Y fue tan convincente en sus afirmaciones que, completamente deslumbrados, nuestros paisanos no tuvieron inconveniente en desembolsar ciertas cantidades de dinero para que "el Dr. Hugo" explotara la mina "de las piedras preciosas".

Uno de los consocios de Hugo quiso madrugarle, y fue así que, provisto de unas grandes alforjas, se dirigió a La Burrera mucho antes que la sonrosada aurora anunciara la proximidad del día; pero no por mucho madrugar le amaneció más temprano que al vivaracho de Hugo, pues este, cuando quizá su consocio se dedicaba a explorar la quebrada de La Burrera, ya se dirigía camino del sur con los bolsillos bien repletos gracias a la credulidad de los personajes tegucigalpenses.

En La Burrera no había tal mina. Pero Hugo, hombre conocedor de la ingenuidad de ciertas personas, sí supo encontrarla en los bolsillos de nuestros paisanos.

Una buena tomada de pelo, ¿verdad? Y tenga usted cuidado, pues Honduras suele ser visitada con mucha frecuencia por hugos como el que ha sido motivo de esta ligera narración.

LA BURRERA: Hemos consultado a varios ancianos vecinos de nuestras aldeas sobre el origen del nombre de "La Burrera", y nos han referido lo que sigue:

Hace mucho, mucho tiempo, Comayagüela fue invadida por una terrible enfermedad a la que los vecinos llamaron "La enfermedad de los burros", muy irónico el nombre, ¿no es así?, porque esta enfermedad solo atacaba a los quinichos (burros). Pero lo sorprendente del caso es que todos los burros que eran atacados por la terrible enfermedad iban a morir al mismo lugar. Quizá estos señores burros habían leído algo relativo a las costumbres de los señores elefantes africanos.

La quebrada que hoy se llama "La Burrera" (a un kilómetro de Los Avisos, carretera del sur) llegó a convertirse en aquel entonces en un verdadero cementerio de burros, a tal grado que las autoridades tuvieron que intervenir, y se ordenó la incineración de los hermanos del hablador pollino de Balaam.

Ese es el origen, caro lector, de la quebrada que ahora lleva el nombre de "La Burrera".

—Palabra, es palabra —contestó el atrevido enamorado—, mi alma en cambio de poder llegar hasta la mujer amada que está esperándome en la otra orilla.

Y el señor Diablo, pues no era otro el susodicho caballero, dio principio al trabajo con una ligereza verdaderamente hábil; y el puente iba surgiendo de la nada de una manera maravillosa. Pero el señor de las tinieblas no había contado con la huéspeda, y en este caso fue el canto agudo y sonante del señor del corral; y cuentan los crédulos que, no bien oyó aquello el señor Diablo, de cabeza se sepultó en las entrañas de la tierra con mula y todo.

El galán, a pesar de todo, no pudo visitar por aquella noche a su novia, porque el Diablo, aunque trabajó de lo duro y como él sabe hacerlo, no tuvo tiempo de terminar la obra; faltaba colocar, cuando cantó el primer gallo, varias piedras para llenar un espacio de varios metros.

¿Y el galán? Pues el galán fue encontrado al siguiente día en completa enajenación mental, tratando de colocar las piedras que faltaban y llamando a grito abierto a su novia.

La leyenda es leyenda, y como tal se cuenta.

MUNICIPALIDADES DESDE 1821 HASTA EL PRESENTE DE 1937

1821
Alcalde: Juan José Roque
Regidor 1º: José Manuel Gaitán
Regidor 2º: Serapio de la Cruz Ramos
Regidor 3º: Manuel Trinidad Hernández
Regidor 4º: Bernardino Valladares
Síndico: Calixto Martínez

1822
Alcalde: José Antonio Ramírez
Regidor 1°: Antonio Cortez
Regidor 2°: Eugenio Turcios
Regidor 3°: Leandro de los Santos
Regidor 4°: Isidro Girón
Síndico: José Gregorio Velásquez

1823
Alcalde: Tranquilino Cruz
Regidor 1°: Eugenio Nolasco
Regidor 2°: Manuel de Jesús Velásquez
Regidor 3°: José María Flores
Regidor 4°: Miguel María Santos
Síndico: Miguel Jerónimo Valladares

1824
Alcalde: José Antonio García
Regidor 1°: Gaspar Cortez
Regidor 2°: Juan Cayetano Gómez
Regidor 3°: Isidro Nolasco
Regidor 4°: Ignacio Pagoaga
Síndico: Manuel Trinidad Hernández

1825
Alcalde: Eugenio Turcios
Regidor 1°: Miguel Sosa
Regidor 2°: José María Juánez
Regidor 3°: Leandro Sosa
Regidor 4°: Miguel Flores
Síndico: Atanasio Valladares

1826
Alcalde: Hilario Silva
Regidor 1°: Guadalupe Hernández
Regidor 2°: Juan Ramón García
Regidor 3°: Agustín Méndez

Regidor 4°: Lorenzo Santelíz
Síndico: Florencio Juánez

1827
Alcalde: Pablo Lozano
Regidor 1°: Manuel Hernández
Regidor 2°: Juan Antonio Rodríguez
Regidor 3°: Blas Juánez
Regidor 4°: José Antonio García
Síndico: Pedro Lindo

1828
Alcalde: Miguel Sosa
Regidor 1°: Juan de la Cruz Lozano
Regidor 2°: Mariano Ramírez
Regidor 3°: Joaquín Gómez
Regidor 4°: Luciano López
Síndico: Atanasio Valladares

1829
Alcalde: Bernardino Valladares
Regidor 1°: Simón Sosa
Regidor 2°: José Rafael Sosa
Regidor 3°: Martín Rogel
Regidor 4°: Anselmo Rodríguez
Síndico: José María Juánez

1830
Alcalde: Manuel Trinidad Reyes
Regidor 1°: Miguel Jerónimo Valladares
Regidor 2°: Jacinto Zúniga
Regidor 3°: Fulgencio García
Regidor 4°: Simón Medina
Síndico: Pablo Maradiaga

1831
Alcalde 1°: Gaspar Cortez

Alcalde 2°: Pedro Centeno
Regidor 1°: José Santos Núñez
Regidor 2°: Juan de la Cruz Cortez
Regidor 3°: Remigio Flores
Regidor 4°: Felipe Juánez
Regidor 5°: Alejo Juánez
Regidor 6°: Anselmo Nolasco
Síndico Procurador: Miguel Gómez

1832
Alcalde 1°: Manuel de Jesús Velásquez
Alcalde 2°: Julián García
Regidor 1°: José Antonio García
Regidor 2°: Domingo Gerbán
Regidor 3°: Francisco Quiroz
Regidor 4°: José de la Cruz Rodríguez
Regidor 5°: Isidro Martínez
Regidor 6°: Leandro Sosa
Síndico: Francisco Pagoaga

1833
Alcalde 1°: José María Juánez
Alcalde 2°: Silverio Reina
Regidor 1°: Pedro Pablo Sánchez
Regidor 2°: Leandro Cruz
Regidor 3°: Secundino Salvador
Regidor 4°: Nicanor Roque
Regidor 5°: Felipe García
Regidor 6°: José María Ramírez
Síndico Procurador: Tomás Lindo

1834
Alcalde 1°: Martín Roque
Alcalde 2°: Luis Velásquez
Regidor 1°: Esteban Centeno
Regidor 2°: Pedro Cortez
Regidor 3°: Pedro Vaquedano

Regidor 4°: Sebastián García
Regidor 5°: Juan Antonio Martínez
Regidor 6°: Gabriel Hernández
Síndico Procurador: José María Méndez

1835
Alcalde 1°: Juan Ramón García
Alcalde 2°: Manuel Nolasco
Regidor 1°: Joaquín Gómez
Regidor 2°: Anselmo Rodríguez
Regidor 3°: Pedro López
Regidor 4°: Marcos Sosa
Regidor 5°: Ciriaco Méndez
Regidor 6°: José María Velásquez
Síndico Procurador: Simón Ramírez

1836
Alcalde 1°: Pascual Turcios
Alcalde 2°: Francisco Pagoaga
Regidor 1°: Jacinto Zúniga
Regidor 2°: Alejo López
Regidor 3°: Tomás Duarte
Regidor 4°: Tiburcio Valladares
Regidor 5°: Felipe Méndez
Regidor 6°: Manuel Centeno
Síndico Procurador: León Sosa

1837
Alcalde 1°: Miguel Sosa
Alcalde 2°: Crescencio Lozano
Regidor 1°: Nicanor Roque
Regidor 2°: Antonio Campos
Regidor 3°: Ponciano Martínez
Regidor 4°: Basilio Durón
Regidor 5°: Teodoro Vargas
Síndico Procurador: Seferino Méndez

1838
Alcalde 1°: Esteban Centeno
Alcalde 2°: Leandro Valeriano
Regidor 1°: Leandro Sosa
Regidor 2°: Remigio Rodríguez
Regidor 3°: Secundino Salvador
Regidor 4°: Clemente Cortez
Regidor 5°: Ignacio Durón
Regidor 6°: Miguel Vargas
Síndico Procurador: Miguel Jerónimo Valladares

1839
Alcalde 1°: Luis Velásquez
Alcalde 2°: José María Juánez
Regidor 1°: Felipe García
Regidor 2°: Cipriano Hernández
Regidor 3°: Vicente Torres
Regidor 4°: Purificación Sosa
Regidor 5°: Miguel Gómez
Regidor 6°: José María Cerna
Síndico Procurador: Simón Ramírez

1840
Alcalde 1°: Manuel Trinidad Hernández
Alcalde 2°: Florencio Juánez
Regidor 1°: Anselmo Rodríguez
Regidor 2°: Domingo Lozano
Regidor 3°: Calixto Vargas
Regidor 4°: Juan de Jesús Roque
Regidor 5°: Sebastián García
Regidor 6°: Juan de Dios Jordán
Síndico Procurador: Juan de la Cruz Zúniga

1841
Alcalde 1°: Antonio García
Alcalde 2°: León Sosa
Regidor 1°: Remigio Flores

Regidor 2°: Juan Antonio Martínez
Regidor 3°: Teodoro Vivas
Regidor 4°: Pedro Hernández
Regidor 5°: José María Velásquez
Regidor 6°: Ubaldo Duarte
Alcalde Municipal de Campo: José Domingo Rodríguez

1842
Alcalde 1°: Silverio Rivas
Alcalde 2°: Martín Sosa
Regidor 1°: Teodoro Vivas
Regidor 2°: Pedro Sánchez
Regidor 3°: Ubaldo Ugarte
Regidor 4°: Felipe Méndez
Regidor 5°: Tomás Hernández
Alcalde Municipal de Campo: Francisco Pagoaga

1843
Alcalde 1°: Joaquín Gómez
Alcalde 2°: Simón Ramírez
Regidor 1°: Felipe Méndez (Regidor Decano)
Regidor 2°: Tomás Hernández
Regidor 3°: Purificación Sosa
Regidor 4°: José María Méndez
Regidor 5°: Damián Sánchez
Alcalde Municipal de Campo: reelecto

1844
Alcalde 1°: Luis Velásquez
Alcalde 2°: Severino Méndez
Regidor 1°: Purificación Sosa (reelecto)
Regidor 2°: José María Méndez
Regidor 3°: Damián Sánchez
Regidor 4°: Pascual Rodríguez
Regidor 5°: Gregorio Turcios
Alcalde Municipal de Campo: Julián García

1845
Alcalde 1º: José María Juánez
Alcalde 2º: Juan de la Cruz Zúniga
Regidor 1º: Pascual Rodríguez (reelecto)
Regidor 2º: Gregorio Turcios
Regidor 3º: Santiago Lozano
Regidor 4º: Miguel Gómez
Alcalde Municipal de Campo: José María Juánez

1846
Alcalde 1º: Juan Ramón García
Alcalde 2º: Sixto Turcios
Regidor 1º: Santiago Lozano (reelecto)
Regidor 2º: Vicente Flores
Regidor 3º: Ricardo Sosa
Regidor 4º: José María Vásquez
Alcalde Municipal de Campo: Felipe Juánez

1847
Alcalde 1º: José Antonio García
Alcalde 2º: —
Regidor 1º: Jerónimo Hernández
Regidor 2º: Leandro Sosa
Regidor 3º: Leandro Valeriano
Regidor 4º: Nicolás Sosa
Regidor 5º: Basilio Durón
Alcalde Municipal de Campo: Bertrán Salvador

1848
Alcalde 1º: Francisco Pagoaga
Alcalde 2º: Domingo Aguilar
Regidores: reelectos
Alcalde Municipal de Campo: —

1849
Alcalde 1º: Ceferino Méndez
Alcalde 2º: León Sosa

Regidor 1°: Gregorio Turcios
Regidor 2°: Juan de la Cruz Zúniga
Regidor 3°: Sebastián Ramírez
Regidor 4°: Pedro Hernández
Síndico: Pedro Reconco

1850
Alcalde 1°: Luis Velásquez
Alcalde 2°: Juan Garay
Regidor 1°: Ignacio Sosa
Regidor 2°: Simeón Lozano
Regidor 3°: Dámaso Hernández
Regidor 4°: Dolores Martínez
Síndico: Basilio García

1851
Alcalde 1°: Macedonio Turcios
Alcalde 2°: Domingo Aguilar
Regidor 1°: Simón Ramírez
Regidor 2°: Pedro Sánchez
Regidor 3°: Albino Lorenzana
Regidor 4°: Juan Garay
Síndico: José María Méndez

1852
Alcalde 1°: Martín Sosa
Regidor 1°: Nicolás Sosa
Regidor 2°: León Sosa
Regidor 3°: Manuel Nolasco
Regidor 4°: Vicente Valladares
Síndico: Fernando España

1853
Alcalde 1°: Basilio García
Alcalde 2°: Juan Zúniga
Regidor 1°: Alejo López
Regidor 2°: Sebastián Ramírez

Regidor 3°: Pedro Reconco
Regidor 4°: Simeón Lozano
Síndico: Rosa García

1854
Alcalde 1°: Crescencio Lozano
Alcalde 2°: José María Juánez
Regidor 1°: Miguel Gómez
Regidor 2°: Miguel Sosa
Regidor 3°: Pablo Ramos
Regidor 4°: Atiliano Bautista
Síndico: Juan Aquino

1855
Alcalde 1°: Luis Velásquez
Alcalde 2°: José María Méndez
Regidor 1°: León Sosa
Regidor 2°: Purificación Sosa
Regidor 3°: Vicente Cortez
Regidor 4°: Miguel Roque
Síndico: Jacinto Juánez

1856
Alcalde 1°: Simón Ramírez
Alcalde 2°: Simeón Lozano
Regidor 1°: Fernando España
Regidor 2°: Vicente Valladares
Regidor 3°: Alejo Valladares
Regidor 4°: Nicolás Sosa
Síndico: Agapito Bustillo

1857
Alcalde: Crescencio Lozano
Regidor 1°: Martín Sosa
Regidor 2°: José Antonio García
Regidor 3°: Fernando Velásquez
Regidor 4°: Eligio Aguilar

1858
Alcalde 1º: Luis Velásquez
Alcalde 2º: Matías Irías
Regidor 1º: Domingo Aguilar
Regidor 2º: Dolores Martínez
Regidor 3º: Erasmo Velásquez
Regidor 4º: Sebastián Ramírez
Síndico: Albino Lorenzana

1859
Alcalde 1º: Fernando España
Alcalde 2º: Simón Ramírez
Regidor 1º: Simeón Lozano
Regidor 2º: Ignacio Sosa
Regidor 3º: Dámaso Hernández
Regidor 4º: Pablo Ramírez

1860
Alcalde 1º: Martín Sosa
Alcalde 2º: Luis Velásquez
Regidor 1º: Juan Zúniga
Regidor 2º: Nicolás Sosa
Regidor 3º: Máximo Lorenzana
Regidor 4º: Joaquín Gómez
Síndico: Vicente Cortez

1861
Alcalde 1º: Luis Velásquez
Alcalde 2º: Domingo Aguilar
Regidor 1º: Pedro Reconco
Regidor 2º: Sebastián Ramírez
Regidor 3º: Juan Garay
Regidor 4º: Dolores Martínez
Síndico: Juan Castro

1862
Alcalde 1°: Basilio García
Alcalde 2°: Pedro Reconco
Regidor 1°: Manuel Dávila
Regidor 2°: Fernando Alemán
Regidor 3°: Pío Turcios

1864
Alcalde: Domingo Maradiaga
Regidor 1°: Isidro Reconco
Regidor 2°: Fernando España
Regidor 3°: Pablo Ramos

1865
Alcalde 1°: Pedro Reconco
Alcalde 2°: Eusebio Garay
Regidor 1°: Lázaro Flores
Regidor 2°: Juan Castro
Regidor 3°: Jorge Martínez
Regidor 4°: Jerónimo Ramírez

1866
Alcalde: Nicolás Sosa
Regidor 1°: Santos Sosa
Regidor 2°: Santos López
Regidor 3°: Fernando España

1867
Alcalde 1°: Juan Aquino
Alcalde 2°: Juan Garay
Regidor 1°: Máximo Andino
Regidor 2°: Fernando España
Regidor 3°: Domingo Aguilar
Regidor 4°: Gregorio Turcios
Síndico: Pedro Reina

1868
Alcalde: Luis Velásquez
Regidor 1º: Olayo Sosa
Regidor 2º: Jorge Ramírez
Regidor 3º: Erasmo Velásquez
Regidor 4º: Dámaso Hernández

1869
Alcalde: Erasmo Velásquez
Regidor 1º: Basilio García
Regidor 2º: Dámaso Hernández

1871
Alcalde: Simeón Lozano
Regidor 1º: Gregorio Turcios
Regidor 2º: Purificación Velásquez
Síndico: Cipriano Velásquez

1872
Alcalde: Luis Velásquez
Regidor 1º: Ramón Cabrera
Regidor 2º: Rafael Rivera
Regidor 3º: Jorge Ramírez
Síndico: José María Reina

1873
Alcalde: Cesáreo Velásquez
Regidor 1º: Olayo Sosa
Regidor 2º: Domingo Aguilar
Regidor 3º: Felipe Turcios
Síndico: Manuel Dávila

1875
Alcalde: Domingo Maradiaga
Regidor 1º: Hermenegildo Valle
Regidor 2º: Ricardo Reconco

1876
Alcalde: Simeón Lozano
Regidor 1°: Juan Aquino
Regidor 2°: Anastasio Guardiola
Regidor 3°: Luis Velásquez
Regidor 4°: Máximo Andino
Regidor 5°: Gregorio Turcios
Síndico: Pedro Reina

1877
Alcalde: Jorge Ramírez
Regidor 1°: Leandro Martínez
Regidor 2°: Miguel Valladares
Regidor 3°: Andrés Bucardo

1878
Alcalde: Juan Aquino

1879
Alcalde: Ricardo Reconco

1881
Alcalde: —
Regidor 1°: José María Andino
Regidor 2°: Gregorio Hernández
Regidor 3°: Felipe Valle
Síndico: Miguel Cortez

1885
Alcalde: Pedro Rafael Reconco
Regidor 1°: Miguel Amador
Síndico: Pedro Reina

1886
Alcalde: Pablo Maradiaga
Regidor 1°: Ezequiel Reconco
Regidor 2°: Olayo Sosa

Regidor 3°: Máximo García
Regidor 4°: Ramón López

1887
Alcalde: —
Regidor 1°: Rafael Castro
Regidor 2°: Jesús Zúniga
Regidor 3°: José Potenciano Valeriano
Síndico: Pedro Reina
Secretario: Juan Aquino

1888
Alcalde: Erasmo Velásquez
Regidor 1°: Manuel S. Valladares
Regidor 2°: Felipe Estrada
Regidor 3°: Máximo García
Síndico: Carlos Sosa

1889
Alcalde: Manuel Trejo
Regidor 1°: Juan Cano
Regidor 2°: Olayo Sosa
Regidor 3°: Camilo Estrada
Síndico: Francisco Durón

1890
Alcalde: Saturnino Medal
Regidor 1°: César Durón
Regidor 2°: Antonio Reina
Regidor 3°: Cipriano Velásquez
Síndico: Roque J. Muñoz

1891
Alcalde: Erasmo Velásquez
Regidor 1°: Felipe Estrada
Regidor 2°: Olayo Sosa
Regidor 3°: Florencio Centeno

1892
Alcalde: Pedro Reina
Regidor 1º: Hermenegildo Valle
Regidor 2º: Pascual Sosa
Regidor 3º: Florencio García
Síndico: Manuel Trejo

1893
Alcalde: Antonio Reina
Regidor 1º: Camilo Estrada
Regidor 2º: Florencio Centeno
Regidor 3º: Cruz Salvador
Síndico: Dionisio Valle

1894
Alcalde: Hermenegildo Valle
Regidor 1º: Pascual Sosa
Regidor 2º: Cesáreo Coello
Regidor 3º: Florencio García
Síndico: Pablo Maradiaga

1895
Alcalde: Antonio Reina
Regidor 1º: Florencio Centeno
Regidor 2º: Pedro García
Síndico: Manuel S. López

1896
Alcalde: Samuel Ladislao Valladares
Regidor 1º: Pablo Maradiaga
Regidor 2º: José María Sosa
Regidor 3º: Cruz Salvador
Síndico: Antonio R. Velásquez

1897
Alcalde: Felipe Estrada
Regidor 1º: Felipe Cálix

Regidor 2º: Florencio Centeno
Regidor 3º: Enrique García
Síndico: César Coello

1898
Alcalde: Pascual Sosa
Regidor 1º: Pablo Maradiaga
Regidor 2º: Enrique García
Regidor 3º: Potenciano Valeriano
Síndico: Hermenegildo Valle

1899
Alcalde: Samuel S. Valladares
Regidor 1º: Pedro Reina H.
Regidor 2º: Vicente Vaquero
Regidor 3º: José Ángel Licona
Síndico: Felipe Cálix

1900
Alcalde: Pablo Maradiaga
Regidor 1º: Ramón Mondragón
Regidor 2º: Purificación Estrada
Regidor 3º: Olayo Sosa
Regidor 4º: Teodoro Flores
Síndico: Cornelio Fiallos

1901
Alcalde: Jesús Zúniga
Regidor 1º: José Reyes
Regidor 2º: Juan P. Verde
Regidor 3º: Máximo García
Regidor 4º: César J. Castillo
Síndico y Juez de Paz Suplente de lo Civil: Luis Andrés Zúniga

1902
Alcalde: Jesús Zúniga
Regidor 1º: Pedro García

Regidor 2°: Vicente Valladares R.
Regidor 3°: Juan R. Reyes
Regidor 4°: Desiderio García
Síndico: Rafael Ortiz

1903
Alcalde: Francisco Verde
Regidor 1°: Br. Rafael González
Regidor 2°: Teodoro Flores Díaz
Regidor 3°: José María Sosa
Regidor 4°: Bernabé Lorenzana
Regidor 5°: Manuel Cortez
Síndico: Agustín Maradiaga

1904
Alcalde: Don Samuel S. Valladares
Regidor 1°: Orosmán Rivas
Regidor 2°: Vicente Vaquero
Regidor 3°: Juan Pablo Verde V.
Regidor 4°: Juan Rodríguez
Regidor 5°: José Ángel Hernández
Síndico: Felipe Estrada

1905
Alcalde: Don Benjamín Henríquez
Regidor 1°: Bernabé Lorenzana
Regidor 2°: Cosme D. Cruz
Regidor 3°: Teodoro Nehring
Regidor 4°: Carlos Zepeda D.
Regidor 5°: Florencio García
Síndico: Vicente Valladares R.

1906
Alcalde: Don Benjamín Henríquez
Regidor 1°: Augusto H. Zúniga
Regidor 2°: Agapito Fiallos
Regidor 3°: Máximo Amador

Regidor 4°: Rafael Peña
Regidor 5°: Cruz Salvador
Síndico: Pedro Amaya

1907
Alcalde: Don Pascual Sosa
Regidor 1°: Agustín Maradiaga
Regidor 2°: José C. Reyes
Regidor 3°: Miguel Turcios Reina
Regidor 4°: Purificación Estrada
Regidor 5°: Nicolás L. Muñoz
Síndico: Dr. Luis A. Zúniga

1908
Alcalde: Don Orosmán Rivas
Regidor 1°: Tomás A. González
Regidor 2°: Máximo Amador
Regidor 3°: Cornelio Cálix
Regidor 4°: Vicente Gómez
Regidor 5°: Enrique Zepeda D.
Regidor 6°: Bernabé Lorenzana
Síndico: Cornelio Fiallos S.

1909
Alcalde: Don Máximo Amador M.
Regidor 1°: Agustín Maradiaga
Regidor 2°: José María Sosa
Regidor 3°: Enrique Zepeda D.
Regidor 4°: Vicente Gómez Escobar
Regidor 5°: Máximo Lagos
Síndico: Miguel Turcios Reina

1910
Alcalde: Don Pedro García
Regidor 1°: Pascual Sosa
Regidor 2°: Domingo González
Regidor 3°: Rafael Alvarado Peña

Regidor 4°: Seferino Soto
Regidor 5°: Juan Félix Aguilar
Regidor 6°: Quintín López
Síndico: Lic. Manuel S. López

1911
Alcalde: Don Hermenegildo Valle
Regidor 1°: Dr. Quintín Aguilar
Regidor 2°: Don Nicolás J. Muñoz
Regidor 3°: José F. Gómez
Regidor 4°: Mariano Lagos H.
Regidor 5°: Manuel Cortez
Síndico: Lic. Gonzalo S. Sequeiros

1912
Alcalde: Don José María Sosa
Regidor 1°: Victoriano Hernández
Regidor 2°: Vicente Martínez H.
Regidor 3°: Germán Zavala
Regidor 4°: Constantino Sierra
Regidor 5°: Purificación Sosa García
Síndico: Trinidad Jereda

1913
Alcalde: Don Alfredo Trejo C.
Regidor 1°: Rafael Alvarado Peña
Regidor 2°: Vicente Gómez E.
Regidor 3°: Antonio Lagos
Regidor 4°: Alfonso Ramírez Fontecha
Regidor 5°: Enrique Zepeda D.
Regidor 6°: Cruz Salvador
Síndico: Fernando A. Pérez

1914
Alcalde: Don Juan Pablo Roque
Regidor 1°: Ángel P. Rigamonti
Regidor 2°: José Ernesto Divanna

Regidor 3º: José F. Gómez
Regidor 4º: Agustín Maradiaga
Regidor 5º: Pedro García
Síndico: Lisandro Varela Gálvez

1915
Alcalde: Don Juan Pablo Roque
Regidor 1º: Enrique Zepeda D.
Regidor 2º: Vicente Gómez E.
Regidor 3º: Constantino Sierra
Regidor 4º: Francisco Flores V.
Regidor 5º: Juan García Hernández
Síndico: Fernando A. Pérez

1916
Alcalde: Don Francisco Valladares L.
Regidor 1º: Emilio Connor
Regidor 2º: Eusebio Fletes
Regidor 3º: Agustín Maradiaga
Regidor 4º: Miguel A. Lozano
Regidor 5º: Esteban Rodríguez
Síndico: Coronado García

1917
Alcalde: Don Francisco Valladares L.
Regidor 1º: Ernesto Fiallos V.
Regidor 2º: Agustín Maradiaga
Regidor 3º: Juan B. Aguilar
Regidor 4º: Rogelio Gómez
Regidor 5º: Cruz Salvador
Regidor 6º: Desiderio García
Síndico: Toribio Ponce

1918
Alcalde: Don Francisco Valladares L.
Regidor 1º: Liberato Mendoza
Regidor 2º: Rogelio Gómez

Regidor 3°: Venancio Martínez H.
Regidor 4°: Carlos Ramírez
Regidor 5°: Raimundo Gómez

1919
Alcalde: Don Manuel E. Sosa
Regidor 1°: José F. Gómez
Regidor 2°: Medardo S. Cerrato V.
Regidor 3°: Enrique Zepeda D.
Regidor 4°: Desiderio García
Regidor 5°: Miguel Gómez

1920
Alcalde: Don Carlos H. Sánchez
Regidor 1°: Ing. Crescencio F. Gómez
Regidor 2°: Don Fernando Zepeda D.
Regidor 3°: Carlos González
Regidor 4°: Víctor García Matamoros
Regidor 5°: David Medina
Síndico: Miguel Turcios Reina

1921
Alcalde: Don Juan Ángel Irías
Regidor 1°: Marcos E. Rodríguez
Regidor 2°: Enrique Domínguez
Regidor 3°: Alberto R. Acosta
Regidor 4°: Rómulo Reyes
Regidor 5°: Carlos Ramírez
Regidor 6°: Nicolás Hernández
Síndico: Tiburcio Guerrero

1922
Alcalde: Don Francisco Valladares L.
Regidor 1°: Agustín Maradiaga
Regidor 2°: Antonio R. Bustillo
Regidor 3°: Salvador Rodríguez
Regidor 4°: Carlos Ramírez

Regidor 5°: Martín Varela
Síndico: Lisandro Sagastume

1923
Alcalde: Don Francisco Valladares L.
Regidor 1°: Antonio R. Bustillo
Regidor 2°: Cristóbal Pagoaga
Regidor 3°: A. Gabriel Flores
Regidor 4°: Carlos Ramírez
Regidor 5°: Martín Varela
Síndico: Cornelio Miranda

1924
Alcalde: Don Julio César Carrasco
Regidor 1°: Rodolfo Rojas
Regidor 2°: F. Enrique Coello
Regidor 3°: Jesús V. Cantarero
Regidor 4°: Domingo Alonzo
Síndico: Dr. Guillermo Bustillo

1925
Alcalde: Don José F. Gómez
Regidor 1°: Agustín Maradiaga
Regidor 2°: José María Sosa
Regidor 3°: Francisco Flores V.
Regidor 4°: Germán B. Zavala
Regidor 5°: Marcos Ramírez B.
Regidor 6°: Pedro Martínez

1926
Alcalde: Don Ramón Verde V.
Regidor 1°: Rómulo Reyes
Regidor 2°: Dr. Guillermo Bustillo G.
Regidor 3°: Don Enrique Zepeda D.
Regidor 4°: Ing. José Augusto Padilla
Regidor 5°: Don Tranquilino Mendoza
Síndico: José R. López Aguilera

1927
Alcalde: Don Ramón Verde V.
Regidor 1°: José R. Henríquez
Regidor 2°: Terencio Z. Amador
Regidor 3°: Raimundo Gómez
Síndico: Dr. Guillermo E. Durón

1928
Alcalde: Don Víctor García Matamoros
Regidor 1°: Carlos Zepeda D.
Regidor 2°: Andrés Lagos
Regidor 3°: Eloy García
Regidor 4°: Isidoro E. Sánchez
Regidor 5°: Leonidas García
Síndico: Germán B. Zavala

1929
Alcalde: Don Juan Pablo Roque
Regidor 1°: Vicente Machado Valle
Regidor 2°: Federico G. Reconco
Regidor 3°: Alfredo Sierra C.
Regidor 4°: Trinidad Reconco
Síndico: José F. Gómez

1930
Alcalde: Don Terencio Z. Amador
Regidor 1°: Humberto Aguilar
Regidor 2°: Juan F. López
Regidor 3°: Jacinto Flores C.
Regidor 4°: Carlos Bécker
Regidor 5°: Juan Pablo Gómez
Síndico: Manuel Palma M.

1931
Alcalde: Don Salvador Espinoza Valladares
Regidor 1°: Nicolás Doblado

Regidor 2°: Ramón Landa
Regidor 3°: Matías Álvarez
Regidor 4°: Ernesto G. Roque
Regidor 5°: Presentación Pagoaga
Síndico: Fernando Zepeda D.

1932
Alcalde: Don Terencio Z. Amador
Regidor 1°: Anastacio Wang Lungh
Regidor 2°: Tomás Turcios
Regidor 3°: Cristóbal Pagoaga
Regidor 4°: Manuel Ramírez
Regidor 5°: Manuel Castro
Síndico: Manuel F. Barahona

1933
Alcalde: Don Fernando Zepeda D.
Regidor 1°: José F. Gómez
Regidor 2°: Roberto López C.
Regidor 3°: Carlos Bécker
Regidor 4°: Rafael Lozano
Regidor 5°: Purificación Sosa G.
Síndico: Salvador Turcios H.

1934
Alcalde: Don Víctor García Matamoros
Regidores:
1° Jesús Irías Sevilla
2° Augusto López Padilla
3° J. Alberto Ramos N.
4° Felipe Varela L.
Síndico: Gonzalo S. Sequeiros

1935
Alcalde: Don Fernando Zepeda D.
Regidores:

1° Salvador Turcios H.
2° Miguel Lozano
3° J. Raúl Padilla
4° Porfirio Galindo
5° Jesús Juárez
Síndico: Mariano Moncada Saravia

1936
Alcalde: Don José F. Gómez
Regidores:
1° Cornelio Miranda
2° Matías Álvarez
3° Luis Amílcar Raudales
4° Marcos Ramírez
5° Amadeo Salvador
Síndico: Guillermo Espinal Sierra

1937
Alcalde: Don Fernando Zepeda Durón
Regidores:
1° Mariano Moncada Saravia
2° Roberto Morales Moncada
3° Antonio Valladares Andino
4° Santos Mendoza García
Síndico: Vicente Machado Valle

Municipalidad electa para 1938
Alcalde: Don Marcos Ramírez Bustillo
Regidores:
1° Matías Álvarez Canales
2° Ángel Amador Gutiérrez
3° Wilfredo Flores Aguilar
4° Jacinto Ramírez Lagos
5° Salomón Zepeda Rodríguez
Síndico: Agapito Fiallos Villafranca

COMAYAGÜELA EN LA HISTORIA NACIONAL por SALVADOR TURCIOS R.

CAPÍTULO I: APUNTAMIENTOS PARA LA HISTORIA DE COMAYAGUELA (AÑOS DE 1830-1886)

(Notas curiosas extractadas por SALVADOR TURCIOS R., del Libro de Apuntes de su abuelo patern10 don GREGO-RIO TURCIOS, y que comprenden del año de 1830 a 1886).

1° "El Retablo de esta Iglesia Parroquial de la Villa de Concepción lo hizo don Miguel Valladares, con sus tres hijos: Francisco, Eustaquio y Simón, y lo hicieron en la casa de mi padre Eugenio Turcios, en el año de 1828.

Nota: La casa de don Eugenio Turcios, la célebre CASA DE TRANCAS, ocupaba toda la manzana que queda al sur de donde se encuentra actualmente el establecimiento "La Magnolia".

2° "El año de 1872 se hizo la campana grande de esta Parroquia, siendo Alcalde don Luis Velásquez, y sirvió para repicar al tomar posesión el Alcalde entrante, antes de subirla al campanario".

3° "El año de 1875 regaló don Rafael Villafranca a este pueblo la Virgen de Concepción que está colocada de Patrona, siendo Alcalde Municipal don José Domingo Maradiaga".

Nota: La antigua Imagen de la Concepción siempre se conserva en el mismo templo.

4° "El veintiuno de agosto de 1883 entraron aquí, pasando por la Calle Real, las estatuas del General Capitán don Francisco Morazán, la del Presbítero José Trinidad Reyes, la del Licenciado don José Cecilio del Valle, la del General Trinidad Cabañas y la de la Diosa de la Libertad, y las condujo en veinte carretas el señor Máximo Canales, ganando 800 pesos, y de Pespire a aquí llegaron en diecisiete días".

Nota: La estatua de La Libertad es la que aparece en el centro del parque de este nombre, en esta ciudad.

5° "El Presbítero don Trinidad Maradiaga cantó su primera misa en la Parroquia de esta Villa de Concepción el 25 de diciembre de

1870, y el 22 de febrero siguiente celebró el día de Ceniza y salió de Coadjutor para El Corpus, en el año de 1871.

Nota: El Presbítero Maradiaga descendía de una de las honorables familias más antiguas de Comayagüela, y se distinguió por su ilustración y virtudes de fiel discípulo de Cristo. Está sepultado en la Iglesia Parroquial de esta ciudad, la cual administró honradamente durante muchos años, hasta su fallecimiento ocurrido en el año de 1904.

6° "El señor Licenciado don Valentín Durón murió el 5 de noviembre del año de 1874, a las diez de la noche".

Nota: El Licenciado Durón fue de los ciudadanos de Comayagüela que, en su época, contribuyó positivamente al progreso moral, intelectual y material de esta ciudad, y por eso se le recuerda con cariño y admiración.

Sostuvo un colegio en su casa de habitación, llamado Colegio del Corazón de María, en donde se educaron o recibieron sus primeras lecciones muchos de nuestros padres.

Sus restos mortales descansan en nuestra Iglesia Parroquial.

7° "El año de 1839 fue el fuego (combate) de La Soledad, situado a inmediaciones de Comayagüela, como a medio kilómetro por el rumbo suroeste, el día 13 de noviembre, y fue derrotado el General olanchano don José María Zelaya, llevando mil hombres, y el General Cabañas lo derrotó con trescientos texíguats".

Nota: El combate de La Soledad, que el 13 de noviembre del presente año (1950) cumplió ciento once años de haberse efectuado, fue muy sangriento según lo expresa don José Antonio Vijil en sus Memorias, pues él tomó parte en dicha acción de armas siendo muy joven, como ayudante del Jefe del Estado Mayor de la División del General Cabañas. Principió el combate a las ocho de la mañana y terminó a las once, dejando un saldo de 112 muertos y más de 15 heridos de ambas partes combatientes. Comenzó desde la Quebrada Arriba por las lomas y colinas adyacentes a las quebradas de Mayangle y La Umbrera, por la base de la colina de Torocagua, terminando en el llano que ahora ocupa la casa llamada Belén, que es de la sucesión de Monseñor Ernesto Fiallos, y en donde también se encuentra el Country Club.

8° "El 18 de marzo de 1859 murió don Pablo Maradiaga a la una y siete minutos de la tarde, segundo viernes de Calvario. Falleció un hombre enteramente honrado, de una conciencia muy cristiana, pues fue un padre para todo este pueblo, para defenderlo; tal fue que, a la hora que ya estaba para salir de esta vida, mandó a llamar al Licenciado don Valentín Durón, para recomendarle su familia, y, en todo caso, le dijo que viera con lástima a todo el pueblo".

Nota: Don Pablo Maradiaga fue el tronco de la honorable familia de este nombre, de Comayagüela, y no obstante haber sido un humilde hijo del pueblo, fue varias veces Magistrado de la Corte Suprema de Justicia.

9° "El año 35 fue el polvo, el 20 de enero. A las dos de la tarde se oscureció la luz del día, al grado de quedar en tinieblas, en el Cerro de Hule, que allí se encontraba el que esto escribe; y, para el lado de Tegucigalpa, quedó solo turbio durante tres días, al cabo de los cuales cayó un aguacero que llegó hasta Trujillo, lo mismo que el polvo. Esta razón la dio un correo que estaba allá y que era de esta Villa; y este aguacero fue el que limpió el polvo que arrojó el volcán Cosigüina, el 20 de enero de 1835".

Nota: Este fenómeno volcánico produjo gran consternación entre los habitantes de Tegucigalpa y Comayagüela, pues muchos creían que era el Juicio Final, y solo pudieron tranquilizarse, en parte, cuando el sabio Presbítero Dr. José Trinidad Reyes les explicó que se trataba de la erupción de un volcán.

10° "El señor Presbítero Dr. don José Trinidad Reyes fue hijo legítimo y primogénito del señor don Felipe Santiago Reyes y de doña María Francisca Sevilla, personas tan honradas como virtuosas. Nació en esta ciudad de Tegucigalpa el 11 de junio del año de 1797, día domingo de la Santísima Trinidad, a las cinco de la tarde. Fue bautizado a la hora de vísperas del Corpus Christi, día 14 del mismo mes, en la Iglesia Parroquial por el Reverendo Padre Fray Nicolás Hermosilla, quien le dio el nombre de Juan José Sahagún de la Santísima Trinidad. Fue fraile de la Recolección; y falleció llevando el hábito de San Pedro, el 20 de septiembre del presente año (1855), día jueves, a las diez de la mañana, a los 58 años, tres meses, nueve días y cinco horas de edad".

"La vida de este varón santo y sublime, digno apóstol del Altísimo, fue modelo perfecto de todas las virtudes; cumplió con todos sus deberes con la más plena exactitud, y ni el poderoso ni el indigente, el santo ni el ignorante, se quejaron jamás de la más pequeña falta. Por tan eminentes méritos, no dudamos que gozará de un distinguido y elevado asiento en las mansiones celestiales.

Recibid, ¡oh Reyes!, nuestros tiernos recuerdos; y desde los cielos en donde habitas, dirige una mirada compasiva a vuestros hijos".

11° "El fuego (combate) del Llano del Potrero fue el año de 1840. El 30 de enero derrotó el General Manuel Quijano, con mil hombres, al General don Trinidad Cabañas, que mandaba trescientos hombres".

Nota: En esta ocasión se libró de ser capturado el Benemérito General Cabañas, dando con su cabalgadura el célebre Salto de Cabañas, en el lugar conocido con este nombre, al sur del Llano del Potrero. Este sitio está a poco más o menos una legua de distancia de Comayagüela, por el rumbo sur, y a inmediaciones de la casa que fue de propiedad de don Concepción Godoy, hoy perteneciente a sus sucesores.

El Llano del Potrero constituye ahora, en toda su extensión, el Campo Nacional de Aviación, conocido con el nombre de El Toncontín.

12° "El año de 1845 se hizo el calicanto de La Laguna de El Pedregal, siendo Alcalde 1° el señor José María Juánez; Alcalde 2° don Juan Zúniga; y el que estas líneas escribe era Regidor 3°".

Nota: La Laguna de El Pedregal queda a dos leguas, poco más o menos, al poniente de Comayagüela; es un lugar pintoresco, y se recuerda porque allí hacía sus temporadas el Padre José Trinidad Reyes, con numerosos vecinos de Comayagüela y Tegucigalpa, y se representaban al aire libre las añoradas Pastorelas y los célebres Cuandos del Virgilio hondureño. Hoy la Laguna de El Pedregal se encuentra en completo olvido.

13° "El año de 1881 se arregló la calle tercera que va al atrio de la Iglesia de esta ciudad, siendo Alcalde Miguel Cortés; Regidor 1° Chico Verde; Regidor 2° don Gregorio Hernández; Regidor 3° José María Andino; y Síndico Felipe Valle.

Ese mismo año se puso el alumbrado en las calles (de faroles)".

Nota: Don Miguel Cortés, que era militar y nativo de Comayagüela, fue uno de los tres ciudadanos que fueron fusilados juntamente con el General Emilio Delgado, en Comayagua, el 18 de octubre de 1886.

14° "El año de 1882 se empedró la calle de la Ceiba, siendo Alcalde don Pedro Rafael Reconco; Regidor 1° don Jorge Ramírez; Regidor 2° don Crisanto Canizales; Regidor 3° don Leandro Martínez; y Síndico don Pablo Maradiaga (hijo).

En el mismo año comenzaron los trabajos de la apertura del camino carretero de Guacerique, dirigidos por dos ingenieros extranjeros".

Nota: La calle de La Ceiba era la parte de la cuarta calle comprendida entre la tercera avenida y la margen del Río Grande, en donde se levantaba una hermosa ceiba que cortó el hacha de la civilización, según se dijo cuando fue derribada, y que tan bello aspecto daba a nuestro río aledaño.

15° "El año de 1871 se hizo la Ermita del Señor de Esquipulas del Cerro Grande, a esfuerzos de los dueños de la Imagen que eran mis tíos José León, Teresa, Silveria, mi padre Eugenio Turcios, mi tía Remigia y de varios otros vecinos hasta del Río Abajo".

Nota: Al Señor de Esquipulas del Cerro Grande se le celebra todos los años su fiesta tradicional, que principia el 12 de enero y dura hasta seis días.

Esta devoción la siguen, en su mayor parte, los miembros de la familia Turcios de Tegucigalpa y de Comayagüela.

La Ermita de referencia ha sido reconstruida en años posteriores y es cuidada por los vecinos del Cerro Grande.

16° "El año de 1881 se midieron las tierras de San Matías que dio el Gobierno en pago de las tierras de la comunidad del Río Grande; y Miguel Cortés fue como Alcalde a dichas medidas, a fines de noviembre de dicho año".

Nota: San Matías es ahora una aldea pintoresca y de gran porvenir que está como a tres o cuatro leguas al poniente de Comayagüela. Sus habitantes son trabajadores y honrados, a lo que se debe que los hechos de sangre se ven muy poco en aquel lugar.

Cuenta con una escuela mixta que subvencionaba la Municipalidad, y tiene además una ermita.

El clima de San Matías es tan saludable como el de El Sauce, en la carretera del sur.

17° "El año de 1843 se hicieron las tapias del Cabildo, la esquina, el salón y un calabozo, siendo Alcalde Tata Joaquín Gómez. Las dos piezas del lado poniente se hicieron el año de 1872, siendo Alcalde 1° don Luis Velásquez".

Nota: Ya en 1762 existía el Cabildo de indios de Comayagüela, y ocupaba el lugar en donde está la casa que fue de don Samuel S. Valladares, ahora ocupada por el establecimiento llamado La Biela, al oriente del nuevo Cabildo, calle de por medio. Era de corta extensión y tenía paredes de adobe con techo de paja. Más que un edificio de mediana importancia, era un modesto rancho, al estilo indígena (Navarro, Inés).

El nuevo Cabildo fue transformado en la administración del Dr. Francisco Bertrand, siendo Alcalde Municipal don Francisco Valladares L., en los años de 1915 y 1916.

18° "El año de 1844 fue sembrada la Ceiba Grande, por orden de don Liberato Moncada, quien, siendo Jefe Político, vino de paseo a donde el señor don Pablo Maradiaga, y la vio sembrada en un corral, y la había traído el señor Maradiaga del pueblo de El Viejo (Nicaragua); se la pidió y, como Jefe Superior, le dijo al Alcalde Maradiaga: 'Mañana mismo me manda a hacer un cerquito para pasar esta ceiba'. El Alcalde era Luis Velásquez y Regidor 5° el que esto escribe".

Nota: La Ceiba Grande estaba en la margen de nuestro Río Grande, frente a la poza de El Carrizal, ya desaparecida, a la terminación de la sexta calle, y fue derribada dicha ceiba hace muchos años, porque entonces, sin duda, no se le rendía culto oficial al árbol entre nosotros.

19° "El Padre Samuel Escobar nació en la ciudad de Tegucigalpa, el 23 de enero de 1835, y fue bautizado por el Presbítero Dr. José Trinidad Reyes, en la Iglesia Parroquial. Su madrina fue la señorita Juana Midence, y cantó su primera misa el 2 de febrero de 1859, y enseguida se hizo cargo de la coadjutoría de la Parroquia hasta su fallecimiento ocurrido el día 25 de mayo de 1867, a la edad de 32 años, a las once de la noche".

20° "La Estatua de La Libertad de esta Villa de Concepción fue puesta el 14 de abril del año de 1883, día sábado".

Nota: Esta estatua, juntamente con las de Morazán, Cabañas, Valle y la de Reyes, fueron pedidas al exterior por el gobierno que presidió el Dr. Marco A. Soto.

21° "El Presbítero don José Trinidad Maradiaga cantó su primera misa en la Iglesia Parroquial de esta Villa de Concepción el 25 de diciembre de 1870, y el 22 de febrero del año siguiente celebró el día de Ceniza y salió de Coadjutor para El Corpus, el año de 1871.

El 5 de abril del año de 1886 salió de aquí para Aguanqueterique el señor Presbítero don Trinidad Maradiaga, a hacerse cargo del curato de aquel lugar".

Nota: En este punto se encontraba nuestro recordado Padre Maradiaga cuando fue elevada a la categoría de Parroquia nuestra Santa Iglesia, el año de 1893, habiendo sido trasladado a esta su ciudad natal como nuestro primer cura párroco, en cuyo puesto estuvo hasta su sentido fallecimiento, ocurrido el 18 de julio de 1904, y fue sepultado en nuestra iglesia.

22° "El Cólera Morbus fue el año de 1836, y volvió a acometer el año de 1837, allá por los pueblos de Reitoca, Curarén y otros".

Nota: Fue entonces cuando murieron muchas personas estimables de esta localidad y de Tegucigalpa, entre ellas don Antonio Tranquilino de la Rosa y su hijo don León Rosa; y fue entonces también cuando se habilitó la parte norte del Cementerio del Calvario de Tegucigalpa, conocida entonces con el nombre de El Matazano, para enterrar a los colerientos.

23° "El año de 1883 se suicidó el Dr. y poeta don Manuel Molina Vijil, el día 9 de marzo, viernes, a las 7 de la mañana".

Nota: El Dr. Molina Vijil fue uno de los buenos intelectuales hondureños que lucieron su ingenio en los días de oro de la administración del Dr. Marco Aurelio Soto, y su prematura muerte fue muy sentida en toda la República.

24° "El año de 1885 se recibió de abogado don Rómulo E. Durón, el 14 de junio, día domingo, a las nueve de la mañana".

Nota: El Dr. Rómulo E. Durón fue nativo de esta ciudad de Comayagüela; fue Ministro de Estado, Magistrado de la Corte Suprema de Justicia, Juez de Letras y, sobre todo, una de las altas mentalidades que honran el nombre de Honduras. Fue un ferviente amante de la cultura nacional, como lo justifican las numerosas obras históricas y literarias que publicó.

Falleció en el Hospital Viera de Tegucigalpa, el 13 de agosto en la noche de 1942.

25° "El año de 1883 se inauguró de Presidente, el 30 de noviembre, el General don Luis Bográn. A las once del día recibió el poder, y de allí pasaron con todo el Congreso a la plaza de la Parroquia, a inaugurar la estatua del General Morazán, pasando a continuación a la plaza del Convento (San Francisco), para inaugurar la del señor Licenciado don José Cecilio del Valle, y después a la plaza de La Merced, a inaugurar la del Padre Reyes y del General Cabañas; todo esto se hizo con grandes y elocuentes discursos".

26° "El año de 1881 se principió a darle cumplimiento a la Ley del Matrimonio Civil, siendo Alcalde Municipal de esta población don Miguel Cortés".

Nota: Este es el mismo ciudadano de Comayagüela que, como dijimos anteriormente, fue fusilado en Comayagua juntamente con el General Emilio Delgado y demás compañeros que se indicaron oportunamente.

27° "El año de 1832 salió la moneda de cobre y existió en circulación en el Estado 38 años; y la moneda de níquel fue puesta en circulación el año de 1870, el 16 de marzo, y, a los nueve meses, que fue el 16 de diciembre, quitaron el níquel y quedó la moneda de plata mezclada con el cobre coquimbo".

28° "El 4 de junio de 1879 murió Guillermo Carías, día miércoles, a las 5 de la mañana, en casa del señor Patricio Varela, en el Barrio Abajo, y murió de 64 años de edad".

Nota: Don Guillermo Carías fue el abuelo materno del señor Canónigo don Basilio Gómez, miembro distinguido del clero hondureño.

29° "El año de 1878 se recibió de abogado el Licenciado Camilo Turcios Durón, el día 6 de agosto, día miércoles, y se celebró con un alegre baile".

Nota: El Licenciado Camilo Turcios Durón fue hijo natural de doña Gregoria Turcios y del Licenciado Valentín Durón.

30° "El 12 del mismo mes de agosto de 1878 se recibió de abogado el Licenciado don Antonio R. Reina, y se festejó con otro baile".

Nota: El Licenciado don Antonio R. Reina fue el padre de la honorable familia Reina de esta ciudad, entre cuyos nombres figura el Licenciado Antonio R. Reina (hijo).

31° "El año de 1878 fueron fusilados los Generales don José María Medina y don Ezequiel Marín, en la ciudad de Santa Rosa de Copán, a las ocho de la mañana del día 8 de febrero y por orden del Gobierno de Soto".

Nota: Este fusilamiento se llevó a efecto en virtud de sentencia dictada por un Consejo de Guerra de oficiales generales.

32° "El año de 1883 murió el General don Enrique Gutiérrez, el 11 de septiembre, a quien había dejado el Presidente Soto y a otros tres encargados del Gobierno: esto es, Gutiérrez, el Lic. Rafael Alvarado Manzano y el General don Luis Bográn, quienes ejercían el mando de la Presidencia interinamente, y murió el General Gutiérrez un día martes, después de las 4 de la tarde y como de 60 años de edad".

Nota: El General don Enrique Gutiérrez fue hijo legítimo del héroe de Jaitique, Coronel don José María Gutiérrez, y de doña Margarita Lozano.

33° "El año de 1882 fue cercado el sitio de El Pedregal, de este municipio, siendo Alcalde Municipal mi compadre Pedro R. Reconco, y fue cercado voluntariamente, sin ser obligados los vecinos por la respectiva autoridad".

34° "El puente de Guacerique se comenzó a hacer el año de 1862, según un decreto que dio el Gobierno del Presidente General José María Medina, lo mismo que otro puente en el paso del Río Humuya, en Comayagua".

35° "El año de 1871 fue la facción de García, que vino con 300 hombres curarenes, y fueron derrotados por los patriotas de Tegucigalpa y de esta Villa de Concepción, el 20 de noviembre.

El año de 1872, el 30 de julio, volvió a cometer la misma facción y fueron nuevamente derrotados por los mismos patriotas de ambas poblaciones".

36° "El año de 1877 puso el telégrafo en esta República el Presidente Dr. Marco Aurelio Soto, siendo su Ministro General el Dr. Ramón Rosa. Este mismo Gobierno hizo la calle de Camaguara y terminó la construcción del puente Guacerique".

37° "El 2 de marzo de 1879 se enajenó el terreno de La Chivera, para que los de Tegucigalpa hicieran su cementerio; pero esto fue sin el gusto de la Municipalidad, que se abstuvo de vender, pero fue Luis Velásquez el del empeño hasta decirles que viniera la orden directamente del Gobierno, que debían entregar el terreno".

Nota: Ahora las dos Municipalidades, la de Comayagüela (antes de que fuera suprimida dictatorialmente) y la de Tegucigalpa, tienen igual derecho en el cementerio nuevo construido al lado norte del antiguo.

38° "El año de 1884, el 28 de abril, murió el maestro don Luis Velásquez, día lunes, a las 10 de la mañana, de la edad de 77 años, y fue enterrado en el cementerio de La Chivera".

Nota: El maestro don Luis Velásquez, que por muchos años fue una especie de oráculo para los vecinos de Comayagüela, fue un modesto albañil que logró sobresalir a fuerza de trabajo, honradez y constancia, habiendo principiado a figurar en los asuntos locales de esta ciudad desde el año de 1834 como Alcalde 2°, y después como Alcalde 1° en los siguientes años: 1839, 1844, 1850, 1855, 1858, 1861, 1868, 1872 y en 1876 como Regidor 3°. Fue, pues, ocho veces Alcalde primero.

Debemos recordar con cariño y admiración al maestro don Luis Velásquez, porque fue uno de los hombres laboriosos y honrados que trabajaron positivamente por el progreso moral y material de esta querida ciudad de Comayagüela.

39° "El 1° de abril de 1883 se hizo la bendición del Hospital General por el señor Cura don Yanuario Girón, día domingo, a las 4 de la tarde, y el siguiente día se celebró misa en el oratorio de dicho hospital".

Nota: Para la construcción del antiguo Hospital General contribuyó mucho la Sociedad de Señoras Católicas, tanto de Tegucigalpa como de Comayagüela. Esta sociedad tuvo sus estatutos y, según parece, fue reconocida su personería jurídica.

40° "El año de 1884 se hizo el trazo de la obra del mercado de esta población, por el señor don Emilio Montes, siendo Alcalde Crisanto Canizales; Regidor 1°, Pablo Maradiaga; Regidor 2°, Ramón López; Regidor 3°, Chico Verde; y Síndico, Andrés Bucardo. Gracia fue esta que el Gobierno de don Luis Bográn quiso hacerle a esta Villa de Concepción".

Nota: Para la construcción del primer mercado de esta ciudad, el año de 1888, hubo serias dificultades entre Comayagüela y las autoridades superiores de Tegucigalpa, al grado de que la Municipalidad de esta ciudad tuvo que protestar enérgicamente ante el Poder Ejecutivo por la actitud hostil que en tal sentido había asumido el Comandante de Armas y Gobernador Político del Departamento, en aquella época, General Longino Sánchez.

Esa protesta fue hecha por el Síndico Municipal, el honrado y enérgico ciudadano de Comayagüela don Carlos A. Sosa, el mismo que fue fusilado por orden del General Domingo Vásquez en el atrio de la Iglesia Parroquial de esta ciudad, juntamente con otros 17 ciudadanos hondureños, durante la infausta guerra civil del aciago año de 1893.

41° "El Presbítero don José Simón de Zelaya, hijo de Tegucigalpa, pertenecía a una de las familias más distinguidas de la ciudad; nació a principios del siglo pasado (XVIII), siendo sus padres don José de Zelaya y doña Luisa Herrera, y sus hermanos don Pedro Mártir de Zelaya y doña Mariana de Zelaya. Fue educado en Guatemala, habiendo sido nombrado cura en propiedad de esta Parroquia (Tegucigalpa) el año de 1742, comenzando su administración el 24 de diciembre del indicado año de 1742.

Ocurrió la desgracia de que se quemara la antigua iglesia que estaba situada en donde hoy existe la casa de los Bonilla, después de los Fortín.

El arquitecto de esta gran obra (la actual Catedral) fue el señor don Gregorio Nacianseno Quiroz. El Presbítero Zelaya construyó su casa para cuidar los trabajos de la nueva iglesia, en el lugar en donde hoy se encuentra la casa del finado don Camilo Díaz (hoy de la sucesión de Santos Soto).

Los fondos con los cuales se construyó esta obra fueron, en primer lugar, el capital de los padres del señor cura Zelaya, consistente en muchas y gruesas haciendas de ganado y bestias que poseían en muchos lugares de la República, especialmente en los departamentos de Choluteca y Olancho, y minas muy ricas.

El 7 de noviembre de 1775 fue atacado el Presbítero Zelaya de la enfermedad que lo llevó a la tumba, y murió el 12 de diciembre del expresado año.

Otro hijo de Tegucigalpa, el cura don Juan Francisco Márquez, concluyó la obra el año de 1782, a los siete años de muerto el cura Zelaya, quien fue enterrado en el Templo de La Concepción, en donde existe ahora la casa de don Pío Uclés, hoy Museo Nacional; y de allí fueron sacados los restos para depositarlos en la Parroquia, en el sitio donde se encuentra el retrato del cura Zelaya, que ahora ha sido retirado de aquel lugar.

Las imágenes de dicho templo costaron 12,000 pesos; el púlpito costó 500 pesos, fuera del dorado, y dejó una casa con 8,000 pesos en marcos de plata, otra con 500 marcos más y en moneda 11,000 pesos.

Este templo se bendijo el 29 de septiembre de 1782 por el Ilustrísimo señor Obispo don Antonio de San Miguel.

Para misas, para bien de su alma, dejó el Presbítero Zelaya 2,000 pesos; para los señores pobres, 1,000 pesos; para la Capellanía, el valor de su casa; en mulas, 8,000 de servicio y 6,000 yeguas; de ganado no se puede dar noticia, tan grande era la cantidad que poseía.

Después de la bendición del templo, el 29 de septiembre del citado año de 1782, el día 30, fueron trasladados los restos de esta gran persona (Zelaya) a donde descansan en la Santa Iglesia Catedral".

Nota: Este apuntamiento tiene bastante interés para la historia de Comayagüela, por cuanto nuestra iglesia fue filial de la de Tegucigalpa, hasta que fue elevada a la categoría de Parroquia, según aparece en el acuerdo diocesano N° 24 de fecha 30 de octubre de 1893, dictado por el Ilustrísimo señor Obispo Dr. don Manuel Francisco Vélez, en su residencia episcopal de Siguatepeque.

Por ese acuerdo, nuestra Parroquia de Comayagüela comprende las siguientes filiales: Las Casitas, Cerro Grande, Támara, Santa Cruz, La Cuesta, El Carrizal, La Soledad, Río Grande, Mateo y Yaguacire.

42° CASA DE LA CALLE REAL. — "El año de 1855 hice mi casa, es decir, el artesón, y lo hizo el maestro Ricardo Sosa con sus dos hijos".

Nota: Esta casa de habitación que construyó don Gregorio Turcios, en la Calle Real, el año de 1855, ya cumplió un siglo y está a punto de desaparecer para edificar en su lugar un edificio moderno, y su ubicación se encuentra entre la 2° y 3° avenidas, y cuarta y quinta calles transversales, y ocupa la esquina noreste de la misma manzana en la que se encuentran las casas en las que nacieron Juan Ramón Molina, Alonso A. Brito, Rafael Heliodoro Valle y Salvador Turcios R.

En esa misma casa vivió y falleció con su familia el autor de los Apuntamientos para la Historia de Comayagüela y de otras interesantes informaciones relacionadas con la vida política y social de esta nuestra amada ciudad natal, que comprenden más de un siglo de su existencia.

Don Gregorio Turcios falleció el 12 de diciembre de 1886, a la edad de 73 años.

43° "El año de 1857 vino el santo misionero señor don Manuel de Subirana, quien falleció años después a inmediaciones de Yojoa, habiendo sido enterrado en el templo de la ciudad de Yoro".

Nota: Todavía se recuerda entre las gentes ancianas de esta ciudad y de Tegucigalpa los muchos ejemplos maravillosos de la santidad del misionero señor Subirana, de que dio testimonio a su paso por esta localidad, al grado de que se le consideraba como un enviado de Dios a conquistar almas en estas apartadas regiones de la tierra. El señor misionero Subirana permaneció durante mucho tiempo catequizando a los xicaques y payas del departamento de Yoro, y era de origen español, un verdadero civilizador de nuestra tierra en aquella lejana época.

44° "El señor cura don José Simón de Zelaya administró la Parroquia de Tegucigalpa durante 33 años, hasta su fallecimiento en 1775.

Cuando los temblores del año de 1809 se quebró este templo, que apenas había servido 27 años, siendo cura párroco don Juan Francisco Márquez, hijo de Tegucigalpa, el mismo que acabó de construir la parroquia. También el Padre Márquez levantó el templo de Los

Dolores y comenzó su curato el 1° de mayo de 1781, y sirvió de cura 33 años y 8 meses, y murió el 15 de enero de 1815".

Nota: La Iglesia Parroquial de Tegucigalpa estuvo abandonada durante 29 años como consecuencia del temblor de 1809, hasta su primera reparación, que fue el año de 1838, siendo entonces el cura párroco el Presbítero J. Trinidad Estrada.

45° "El 20 de abril del año de 1885 falleció el señor Obispo Fray Juan de Jesús Zepeda y Zepeda. Era nativo del mineral de San Antonio de Oriente y falleció en la ciudad de Comayagua, día lunes, y como de 80 años de edad, poco más o menos".

Nota: Al señor Zepeda sucedió en el Obispado, años después, el muy ilustre Dr. don Manuel Francisco Vélez, de grata recordación para la ciencia y la Iglesia hondureña, por haber sido él uno de los verdaderos organizadores del Episcopado Nacional.

46° "El año de 1886, siendo Alcalde Municipal don Pablo Maradiaga; Regidor 1°, Ezequiel Reconco; Regidor 2°, Olayo Sosa; Regidor 3°, Máximo García; Síndico, Ramón López; el Gobierno de Bográn desconoció a este pueblo, por la fuga que hicieron de aquí Purificación Velásquez, Miguel Cortés, Tranquilino Velásquez, Gabriel Lozano, Pedro Rafael Reconco; y por la fuga de estos señores le informaron al Gobierno que medio pueblo se había ido con ellos para la República de Nicaragua, y, en castigo de esta acusación, le hizo saber la autoridad superior a la Municipalidad que, si dentro de cuatro días no le daba reunido al pueblo, lo hacía barrio de Tegucigalpa; y habiéndose reunido el pueblo, se persuadió el Gobierno que tal informe no era cierto y mandó que se asentara un acta desconociendo a los individuos que se habían fugado".

47° "El 7 de enero de 1886 se fueron de aquí para Nicaragua Purificación Velásquez, Miguel Cortés, Pedro Rafael Reconco, Gabriel Lozano y dos individuos más, con el fin de agregarse a las fuerzas del Dr. Marco Aurelio Soto, que decían venía con tropas sobre Honduras, y hasta el 3 de agosto salió de Nicaragua el General Emilio Delgado, el Coronel Manuel Morey, el Coronel Silvestre Herradora y otros dos más de los jefes más distinguidos de entonces, y desde que entraron a Honduras, fueron perseguidos (por las fuerzas del Gobierno) por Morolica, Güinope, Armenia, Ojojona, La Yerba Buena, Santiponce, el Valle de Comayagua. En el pueblo de Lamaní los hallaron y tuvieron cinco horas de fuego, en el cual murieron Purificación y Tranquilino Velásquez, su hijo, cuya acción fue el 18 de agosto del mismo año, y el mismo 18 de agosto hicieron reo a Gabriel Lozano, aquí, en el tapial de don Cipriano Velásquez.

Purificación y los que murieron allá en aquel combate los ardieron (fueron quemados), y al otro día, que fue el 19, murió Morey en otro fuego que tuvieron allá por Aguanqueterique, e hicieron reo al Coronel Sebastián Sevilla; y el 27 de agosto fueron hechos prisioneros en San Antonio del Norte el General Emilio Delgado, Miguel Cortés y otros más, que fueron remitidos para La Paz; y el 1° de septiembre salieron de aquí los reos de la misma causa para La Paz a juzgarlos allá, y hasta el 18 de octubre de 1886 fueron fusilados, día lunes, a las 7 de la mañana, en Comayagua, el General Emilio Delgado, Miguel Cortés, Gabriel Lozano, Indalecio García, de San Antonio de Oriente, y los otros reos los trajeron para los calabozos de aquí, sentenciados a diez años de prisión, y entraron a esta población el 20 del mismo mes, jueves, a las cinco de la tarde".

Nota: Así terminó el movimiento revolucionario que le hizo el General Emilio Delgado al Gobierno del General Luis Bográn.

El tapial de don Cipriano Velásquez, en donde fue capturado Gabriel Lozano, pertenece ahora a los herederos Velásquez, y está situado entre la tercera y cuarta avenida, y la quinta y sexta calle de esta ciudad.

Se conocía entonces entre la gente del pueblo con el nombre de "Tapial de los Mangos", porque hubo en dicho predio numerosos palos de mango.

48° "El 5 de abril de 1886 salió para Aguanqueterique el señor Presbítero don José Trinidad Maradiaga, a hacerse cargo del curato de aquel lugar".

Nota: En ese puesto se encontraba nuestro recordado Padre Maradiaga cuando fue elevada a Parroquia nuestra Iglesia, en 1893, habiendo sido trasladado de aquel lugar a esta su ciudad natal como nuestro primer cura párroco, en cuyo puesto estuvo hasta su fallecimiento ocurrido el 18 de julio del año de 1904, y fue sepultado en nuestra misma iglesia.

49° "El 7 de marzo de 1885, la Asamblea de Guatemala declaró Gobierno Nacional al que presidía el General don Rufino Barrios".

Nota: Este apunte tiene relación con la nota que publicamos oportunamente, y en la cual se informa acerca de la actitud del Gobierno de Honduras con relación a la guerra nacionalista del año de 1885.

50° "El señor Presbítero don Florencio Estrada, que estaba investido de la alta dignidad de canónigo, falleció en su casa de Tegucigalpa, a donde llegó ya enfermo, el día 20 del mes de abril del año de 1881, sábado, a las diez del día y como de 78 años de edad".

Nota: El señor Presbítero Estrada perteneció a una de las más antiguas y distinguidas familias de Tegucigalpa, no por sus riquezas materiales, sino por sus nobles virtudes en el hogar y en la sociedad.

El señor Estrada fue siempre un alto ejemplo del decoro y la honestidad de la Iglesia Nacional.

51° "El Padre don Darío Cruz cantó su primera misa el 8 de diciembre del año de 1879, en la Parroquia de Tegucigalpa, y fueron sus padrinos el señor Cura don Yanuario Girón, el Padre don Hipólito Matute, el señor Presidente Dr. Marco Aurelio Soto y don Miguel Lardizábal".

Nota: El padre Darío Cruz era nativo de Comayagüela, y desde hacía cerca de 30 años (1925) residía en Siguatepeque y en Opoteca, y parece que fue el primer cura párroco de aquella nueva ciudad.

52° "El 13 de septiembre de 1886 se vio andar por primera vez en las calles de esta ciudad y de Tegucigalpa un coche en que iban dos señoras y un hombre que lo manejaba".

Nota: Este coche puede decirse que fue el precursor de los vehículos motorizados que muchos años después han llegado a hacer el tráfico motorizado en nuestras poblaciones y carreteras nacionales.

53° "El señor cura párroco de Tegucigalpa, Presbítero don J. Trinidad Estrada, administró aquella parroquia desde el año de 1831 hasta el año de 1874, durando en el desempeño de sus funciones sacerdotales 43 años, y tuvo por coadjutor al Padre José Trinidad Reyes, habiendo fallecido el Padre Estrada 19 años después de haber fallecido el Padre Reyes."

Nota: El Padre José Trinidad Estrada fue el sacerdote que más tiempo duró en el siglo pasado como cura párroco de la Iglesia Parroquial de Tegucigalpa.

54° "El 19 de marzo de 1885 salieron de esta población y de Tegucigalpa las primeras fuerzas del Gobierno de Honduras con dirección a Nacaome y Choluteca, con el fin de detener las fuerzas de las Repúblicas de Nicaragua y de Costa Rica, que no querían la unión de Centroamérica, y de allí vino la guerra, y el Presidente de Honduras don Luis Bográn se fortificó en Choluteca, y las fuerzas de Nicaragua estaban en El Corpus, Somoto y Namasigüe, y las fuerzas salvadoreñas se hallaban en Pasaquina; siendo así que a nuestro Gobierno lo tenían rodeado; pero en esto obró la Divina Providencia de Dios, y las fuerzas de El Salvador que se hallaban en Chalchuapa, a los tres días de fuego con las fuerzas del Presidente don Rufino Barrios, lo aseguraron y murió peleando el 2 de abril de ese año, y así fue que el Presidente Bográn se halló en el caso de entrar en tratados de paz con los demás gobiernos, acabando así la guerra; y el 16 de abril entró a esta plaza el señor Presidente don Luis Bográn, y fueron licenciadas todas las fuerzas, terminando así la campaña que había durado un mes y dos días."

Nota: Así terminó rápidamente la guerra nacionalista que emprendió el Presidente de Guatemala, General Justo Rufino Barrios, en 1885, y que tuvo por epílogo la muerte de aquel caudillo en los campos ensangrentados de Chalchuapa, el recordado 2 de abril de 1885.

55° "El año de 1881 se principió a darle cumplimiento en Comayagüela a la Ley del Matrimonio Civil, siendo Alcalde Municipal de esta población el ciudadano Miguel Cortés."

Nota: Era entonces Presidente de la República el Dr. Marco Aurelio Soto, conteniendo esta nueva ley una de las reformas trascendentales de aquel Gobierno progresista.

56° "El 7 de mayo de 1883 se fue de aquí don Ramón Rosa con toda su familia, y el 8 del mismo mes salió la niña Celestina con toda su familia, y el 9 del expresado mes salió don Marco Aurelio Soto con rumbo a los Estados Unidos, habiendo salido a las seis de la mañana de los expresados días."

Nota: Los doctores Soto y Rosa, al marcharse de aquí con rumbo al extranjero, dejaron encargado el Gobierno de la República, como lo hemos dicho anteriormente, a los señores General Enrique Gutiérrez, Lic. Rafael Alvarado Manzano y General Luis Bográn.

El Dr. Soto, ya estando en San Francisco de California, envió de allá su renuncia de la Presidencia de la República, la que le fue aceptada por el Congreso Nacional.

57° Nota: Después de la celebración del 15 de septiembre de 1950, se principió a deshacer la casa donde nació Juan Ramón Molina, en la Calle Real, para edificar en dicho lugar una casa moderna de dos pisos. Dicha propiedad pertenece ahora a la sucesión de don Cipriano Velásquez. También comprenderán la nueva construcción las dos piezas de casa que fueron del padre Darío Cruz, pertenecientes a la misma sucesión Velásquez, y que están al sur de la propiedad o casa de esquina que perteneció a don Gregorio Turcios, y que pasó después como herencia a su hijo don Felipe Turcios Carías.

Don Gregorio construyó su mencionada casa el año de 1855, siendo así que tal fundo a cumplido un siglo sin que el artesón haya sido reparado hasta ahora.

58° "Mi padre don Eugenio Turcios —decía don Gregorio— murió el año de 1830, el 27 de julio, de una viruela alfombría".

Nota: Don Eugenio Turcios descendía de una de las familias indígenas que fundaron Comayagüela, y sirvió mucho en el desarrollo y progreso de esta población. Fue uno de los diecisiete electores que eligieron la primera Municipalidad Constitucional de esta ciudad, el año de 1820, habiendo sido Regidor 2° en 1822 y Alcalde Municipal en 1825.

Como ascendientes de don Eugenio Turcios, que figuraron en los distintos Cabildos de indígenas de Comayagüela, tenemos los siguientes, comprendidos del año de 1766 a 1818: José Antonio Turcios, Juan Santiago Turcios, Juan de Turcios, Miguel Turcios, Valentín Turcios y Hermenegildo Turcios.

Don Eugenio fue dueño de la célebre "Casa de Trancas", en donde puede decirse que se resolvían muchos de los problemas locales de Comayagüela en aquella época. En ella se construyó el retablo de nuestra Iglesia Parroquial, y era, según sabemos, una especie de casa del pueblo, donde encontraban asilo todos los que lo solicitaban.

La "Casa de Trancas" ocupaba toda la manzana en donde están actualmente las casas de la sucesión de doña Elena Valladares y la del Licenciado Ernesto Divanna, o sea al sureste del Parque de La Libertad.

59° Don Gregorio Turcios nació el 16 de marzo del año de 1813, y fue bautizado el 22 del mismo mes por Fray Joaquín de Heredia en la Santa Iglesia Parroquial del Señor San Miguel de Tegucigalpa, y fue su madrina doña María del Pilar Núñez.

Nota: Don Gregorio Turcios, mi venerable abuelo, que de la paz del Señor goce, tenía siete años y seis meses de edad al proclamarse la Independencia de Centroamérica, y pudo darse cuenta y apreciar muchos e importantes sucesos de nuestra vida social y política de épocas pasadas. Tuvo la curiosidad de anotar algunos de aquellos acontecimientos que han venido a contribuir a aumentar nuestro acervo histórico.

Don Gregorio Turcios fue miembro de las municipalidades de Comayagüela de los siguientes años: 1844, 1845, 1849, 1867, 1871 y 1876, y falleció en su casa de habitación de la Calle Real el día 12 de diciembre del año de 1886, a la edad de 73 años.

Fue, indudablemente, aquel noble indígena, honrado, laborioso y metódico, uno de los esforzados pioneros del adelanto moral, intelectual y material de esta —para nosotros— bien amada ciudad de nuestras saudades y añoranzas infantiles, en donde reposan en su sueño eterno nuestros mayores, y donde nosotros queremos también descansar.

Comayagüela, 8 de septiembre de 1926

NOTA: Aquí terminamos las interesantes y curiosas informaciones que nos dejó en sus Apuntamientos para la Historia de Comayagüela el modesto ciudadano que se llamó don Gregorio Turcios, dejando sin publicar el resto, que es numeroso, de las otras noticias que se contienen en sus referidos Apuntamientos, por ser ellas de carácter familiar, íntimo y otras que no es del caso reproducir aquí, por causas que engendrarían sentimientos de pena y de dolor.

CAPÍTULO II: EL CIUDADANO DON FELIPE TURCIOS CARÍAS

(Del libro intitulado Apuntamientos para la Historia de Comayagüela)

Don Felipe Turcios Carías, que fue una perenne sonrisa frente al panorama realista del mundo; que llevó siempre a flor de labio la fina ironía y la noble conseja; y que, sin ser un sabio de las viejas teorías del pensamiento humano, conocía muchos secretos de la complicada psicología de la vida, y que, en la relatividad de la vida de nuestro ambiente parroquial, fue, indudablemente, un legítimo exponente de la vida sencilla, ingenua y conventual de fines del siglo pasado, de esta coronada villa del cerro Cucuterique y de los amados ríos Grande y Guacerique.

Hacemos esta ligera consideración de carácter puramente familiar al recordar que hoy, 1° de mayo de 1947, se cumplió un siglo de haber venido a la vida el modesto ciudadano que fue don Felipe Turcios Carías, vecino nativo de la ciudad de Comayagüela, quien nació el 1° de mayo del año de 1847, como hijo legítimo del honrado matrimonio de don Gregorio Turcios y de doña María Manuela Carías, que fue hija de don Marcos Cubas y de doña María Josefa Carías, vecinos que fueron del Barrio Abajo de Tegucigalpa.

Don Gregorio Turcios, que era indígena de pura cepa, fue hijo legítimo de don Eugenio Turcios y de doña Fermina Martínez, nativos también de Comayagüela, quienes fueron igualmente padres legítimos de don Pascual, don Pedro Nolasco, don Sixto, don Pío, don Macedonio, don Gerardo, doña Timotea, doña María Josefa y doña Purificación Turcios Martínez.

Don Gregorio se casó con doña María Manuela Carías el día 6 de mayo de 1844, y los unió eclesiásticamente el señor Cura de Tegucigalpa, Presbítero don José Trinidad Estrada, y fueron padrinos de aquel acto don Anastasio Castro y la señorita Leonor Valdés, y la madrinita del plato fue la niña Eloísa Gereda.

Del matrimonio Turcios Carías nacieron los siguientes hijos: don Juan Ramón, don Felipe, doña María Coronada, don José Domingo, doña Luparia y don José Agrípito, que fallecieron siendo niños, y solo

214

llegó a la mayoría de edad don Felipe, quien contrajo matrimonio el 25 de agosto de 1875 con doña María Santos Ramírez, autorizando el acto religioso el Cura Párroco de Tegucigalpa, Presbítero don Carlos Cerna, y fueron padrinos don Felipe Pineda y doña Eustaquia Ramírez. De ese matrimonio nacieron: don Juan Ramón, doña Manuela Dolores, doña Juana Ramona, don Salvador, doña Ester de Jesús y don Gregorio Turcios Ramírez.

Doña Santos de Turcios Carías falleció el 3 de agosto de 1899, a los 42 años de edad, y don Felipe murió el 11 de agosto de 1924, a los 77 años de edad.

Los padres de doña María Santos de Turcios Carías fueron don Juan Pío Duque, que vivió y murió en El Real, Departamento de Olancho, y doña María Manuela Ramírez, quien también tuvo otra hija llamada María Josefa Ramírez, cuyo padre natural fue don Juan Pagoaga, vecino de Tegucigalpa.

Las hermanas Ramírez vivieron durante varios años como hijas de crianza en el honorable hogar de doña Anita Arbizú viuda de Guardiola. Es digno de anotarse el dato de que los viejos indios de la familia Turcios figuraron en Comayagüela en los antiguos cabildos indígenas desde mucho antes del año de 1766, según aparece en las nóminas de aquellas autoridades locales. Bien pueden considerarse, a este respecto, los nombres de José Antonio Turcios, designado como Regidor Mayor el mencionado año de 1766, lo mismo que el de otros posteriores de la época colonial y después de la Independencia, tales como Juan Santiago Turcios (1772); Juan de Turcios (1774); Miguel Turcios (1803); Valentín Turcios (1814); Hermenegildo Turcios (1818); Eugenio Turcios (1822); Pascual Turcios (1836); Gregorio Turcios (1844); Sixto Turcios (1846); Macedonio Turcios (1851); Pío Turcios (1862); Felipe Turcios Carías (1873); y Salvador Turcios Ramírez (1924 y 1925).

Es curioso mencionar el hecho de que el año de 1825 fue Alcalde Municipal de Comayagüela don Eugenio Turcios, y el año de 1925, al cabo de cien años, fue Síndico Municipal de la misma corporación de Comayagüela el bisnieto de aquel ciudadano, don Salvador Turcios R.

Cuando se publiquen los Apuntamientos Históricos de don Gregorio Turcios, se conocerán muchos detalles interesantes relacionados con la vida social y política de Comayagüela a través de más de un siglo de su existencia, y se verá entonces que la familia Turcios desciende directamente de los indios fundadores de esta histórica ciudad.

Don Felipe Turcios Carías fue alumno del Colegio del Corazón de María, que fundó y dirigió en Comayagüela el Licenciado don Valentín Durón; y el año de 1860 le fue extendido un Certificado de Aptitud por haber sido aprobado en el examen de las materias que componían entonces la enseñanza que ahora se llama primaria.

De ese período dichoso de su vida de colegial decía alegremente don Felipe:

—A mí me decían Walker en el Colegio del Licenciado Durón.

—¿Y por qué? —se le preguntaba, y él respondía:

—Porque decían que era "chele" y me parecía al yanqui de este apellido.

Hablaba, asimismo, de las conjugaciones de Corcuera y de otros autores clásicos latinos; recordaba igualmente al "Gato Hernández", o sea el Dr. y General don Luciano Hernández, que, estando emigrado de El Salvador, fue profesor en el mencionado colegio del Licenciado Durón.

Don Felipe fue un narrador feliz de la tradición vernácula y, sin pensarlo, indudablemente, fue un "folklorista", como se dice ahora, de grandes relieves en el ambiente hogareño. De él recordamos, entre otras descripciones verbales, las siguientes, algunas de las cuales han sido ya publicadas y otras lo serán en seguida, como estas:

—La Burriquita del Domingo de Ramos.

—La Visita a la Cueva de Torocágua.

—La Cueva de La Chorrera.

—La Arenga del General Velásquez en el Combate de Las Anonas.

—La Memoria del General Vásquez.

—El Sino Trágico de "Jeremías".

—Mi Experiencia en la Política.

Y, en fin, toda una serie de prestantes revelaciones históricas y personales, como para formar muchas películas documentales de nuestra vida nacional y local en la marcha incontenible del tiempo.

Comayagüela, D. C., 1° de mayo de 1947.

CERTIFICADO EXTENDIDO AL NIÑO FELIPE
TURCIOS CARIAS EL AÑO DE 1860

El infrascrito preceptor de la escuela de primeras letras de esta villa CERTIFICA en la más debida forma: que el señor don Felipe Turcios ha asistido constantemente a la escuela durante los diez meses que la he servido; que ha sido sumiso, respetuoso y aplicado; y que ha aprendido con perfección los preceptos principales de Moral y Urbanidad, la Doctrina Cristiana, Lectura y Escritura, Ortografía y las cinco reglas fundamentales de Aritmética.

Y para lo que pueda convenir al interesado y a su solicitud, doy la presente en la Villa de Concepción, a 4 de enero de 1860.

Valentín Durón

DERECHOS GRATIS:

Nota: Don Felipe Turcios Carías, cuando terminó sus estudios de enseñanza primaria en el Colegio del Sagrado Corazón de María, tenía la edad de 13 años, pues había nacido el 1° de mayo del año de 1847, como hijo legítimo de don Gregorio Turcios y de doña María Manuela Carías, vecinos que fueron de Comayagüela y de Tegucigalpa.

CURIOSA CARTA MATRIMONIAL DE HACE UN SIGLO

Señora María Josefa Carías,
Casa de Ud., enero 22 de 1844.

Muy señora que aprecio:

Con bastante pena me dirijo a usted, creída del disgusto que acaso le causará al leer esta; pero como no me es posible el hacerlo de otro modo, porque lo que deseo decirle, sea con elocuencia o sin ella, no dejará de darle incomodidad, ni yo puedo omitirlo por lo obligada que me hallo según el precepto que Dios impone a los padres de familia, es por esto: que habiéndome manifestado mi hijo Gregorio el vivo deseo que tiene de contraer matrimonio con su amada hija María Manuela, se lo comunico para que, calmándole (como madre) en conciencia y siendo gusto de Dios, por sí mismo, de ella, usted y su familia, me dé una contestación llena de consuelo en razón de lo que solicito, para que sea efectuado el deseo de mi hijo, y también el mío que tanto anhelo.

Creo, de su generosidad, me dará por dispensada la incomodidad que le cause el ver las voces que he estampado en este papel, y también estoy penetrada de que su contestación será adecuada a mi modo de pensar; quedándome el placer de suscribirme en próxima ocasión por su muy atenta S. q. b. s. m.

Fermina Martínez

Nota: Don Gregorio Turcios contrajo matrimonio con doña María Manuela Carías el 6 de mayo de 1844, teniendo varios hijos que murieron, muchos de ellos siendo niños, y doña María Manuela falleció en su casa de Comayagüela, en la Calle Real, el 6 de septiembre de 1880, a la edad de 68 años.

CAPÍTULO III: LA CALLE REAL DE COMAYAGÜELA O SEA LA CALLE DE LOS POETAS

Al escribir anteriormente acerca de los orígenes y creciente desarrollo de la ciudad de Comayagüela, y trayendo a cuenta las diferentes teorías que se han lanzado a la circulación con respecto a sus primeros pobladores, dijimos que estos se establecieron primeramente en los terrenos de El Toncontín, y que de allí se fueron extendiendo por la margen izquierda del Río Grande, en la planada que ocupa actualmente la ciudad, limitada al occidente por el célebre Cerro Cucuterique, como le llamaban los indígenas, o sea La Crucita, como se le llama en la actualidad.

Dichos habitantes eran en su mayoría indios de pura raza autóctona.

Cuando entonces nos ocupamos extensamente con relación a todas las grandes posibilidades que ofrece esta ciudad para un futuro no lejano, varias personas de la localidad se mostraron pesimistas y dudaban de que aquellas iniciativas nuestras pudieran realizarse, y nos decían con un tono de gran duda:

—Eso que usted dice y que consideramos como lo mejor para Comayagüela, lo venimos oyendo, en parte, desde que "éramos chiquitos", y nunca lo veremos realizado.

Y, sin embargo, a pesar de lo difícil que es impulsar el progreso en Honduras, en cualquiera de sus expresiones, vamos caminando hacia él, impulsados más que todo por la mancomunidad de los intereses de las grandes fuerzas económicas y expansivas que rigen al mundo actualmente. Es una ley biológica y sociológica de un poder incontrarrestable. El que no se adapta al medio en que actúa, tiene que perecer asfixiado por el mismo medio ambiente, ya sea en lo individual o en lo colectivo.

Según los datos que poseemos, allá por los años de 1830 a 1840, Comayagüela tenía solamente unas treinta o treinta y cinco casas, siendo de "paja" su mayoría, y las cuales se encontraban diseminadas a considerable distancia las unas de las otras, como verdaderos bohíos enclavados en la gran desolación de la manigua agreste, rodeados de todas las inclemencias de la naturaleza y carentes de los efluvios de la civilización.

A este propósito dice uno de nuestros historiadores:

—"En la década de 1840 a 1850, progresó algo la edificación. El 4 de diciembre de 1847 ordenó la Municipalidad que todos los dueños de casa en la Calle Real, que estaba formándose, empedraran su frente. A los solares sin dueño se hizo el empedrado por cuenta del Tesoro Municipal. El mismo año se dispuso dar a la Calle Real doce varas de ancho y diez varas solamente a las otras calles. El ciudadano don Gerónimo Reina protestó contra la anchura de la Calle Real, pidiendo que se le diera mayor amplitud. Con tal objeto presentó un escrito a la Gobernación Política, que resolvió la solicitud en sentido favorable al apelante".

—"En la sesión solemne que celebró la Municipalidad el 29 de julio de 1849, a la que asistió el padre Reyes, el Dr. Hipólito Matute y otras personas de mucha importancia, se acordó dar veinte varas de anchura a cada una de las calles que convergen al puente".

—"El 2 de julio de 1850 el Gobierno decretó que todo individuo poseedor de casa y trabajos de campo quedaba obligado a construir su habitación en el pueblo respectivo. Debido a esto, muchos vecinos pobres pidieron solares para edificar casas de paja en la Calle Real, cerca del puente. En la sesión municipal del 5 de agosto del mismo año, siendo Alcalde don Luis Velásquez, se dispuso conceder solares en el centro únicamente a los que pudieran edificar sus casas de teja (es decir, de adobes) y, al mismo tiempo, darlos en las orillas de la población a los que solo pudieran hacerlas de techo de paja".

Como se ve por los datos insertos anteriormente, nuestros ancestros se preocuparon vivamente, desde un principio, por el progreso urbano; y por lo que respecta a nuestra Calle Real, como su mismo nombre lo indica, siendo un recuerdo superviviente de la Colonia, parece que aquellos habitantes pusieron todo su empeño en hacerla lo mejor posible, para que fuera un justo orgullo de la localidad, como parece que así será con el correr del tiempo.

Los vecinos que entonces hacían casa en la Calle Real era porque tenían sus facilidades económicas, y se consideraban como "riquitos" en la relatividad del ambiente pueblerino.

Parece que hay un destino bueno y un destino malo que rige a los seres y a las cosas, y, divagando alrededor de tal ingenuidad, nos hemos dicho interiormente: ¿Presentirían acaso nuestros buenos abuelos que la Calle Real de Comayagüela pasaría a las páginas de nuestra historia cultural, con los timbres de honor y de gloria, porque en toda su extensión nos habla constantemente del renombre y del triunfo imperecedero de muchos de sus hijos de pensamiento y de acción, que son motivo de justa ufanía para la patria...?

Quién sabe; pero es el caso curioso que, en muchas de las modestas casas de la Calle Real —o sea, del puente Mallol al puente de Guacerique— nacieron en épocas pasadas nada menos que el príncipe de nuestros poetas, Juan Ramón Molina, Rómulo E. Durón, Valentín Durón, Luis Andrés Zúñiga, Valentín Turcios Reina, Guillermo Bustillo Reina, Salvador Turcios R., Arcadia Turcios Velásquez, Rafael Heliodoro Valle, Alonso A. Brito, Manuel Ramírez y otros muchos intelectuales y profesionales distinguidos, que son honra de la localidad y del país en general.

En la actualidad la antigua Calle Real se conoce con el nombre de Avenida Marco Aurelio Soto; pero nosotros nos permitimos sugerir la idea de que, como un recuerdo imborrable del nombre de Juan Ramón Molina y de los demás poetas que allí nacieron, se le llame sencillamente, elocuentemente, La Calle o Avenida de los Poetas. Y esta modesta insinuación la hemos puesto bajo el patrocinio de los hombres de buena voluntad que pueden hacerlo actualmente.

Comayagüela, D. C., 7 de abril de 1937.

CAPITULO IV: COMO SE CELEBRABA LA FIESTA TRADICIONAL DE COMAYAGUELA, A FINES DEL SIGLO DIEZ Y NUEVE

Nos refiere la historia nacional que el Congreso y el Senado de la República, a excitación del Gobierno, en la administración pública del Dr. Juan Lindo, "El Zorro de la Política Hondureña", elevó a Comayagüela al rango de villa el 22 de agosto de 1849, permitiéndole, asimismo, celebrar una fiesta anual que principiaría el 8 de diciembre; y que, muchos años después, el 10 de abril de 1897, en la administración del Dr. Policarpo Bonilla, le fue conferido el título de ciudad, tomando en cuenta todas las circunstancias favorables que distinguen a esta bella población.

En cuanto a la fiesta anual de Comayagüela, llamada impropiamente "feria", queremos recordar su pasado esplendor, lleno de ingenuidad y de un matiz eglógico que la "civilización" ha destruido en el correr vertiginoso de los años; y, para hacer una evocación más o menos exacta de una época lejana, interrogamos así, cierto día, al viejo Tío Liborio:

—Cuéntenos, querido Tío, cómo se celebraba nuestra fiesta tradicional cuando usted era muchacho.

Y el buen señor, que era un indígena de pura cepa, descendiente directo de los abuelos paternos que fundaron la coronada ex villa del Guacerique y del Río Grande, atendiendo nuestro reclamo, principió a decirnos, con su voz cascada y su frase pintoresca, el siguiente sencillo relato:

—En aquellos tiempos —díjonos— hablar de la fiesta de Comayagüela, entre nosotros se entiende, era como hablar de la Semana Santa en León, de Nicaragua; del Corpus, en Guatemala, o de la Fiesta de Agosto en San Salvador; tal era el entusiasmo que despertaba en todos los vecinos y lugares inmediatos; tal como sucedía cuando se aproximaban las fiestas de Mercedes, San Miguel y la Pascua en Tegucigalpa. Todo era contento y grandes preparativos.

Los principales vecinos de la localidad hacían colecta de fondos para la celebración religiosa y los actos públicos que se acordaban, principiando la fiesta religiosa y pública con el gremio del Centro, que le tocaba el 8 de diciembre, el propio día de la Santa Patrona del pueblo, y a cuyas ceremonias religiosas asistía la Municipalidad en cuerpo y el Gobernador Político del Departamento. La autoridad civil y eclesiástica se unían en la fe bajo el techo de la Casa de las Oraciones.

Toda la población vibraba de sano entusiasmo y no se registraban crímenes, no obstante que los agentes de la autoridad eran muy pocos, relativamente.

Los gremios de las aldeas del municipio celebraban cada uno su día con una solemne misa, que era alegrada con gran derroche de pólvora y de música religiosa, y daba gusto ver a los humildes campesinos cómo llegaban en grandes caravanas al sagrado templo, a encomendarse a la celestial Patrona y a escuchar reverentes la palabra de Dios, para que les infundiera fe y esperanza en las rudas luchas de la vida. Era un desfile luciente de hombres, mujeres y niños, que ostentaban el mejor traje en la celebración de su día.

Al salir del templo se encaminaban a la casa que en uno de los barrios de la población habían preparado al efecto, en donde tomaban un suculento desayuno y después se entregaban, el resto del día, al placer del baile y a consumir el espirituoso jugo de la dulce caña.

Durante los días de la fiesta no faltaban los espectáculos populares, entre ellos, las carreras de caballos, los encostalados, el palo ensebado y, sobre todo, las corridas de toros, que constituían entonces lo más atractivo de los actos populares y que atraían centenares de personas de todas clases, ansiosas de admirar la bravura de los toros y la destreza de los nativos Mazantinis.

El lugar que hoy ocupa el Parque de La Libertad era la plaza de toros, y a su alrededor, que se cerraba con fuertes barreras, se construían los tablados en donde las personas acomodadas de Tegucigalpa y Comayagüela se instalaban cómodamente para presenciar las partidas taurinas. La generalidad del pueblo se colocaba alrededor de las barreras, y el acto era amenizado alegremente por la música marcial.

Era este, como dejo dicho, el espectáculo más emocionante de la fiesta, pues en muchas ocasiones corrió la sangre en ese sitio de los lidiadores indígenas. Los toros —verdaderas fieras— casi siempre eran de la Hacienda de El Zamorano o del Valle de Comayagua.

En las noches durante la fiesta se bailaba en las casas de los principales vecinos de la Calle Real, y salían estos a la plaza y a las calles en numerosas parejas, acompañados de músicas pueblerinas, con la mayor animación de la fiesta.

Entonces todo era dicha y animación y se gozaba con poco dinero, conservando eso sí, lo típico de las fiestas regionales hondureñas, que constituyen el alma de nuestros pueblos. Y terminó así su breve relato el viejo y querido Tío Liborio, dando un hondo suspiro de amadas remembranzas, con esta sencilla e ingenua exclamación, de una verdad perdurable:

—¡Oh, Dios mío, cómo cambian los tiempos!

Nota: Y ahora todo este pintoresquismo del folclore nacional, contenido en nuestra fiesta tradicional, ha desaparecido por efecto de los avances incontenibles de la llamada "civilización", de que tanto nos hablan los elementos "exóticos" que nos han invadido en todos los sectores de la vida política, social, económica y religiosa, que se precian de estar conduciendo a nuestro pueblo a un alto nivel de una vida mejor. En todas las partes del mundo culto, el folclore representa el sentimiento y el alma de las colectividades en su marcha ascendente hacia su perfeccionamiento y perdurabilidad en la historia del mundo. (Comayagüela, D. C., 8 de diciembre de 1941).

Comayagüela, Ciudad Heroica

Cómo exaltar quisiera el nativo ancestralismo
que pones en mi psiquis de rudo visionario,
para cantar la gloria de tu romanticismo,
¡Oh, bella durmiente de un ensueño lapidario!

No ostentas el escudo de una urbe de leyenda
ni los rancios blasones de nobles tradiciones,
pero muestras, en cambio, en la hogareña senda,
el gesto prepotente de tus altas acciones.

Es tu fiel centinela el audaz Cucuterique
que arrulla con sus músicas el Río Guacerique
en la ruta infinita de tu altiva ansiedad...

Y si no fueras cuna de poetas y guerreros
que ilustran a la patria con sus limpios aceros,
¡te basta tu fervor por la Diosa Libertad!

SALVADOR TURCIOS R.

CAPÍTULO V: ORIGEN DE LOS INDIOS DE COMAYAGÜELA

De los estudios etnográficos y filológicos que han hecho algunos de nuestros hombres de ciencia, se ha venido a comprobar que los antiguos pobladores de la actual ciudad de Comayagüela fueron indígenas de origen náhuatl o mexicano, que vinieron de Jano, en el Departamento de Olancho, según unos historiadores, y de Lejamaní, según otros, a mediados del siglo XVI.

Se ha averiguado, asimismo, que esos pobladores se establecieron primeramente en el sitio conocido con el nombre de El Toncontín, en el Llano del Potrero, y que después se fueron extendiendo por la margen occidental del Río Grande, en el lugar en donde está la actual población.

Se asegura que cerca de Jano se encuentra un sitio que se conoce con el nombre de Comayagüela Vieja, en afianzamiento de la primera teoría de que dichos pobladores vinieron de aquel lugar; pero, de lo que sí no cabe duda, es que los mencionados indígenas fueron trasplantados a este lugar para que trabajaran en las ricas minas que explotaban en Tegucigalpa y Santa Lucía los descendientes de los conquistadores españoles, lo mismo que para las faenas agrícolas.

A fines del siglo XVIII, Comayagüela ya era una población de alguna importancia por el número de sus habitantes y sus posibilidades económicas, lo cual se demuestra por el hecho de haber dado principio, en 1788, a la construcción de su iglesia, la cual fue terminada en 1796 por el esfuerzo decidido de los vecinos, siendo así que de estos, 300 eran tributarios, y cada uno de los cuales debía sembrar diez brazadas de tierra para el pago de dicho tributo, de conformidad con lo dispuesto en la cédula de fecha 4 de junio de 1582.

Nuestros antecesores fueron tributarios por cerca de trescientos años, dando así su sangre y su vida al mantenimiento de un poder extraño, hasta el 3 de noviembre de 1812, en que, con motivo de los aires libertarios que empezaron a respirarse en esta parte del mundo, nuestros indígenas principiaran a significar su repugnancia por el pago del real tributo, como así lo hizo constar en un acta, en 1818, el entonces Alcalde Mayor de Tegucigalpa, Lic. Narciso Mallol, y esto, según decían, fundándose en la Constitución Española de ese mismo año, que los libraba de ese pago.

EL PUENTE MALLOL

En la construcción de nuestro puente principal, cuya obra dio principio el año de 1817, casi todos los peones que en ella trabajaron fueron de Comayagüela, y tanto fue el entusiasmo y decisión que en ella emplearon nuestros indígenas, que el que no laboraba personalmente, facilitaba sus bueyes, carretas y hasta dinero para que se llevara a feliz término tan importante construcción.

Esta obra, que ahora es orgullo de la arquitectura nacional, fue dirigida por los españoles don Juan Bautista Jáuregui y don Juan Benito Quiñónez.

EL AYUNTAMIENTO MUNICIPAL

Un hecho que marcó indudablemente un paso positivo en el progreso de Comayagüela se realizó el 30 de noviembre de 1820, con la transformación de su antiguo cabildo de indígenas en un ayuntamiento municipal con más amplias visiones hacia el porvenir, habiendo inaugurado sus trascendentales funciones solicitando de las autoridades superiores la devolución del fondo de comunidad que estaba depositado en la Caja Real en Comayagua, para poder hacer frente a los gastos en el sostenimiento de la escuela primaria que desde hacía mucho tiempo funcionaba en la población.

En el mismo año de 1820 se dispuso por la municipalidad que los vecinos edificaran sus casas en la población, pues la mayoría de ellos residían en sus casas de campo o "chácaras", y solo "bajaban" a la población cuando el cabildo celebraba sus sesiones.

AL PROCLAMARSE LA INDEPENDENCIA NACIONAL

Cuando se hizo la proclamación de la independencia de Centroamérica, la actitud de Comayagüela fue francamente en favor de las patrióticas tendencias de Tegucigalpa, que se oponían a las pretensiones del gobernador José Gregorio Tinoco de Contreras, residente en Comayagua, que era decidido adversario de la independencia y que después se esforzó con todo empeño por la anexión de esta provincia al Imperio Mexicano. Y fue entonces, puede afirmarse, cuando tuvo su génesis la rivalidad que existió durante mucho tiempo entre Comayagua, la antigua capital de la provincia, y Tegucigalpa, siendo también en esta misma ocasión cuando el mimado de la gloria, el invicto Francisco Morazán, empezó a calzarse las espuelas del guerrero que más tarde asombró con sus brillantes proezas al istmo centroamericano.

ERUPCIÓN DEL VOLCÁN COSIGÜINA

El 20 de enero de 1835, cuando la erupción del volcán Cosigüina, la población sufrió la consiguiente consternación, pues para muchas personas se trataba del fin del mundo, y muchas de estas, según se dice, estuvieron a punto de trastornarse; pero, en tan angustiosa situación, vino a calmar un tanto los ánimos la palabra sapiente y convincente de nuestro recordado y admirado Padre Reyes, quien les indicó a las muchedumbres de Tegucigalpa y Comayagüela que tal fenómeno, "el polvo", que oscureció la atmósfera durante tres días, provenía de la erupción de un volcán.

LA PESTE DEL CÓLERA

El cólera morbus invadió esta población el 21 de septiembre de 1837 y causó un regular número de víctimas, pero, por fortuna, no produjo los trastornos políticos que este mismo flagelo ocasionó en Guatemala, y que sirvió —quién lo creyera— de pedestal a la figura militar y política del general Rafael Carrera, que años después llegó a ser el árbitro de los destinos de Guatemala, como presidente vitalicio de aquella sección centroamericana.

COMAYAGÜELA ESTUVO A PUNTO DE SER DESTRUIDA

En el vaivén de los acontecimientos políticos que han agitado al país durante la centuria de vida llamada "independiente", nuestra población ha estado a punto de perecer por efecto de la exaltación de las pasiones banderizas, de suyo tan enconadas entre nosotros los hondureños, y así vemos que, en 1844, siendo presidente de la República el general Francisco Ferrera, y en vista de la actitud que habían asumido muchos vecinos de Comayagüela en favor del movimiento revolucionario del pueblo de Texiguat, apoyado por el Gobierno de Nicaragua, el general Ferrera dio orden, según se afirma, de que incendiaran esta población, lo que afortunadamente no se llevó a cabo por la intervención de varios vecinos influyentes de ambas poblaciones, entre ellos, el recordado ciudadano don Luis Velásquez, quien además salvó la vida de don Pablo Maradiaga, contra quien se había dado orden de fusilamiento, y para tal fin había sido trasladado a Nacaome, a donde también se dirigió el señor Velásquez, logrando con su intervención la libertad del señor Maradiaga.

EL VIEJO CABILDO MUNICIPAL

El antiguo cabildo municipal de esta ciudad fue construido el año de 1842 y reconstruido en un estilo moderno durante la administración pública del Dr. Francisco Bertrand, de 1915 a 1916, siendo alcalde municipal don Francisco Valladares L., y que ahora sirve para la Escuela de Bellas Artes.

VILLA DE CONCEPCIÓN

Siendo presidente de la República el Dr. don Juan Lindo, uno de los gobernantes más ilustres que ha tenido el país, y en atención al relativo incremento que había alcanzado la población, con fecha 22 del mes de agosto de 1849, fue elevada a la categoría de villa y se le permitió que pudiera tener una feria anualmente, durante su fiesta titular, la cual principiaría el 8 de diciembre de cada año.

INCURSIONES DE LOS CURARENES

Los patriotas de Comayagüela se distinguieron por su arrojo y disciplina, al lado de los de Tegucigalpa, peleando contra las hordas de curarenes que invadieron ambas poblaciones en el mes de noviembre del año de 1871, según aparece de una proclama del entonces comandante de armas del departamento, general don Enrique Gutiérrez, lo mismo que en la segunda incursión que hicieron las mismas hordas de forajidos en el mes de julio de 1872.

INCURSIONES DEL VAPOR SHERMAN
En junio de 1873, siendo presidente de la República el Lic. don Céleo Arias, y con motivo de las incursiones que hizo a la costa norte del país el vapor General Sherman, nuestra municipalidad ofreció su adhesión incondicional al gobierno del señor Arias contra las funestas pretensiones de los filibusteros, tal como ya lo había hecho en época anterior cuando la invasión de Walker a la hermana República de Nicaragua, en 1856 y 1857 del siglo pasado.

Fue en esta ocasión cuando empezó a destacarse fuertemente la personalidad del ciudadano don Erasmo Velásquez, que más tarde llegó a ser general y uno de los vecinos más distinguidos que tuvo Comayagüela en los últimos años de la centuria pasada, y que murió valientemente en el combate de Las Anonas, el 27 de julio de 1892, peleando en favor del Partido Liberal, de que era jefe reconocido el Dr. Policarpo Bonilla.

DESCONOCIMIENTO DEL GENERAL MEDINA
Y ADHESIÓN AL PRESIDENTE SOTO
El año de 1876 nuestra corporación municipal desconoció como presidente de la República al general José María Medina y proclamó en su lugar al general don Ponciano Leiva.

Cuando llegó a la presidencia el Dr. don Marco Aurelio Soto, el 27 de agosto de 1876, esta población declaró abiertamente su adhesión y simpatía al nuevo mandatario, y así lo hizo constar en la manifestación que suscribió el día 13 de septiembre de aquel año, por cuya causa, con el correr del tiempo, y cuando ya era presidente de la República el general Luis Bográn, en 1883, se conquistó la animadversión de aquel gobernante, que fue enemigo reconocido en política, años después, del Dr. Marco Aurelio Soto.

Ese sentimiento de hostilidad se hizo más manifiesto en 1886, con motivo del viaje de varios importantes vecinos de Comayagüela que partieron con rumbo a Nicaragua, de donde regresaron al país en son de guerra, capitaneados por el general Emilio Delgado, en contra del gobierno del general Bográn y con auxilio, según se decía, del expresidente Dr. Soto.

Con motivo de este incidente fue conminada nuestra corporación municipal, a raíz del viaje de los ciudadanos indicados, por el presidente Bográn, quien manifestó que si no regresaban a sus hogares los alzados en armas, convertiría a Comayagüela en una barriada de Tegucigalpa. Tal conminación, como es natural suponer, causó gran alarma en los nativos de esta población y aumentó la indisposición contra aquel gobernante.

EL PRIMITIVO MERCADO

A pesar del progreso material alcanzado por esta población, carecía hasta el año de 1888 de un centro comercial que le sirviera de mercado, y fue hasta el año antes indicado que se resolvió este importante problema, siendo alcalde municipal de esta ciudad el general don Erasmo Velásquez y síndico municipal el integérrimo ciudadano don Carlos A. Sosa; pero hay que hacer constar que obra tan necesaria logró realizarse venciendo los obstáculos que se oponían para ello por parte de algunas de las autoridades superiores, y fue inaugurado solemnemente el 29 de junio del mencionado año de 1888, con el nombre de Mercado El Progreso, y ocupó el sitio en donde estuvo la Administración de Rentas, que se incendió, y ahora ocupa el Kindergarten Nacional.

INTENTO DE FUSIÓN DE AMBAS CIUDADES

En 1890 se intentó la fusión de Comayagüela con Tegucigalpa, siempre por influencia del presidente Bográn, pero tal intento estuvo a punto de provocar un gran derramamiento de sangre, pues los indígenas de las aldeas de La Cuesta, El Carrizal, Lodo Prieto, La Soledad, La Quebrada Arriba y de la misma población, que al darse cuenta de lo que se intentaba, ocurrieron a la población en número de más de trescientos hombres, armados con machetes y pistolas; y si no hubiera sido por la intervención de algunos vecinos influyentes de esta población, que obraron en el ánimo de los indígenas, entre ellos el general Velásquez, que los convencieron de que la fusión de ambas poblaciones no se llevaría a cabo por ningún concepto, quién sabe qué proporciones hubiera tomado aquel conato de incendio, sobre todo porque ya en aquel año los espíritus estaban muy agitados por efecto de la campaña política que entonces se hacía contra el general Bográn.

SUBLEVACIÓN DEL GENERAL SÁNCHEZ

El 8 de noviembre de aquel año de 1890 ocurrió la traición del general Longino Sánchez contra el presidente Bográn, y fue entonces, precisamente, cuando el esforzado pueblo de Comayagüela se cubrió de gloria por su bizarría y honradez republicana, por la sinceridad de sus sentimientos ciudadanos, salvando la vida del general Bográn, acuerpando su gobierno y acompañándole en todas las peripecias de aquella emergencia, hasta cooperar a colocarlo nuevamente en la presidencia, en cuyos hechos de armas perdieron la vida muchos valientes comayagüelas, no obstante que el general Bográn había hostilizado de mil maneras a Comayagüela desde muchos años atrás.

Este es un bello gesto de patriotismo que honra a Comayagüela y que la historia ha recogido entre vítores y palmas triunfales, porque revela el noble espíritu que siempre ha animado a esta honrada población.

TÍTULO DE CIUDAD

Haciendo justicia a los positivos adelantos realizados por Comayagüela, le fue concedido el título de ciudad por decreto del Congreso Nacional, con fecha 10 de abril de 1897, siendo presidente de la República el Dr. don Policarpo Bonilla, y desde esa época hasta el presente, el desarrollo intelectual, moral y material de nuestra población ha sido manifiesto, a pesar de los grandes obstáculos que se han presentado en la vida de la República por efecto del convulsionismo bélico en que hemos vivido.

NUESTRA IGLESIA PARROQUIAL

Una de las cuestiones que absorbieron la atención de no pocos habitantes de Comayagüela, casi puede decirse desde la independencia nacional, consistió en el hecho de la exaltación de nuestra iglesia a la categoría de parroquia, pues, como bien se sabe, según se decía anteriormente, no caminaba tan bien como se deseaba por la feligresía, y así fue que tal mejora se consiguió, después de tantos años de constante petición, por decreto diocesano de 30 de octubre del año de 1893, dictado por el entonces obispo de la diócesis, el muy ilustre Dr. don Manuel Francisco Vélez, de grata recordación para la Iglesia hondureña, habiendo sido nombrado como primer cura párroco de nuestra iglesia parroquial el virtuoso e inolvidable presbítero don J. Trinidad Maradiaga, hijo nativo de esta ciudad, y a quien dio posesión de su alto ministerio el señor vicario foráneo, presbítero don Blas Escobar.

DISTINGUIDOS CIUDADANOS DE COMAYAGÜELA

La ciudad de Comayagüela ha tenido muchos distinguidos ciudadanos que contribuyeron honradamente a su desarrollo en todos los órdenes de la actividad creadora, y entre ellos recordamos a los siguientes, que figuraron antes de la independencia: Juan José Roque, el primer alcalde del ayuntamiento constitucional de 1820; don Eugenio Turcios, don Calixto Martínez, don Manuel Trinidad Hernández; y después de la independencia, don Luis Velásquez, don Jerónimo Reina, don Pablo Maradiaga, don Gregorio Turcios, don León Sosa, don Pedro Reconco, don José María Méndez, don Pedro Reina, don Antonio R. Reina, don Simeón Lozano, licenciado Valentín Durón, don Dionisio Valle, don Cipriano Velásquez, don Carlos A. Sosa, don Felipe y don Camilo Estrada, don Hermenegildo Valle, don Felipe Turcios Carías y otros muchos ciudadanos que sería muy largo enumerar, y conste que solo citamos los que ya hace mucho tiempo murieron, para no despertar rivalidades entre los vivos.

Comayagüela está llamada a conquistar un gran porvenir, como ya lo hemos dicho en otra parte, por todas las nobles circunstancias con que la ha dotado nuestra fecunda naturaleza, por la laboriosidad de la mayoría de sus hijos y por la brillante posición que ocupa dentro de la vértebra gigante que comunica al organismo de la República el impulso de la civilización y del comercio, o sea la vía interoceánica que nos pone en rápida comunicación con el sonoro palpitar de los océanos.

Y, por último, resumiendo estas informaciones históricas, diremos como concibe el poeta a su bella ciudad natal:

¡Oh, sí! Ella es una bizarra amazona indígena,

con su luenga y negra cabellera extendida al áureo sol como un manto triunfal;

de carnes fuertes y morenas, olorosas a nuestras amadas serranías,

que reposa muellemente en el ribazo maternal del antiguo Cucuterique,

arrullada eternamente por los ritmos orquestales de nuestro majestuoso Río Grande,

y que siempre ha amado con amor inmenso, infinito,

el trabajo regenerador, la justicia inmanente y la santa libertad...

Comayagüela, D. C., 1926

CAPÍTULO VI: LEYENDA QUE PARECE HISTORIA

El origen del nombre de la ciudad de Comayagüela

Muchos señores, con el título de sabios filólogos, han intentado explicar el origen del nombre de la ciudad de Comayagüela, pero según cuentan las antiguas crónicas tradicionales nuestras, sabemos que allá por el año del Señor de 1596 vivía en esta coronada villa del Guacerique y del Río Grande una familia indígena de apellido Pérez, compuesta de seis varones y de cinco hembras, además de los progenitores, que se llamaban Sinforoso y Laureana Pérez.

Estas buenas gentes, que llevaban una vida patriarcal, poseían varias manzanas de terreno completamente cultivadas a lo largo de la ribera del Río Grande; y la casa de habitación, que era una eglógica alquería, estaba situada en el lugar que ahora ocupa la sucesión de don Pedro Reina, a la entrada del puente Mallol.

Los hijos de los señores Pérez, como dice el Antiguo Testamento en relación con los descendientes del santo patriarca Abraham, se multiplicaron como las estrellas del firmamento, y ellos fueron, precisamente, los fundadores de esta heroica ex villa de Concepción de Comayagüela.

Pero como todo tiene su fin en esta tierra de dicha y de dolores, sucedió un día que la señora Laureana, que ya pasaba de los cien años de existencia, empezó a sentir los achaques consiguientes a su edad, que son indudablemente los mensajes que nos anuncian la muerte, y se produjo, como es natural suponer, la indispensable inquietud en el ánimo de todos los miembros de aquella numerosa familia, pues ya en esa época todos sus hijos se habían casado, siguiendo el precepto eclesiástico, toda vez que ellos eran muy buenos creyentes de la religión de Cristo.

Todos los días, en la mañana, era de verse la procesión de sus nietos, hijos e hijas, cómo llegaban a verla del Cerro Grande, La Soledad, El Carrizal, La Burrera y de otros lugares aldeanos vecinos, trayendo toda clase de obsequios y de alimentos, especialmente para prolongar así, según ellos decían, la vida de la anciana "agüela", como los nietos le llamaban a la antiquísima señora Laureana.

Cada uno de estos, que pasaban de treinta, llegaban al "tapexco" en donde yacía la viejecita y le ofrecían los alimentos que le traían, rogándole que los tomara, pues creían justamente que así cumplían con un alto deber de familia cristiana. Daba gusto —refieren las viejas fábulas— ver cómo gozaban los nietos cuando "la agüela" tomaba de todos ellos, aunque fuera una miga, ya un pequeño trago de fresca leche, de chocolate, de atol o de otro cualquiera de los alimentos que acostumbraban nuestros ancestros indígenas.

A cada instante le coreaban este persistente estribillo: "¡Coma ya, agüela!", para estimular sin duda el apetito de la buena señora, quien ya en las postrimerías de su dilatada vida, tal vez porque se le llegaron a grabar tan fuertemente estas sílabas pronunciadas por sus nietos, por un noble sentimiento de ternura filial y de recuerdo imperecedero para sus descendientes, pidió enternecida a todos ellos que la alquería en que había pasado la mayor parte de su dilatada vida la llamaran con el estribillo que tanto le repitieron sus nietos, esto es: "¡Coma ya, agüela!".

Según reza una tradición solariega, muy poco conocida actualmente, este es el origen del nombre de esta esforzada ciudad de Comayagüela, que tanto se ha distinguido en los anales libertarios de la historia nacional.

Y un anciano venerable, a quien le creía cuanto él me decía, puesto que era mi padre, me refirió una vez que el Dr. don Marco Aurelio Soto, cuando fue presidente de la República, se había opuesto a que se le cambiara el nombre a esta ciudad de Comayagüela, tanto porque no era del agrado de la generalidad de sus habitantes como porque dijo "que no había otro igual en el mundo".

Nota: Nuestros indígenas convierten la "b" en "g" frecuentemente, como se ve en el nombre de "Comayagüela", siendo así que, de cualquier modo que se descompongan estas sílabas, tendremos siempre el consabido estribillo de: "Agüela, coma ya" o "Coma ya, agüela".

Comayagüela, D. C., diciembre de 1936

CAPÍTULO VII: FOLKLORE DE COMAYAGÜELA

EL TESORO DE LA CUEVA DE LA CHORRERA

Y aquella mañana dominguera, fresca y primaveral, el fecundo anciano de las charlas pintorescas y sugerentes del cálido folklore de los nativos lares nos hizo este interesante relato:

—Hace muchísimos años que se guardaba en el archivo del antiguo ayuntamiento de Comayagüela el expediente que se formó en uno de los juzgados de esta población, allá por los años de 1812 a 1813, para esclarecer el desaparecimiento de dos hombres que fueron sirvientes durante mucho tiempo de los ricos españoles don Jorge y don Ramón de Montoya, que fueron los primitivos propietarios de la conocida Hacienda de Guacerique, que dista de esta capital como unas tres leguas hacia el rumbo suroeste.

Reza la tradición que los hermanos Montoya eran tan ricos que asoleaban sus inmensas cantidades de oro y de plata en los patios de la hacienda, extendidas sobre cueros, y las guardaban después en viejos arcones y grandes vasijas de barro.

Los propietarios de la hacienda tenían dos criados de confianza, fuera de los numerosos trabajadores que ocupaban en sus faenas agrícolas y pecuarias, y eran aquellos criados, precisamente, los que empleaban en las labores que requerían una completa reserva, por lo cual los trataban con la más amplia consideración en sus diarias y constantes relaciones.

Por aquella época ya había prendido en los pueblos hispanoamericanos la chispa de la Revolución Emancipadora; y en estas apartadas regiones centroamericanas también ya se notaban los primeros síntomas de independencia.

Parece que por esta y otras circunstancias, los hermanos Montoya dispusieron hacer un viaje a su patria, y trataron, naturalmente, de asegurar su cuantioso capital para disponer de él, de la mejor manera, al regreso de su viaje.

Y el buen narrador de este cuento miliunanochesco, como queriendo hacer más patético su relato, se paseaba nerviosamente para darnos este dato fundamental:

—Mi padre, sí, mi padre, tuvo en sus manos y leyó el proceso de los hermanos Montoya, y puedo asegurar que es absolutamente cierto lo que ahora estoy diciendo.

Los hermanos Montoya, como es lógico suponer, conocían perfectamente bien los grandes terrenos de su hacienda, bañados en una considerable extensión por el río Guacerique, de donde esta tomó su nombre, y acordaron guardar escrupulosamente su gran tesoro en la Cueva de la Chorrera, la que habían arreglado especialmente, y la cual se llama así porque queda frente a la margen derecha de la quebrada de este nombre que, juntamente con la quebrada de Guaralalao, son afluentes del río Guacerique.

Esta cueva, que probablemente era muy extensa y de regular altura, fue en parte aterrada y dividida, al parecer, por un muro de cal y canto, pues presenta un boquete hecho por la mano del hombre y por el cual bien puede introducirse una vara bastante larga y no se le encuentra fin.

Ya estando lista aquella, convenientemente, como hemos dicho, procedieron con sus dos criados a trasladar el tesoro de la casa de la hacienda hacia la cueva, llevándolo en bestias durante varios días, con todo el sigilo posible para no ser descubiertos por personas extrañas.

El último día en que terminaron su trabajo, los hermanos Montoya dieron muerte a sus dos sirvientes, que tan fielmente les habían ayudado, siendo por lo mismo poseedores del secreto, dándoles sepultura en la misma cueva, y con el fin, indudablemente, de garantizar todo lo posible la propiedad de su tesoro a su regreso de España.

También se afirma que anduvo acompañándolos en el traslado del tesoro un niño que era deudo de uno de los criados, el que logró fugarse en el momento de cometerse el crimen, y fue el que, ya siendo hombre, lo refirió, y por eso se siguió el correspondiente informativo en el juzgado colonial de Comayagüela.

Los hermanos Montoya emprendieron su viaje, del cual no regresaron, pues se supo que don Jorge murió en su patria poco tiempo después de su llegada, y don Ramón, que fue atacado por la fiebre amarilla a su regreso, falleció en La Habana.

Allá por los años de 1884 a 1885, se intentó por un grupo de personas de Tegucigalpa y de Comayagüela dar con el codiciado tesoro, y, al efecto, hicieron varias excursiones a "La Chorrera", y se valieron para ello de los recursos del espiritismo, comprobándose por medio de él, decían los interesados, que efectivamente allí estaba depositado.

Para convencerse, penetraron a la cueva cuatro hombres de los más resueltos, teniendo que hacerlo en posición difícil, arrastrándose, dos adelante y dos atrás, yendo armados de machetes y revólveres para defenderse de la posible agresión de alguna feroz alimaña que allí pudiera guarecerse, llevando encendida una vela amarrada en una vara larga y fuerte, que les servía de guía en aquel oscuro laberinto.

Al recorrer en aquella posición, como unas treinta varas, se encontraron con el muro de cal y canto y con el boquete ya mencionado, y para comprobar su naturaleza lo alumbraron detenidamente, dejando la vela encendida en la vara dentro de aquella abertura, regresando en la misma forma como habían penetrado, pero con la rapidez que pudieron, porque manifestaron que habían oído un bufido que creyeron sería de alguna pantera que estaba en el interior, a lo que dijeron los otros excursionistas que había sido el bramido de un toro que pastaba en la colina situada enfrente de la cueva.

Todos ellos, que sumaban como veinte, entre hombres y mujeres, al salir de la cueva sus compañeros, se pusieron a deliberar sobre las peripecias de la aventura, y los entendidos en las cábalas espiritistas resolvieron volver a magnetizar a la "médium" que llevaban y evocar los espíritus de los hermanos Montoya, a efecto de saber si estaban dispuestos a concederles el ansiado tesoro; pero resultó que aquellos contestaron —nos dijo enfáticamente nuestro narrador— que se lo darían únicamente a mi padre.

Habiendo regresado a la ciudad muy desconsolados los excursionistas, trataron de convencer al buen señor, a quien los espíritus de los hermanos Montoya estaban resueltos a conceder su tesoro; pero resultó que aquel noble indígena les contestó sencillamente:

—Yo no tengo que andar buscando tesoros que no he guardado y que no he formado con mi trabajo.

Después comentaban algunos de aquellos buscadores de tesoros que esa clase de "entierros", cuando han pasado muchos años, quedan "empactados" y pertenecen al Diablo.

Esta tradición bien podemos considerarla como un recuerdo familiar, pues el inolvidable anciano que nos la relató aquella dichosa mañana de primavera, riente y divina, nos dijo alegremente, pocos meses antes de morir:

—¡Aquí tienes el croquis exacto de la cueva que guarda el tesoro de "La Chorrera", por si alguna vez llegas a creer en "entierros" de tesoros que pertenecen al Diablo!

Comayagüela, D. C., 8 de diciembre de 1950

ANÉCDOTA MUNICIPAL DE COMAYAGÜELA

Me refería un anciano inolvidable, que nunca podré olvidar, puesto que era mi padre, que cuando él principiaba a prestar sus servicios al ayuntamiento municipal de esta ciudad, allá por el año de 1870, y se practicaban las elecciones de autoridades locales, no se notaba en tales actos de la libre ciudadanía el espíritu abiertamente mercantilista y utilitario de la época contemporánea; y que los honrados ciudadanos que salían electos por el voto "desinteresado" de los sufragios populares, muchas veces se sentían apenados, en tal grado, por la designación que se les hacía, no solamente por la gran responsabilidad que contraían con el pueblo, sino porque también nunca abrigaban ningún interés personal, siendo así que era muy frecuente que se diera el caso de que muchos de aquellos sencillos y honrados ciudadanos, electos espontáneamente para el desempeño de los cargos concejiles, preferían ausentarse de la población antes que aceptar las funciones para que habían sido electos por la libre elección de los electores, y hacían tales manifestaciones, no como un acto de indígena rebeldía, sino como una noble expresión del espíritu infantil, ingenuo y honrado que, por lo general, caracterizó a nuestros venerables abuelos.

—Y ahora —me decía el recordado anciano de esta anécdota, como haciendo una moraleja de cívica indignación—, el pueblo vende su voto por un trago de "guaro" o por "cuatro reales", y hay personas que pagan por ser alcalde.

Comayagüela, D. C., diciembre de 1925

PLEGARIA

(A la Santísima Virgen de Concepción)

¡Cómo no amarte, celestial Señora,
si evocas el pasado refulgente
de esta bella colina soñadora
donde reina tu amor eternamente!

¡Cómo ambiciono la rima sonora,
que fuera siempre a tu gracia clemente,
para cantar la gloria bienhechora
que brindas a tu pueblo, dulcemente!

Pues eres, ¡Madre!, la santa patrona,
que la fe de tu grey constante abona,
a través de sus dichas y sus duelos.

¡Y pones en mi espíritu creyente
la llama milagrosa, reverente,
que animó a los indígenas abuelos!

SALVADOR TURCIOS R.

Comayagüela, D. C., 8 de Diciembre de 1943

CAPITULO VIII: DATOS HISTORICOS ACERCA DE NUESTRA IGLESIA PARROQUIAL

OPINIÓN DEL PAPA PÍO XII ACERCA DE LA PARROQUIA

Ciudad del Vaticano, 23 de agosto de 1957. — La importancia del rol de la parroquia en la vida de la Iglesia fue señalada por el Papa, en un discurso que pronunció al recibir a un grupo de fieles de una parroquia de Barcelona.

"Una parroquia —dijo el Santo Padre— no es solamente un templo, un sacerdote, un territorio o un grupo de fieles del Señor, expresado en cifras".

"Una parroquia es una célula viva de un cuerpo, es decir, del cuerpo místico de Cristo, con su desarrollo natural, sus problemas, sus necesidades, sus alegrías y sus dolores".

PAPA PÍO XII

Muchas personas entre nosotros ignoran la historia de nuestra Santa Iglesia Parroquial, no solamente extranjeros, lo que bien se explica, sino también nacionales y sacerdotes; y por eso creen que es fácil engañar a toda la gente sencilla y humilde, que desconoce por completo los antecedentes e informaciones de nuestros anales eclesiásticos.

Por eso se explica claramente que no es de ahora que muchos "vivos", de aquí y de afuera, han querido adueñarse de los terrenos sagrados e inalienables que nuestros honrados antepasados le ofrendaron a Nuestra Señora la Santísima Virgen de Concepción, que siempre ha sido y es considerada como la patrona espiritual de los humildes, valientes y leales indios de la ex Villa de Concepción de Comayagüela.

Esta nuestra población es muy antigua; puede decirse que es contemporánea de Tegucigalpa, que se dice fue fundada el 29 de septiembre del año de gracia de 1579, siendo sus fundadores un grupo de mineros españoles que descubrieron en la llamada "Teguceigalpa" varias minas de oro y plata, por cuya razón los indios se establecieron en la llanura que ahora ocupa la progresista ciudad nuestra, y estos nuevos moradores les servían de peones o braceros a los españoles que trabajaban las minas.

Los indios, como habían sido convertidos a la religión cristiana por los misioneros españoles, y ya encontrándose fincados en este lugar, principiaron a levantar sus ranchos, lo mismo que una ermita de humildes condiciones; y, para tal fin, señalaron el sitio central de la llanura que ocupaba el pequeño caserío de chozas de paja y de bahareque, siendo esto a inmediaciones del sitio que ocupa nuestra Iglesia Parroquial, o sea el lugar en donde ahora se halla establecida la Policlínica, en la parte noroeste de esta, y en donde se encontraba igualmente el antiguo cementerio de los indios, que alcanzaba una cuadra hacia el rumbo sur.

Los trabajos de construcción de nuestro histórico templo católico dieron principio el año de 1788 del siglo antepasado, y terminaron el año de 1796, después de ocho años de ruda y abnegada labor, propia de aquellos tiempos, siendo indudablemente un noble esfuerzo digno de alabanza, porque fue el fruto de la fe y del fervor católico de nuestros humildes y creyentes antepasados, que dieron su trabajo desinteresadamente, sin remuneración alguna, pues los que no podían contribuir con su óbolo monetario daban su trabajo personal, semanas enteras, y por ello se sentían muy satisfechos, pues así servían devotamente a su Dios, a su religión y a su patria, sin nada de comercialismos ni de rastreras ambiciones contra sus semejantes.

La casa cural, que estaba situada en el sitio indicado, que ocupaba la antigua ermita cuando se construía nuestra Iglesia Parroquial, en el siglo XVIII, estaba al sur, calle de por medio, de nuestro humilde templo colonial; y allí fue, precisamente, en donde se hospedó el padre José Trinidad Reyes cuando regresó a Tegucigalpa, su ciudad natal, el 14 de julio de 1828, después de haber permanecido durante muchos años en León de Nicaragua y en Guatemala haciendo sus estudios sacerdotales; y de esa misma casa cural, el siguiente día de su llegada, después de celebrar misa en nuestra Iglesia Parroquial, fue acompañado de sus padres, sus familiares y de numerosas personas católicas de ambas ciudades, y fue entonces cuando se hospedó en uno de los apartamentos del antiguo convento de La Merced, en donde vivió el resto de su vida hasta su fallecimiento ocurrido el 20 de septiembre de 1855.

El padre Reyes quiso mucho a Comayagüela, y vivió aquí durante varias temporadas en la casa de la boca del Puente Mallol, en donde actualmente se encuentra establecida la Dirección General de Instrucción Primaria.

Y este cariño del padre Reyes por Comayagüela se explica claramente por el noble palpitar de la sangre de sus ancestros, pues sus abuelos paternos, don Pablo Reyes y doña María Turcios, eran nativos de esta ciudad, y por eso, sin duda, le agradaba al padre hacer sus temporadas veraniegas en la Laguna del Pedregal, perteneciente a Comayagüela, y en donde, como bien sabemos, se hacían sus célebres representaciones pastoriles que eran entonces tan comentadas por nuestros antepasados.

A esa misma casa cural llegaba casi siempre, semanalmente, el insigne sacerdote hondureño don Juan Francisco Márquez, para cooperar con sus conocimientos arquitectónicos para la construcción de nuestra modesta iglesia, y daba, asimismo, su óbolo monetario desinteresadamente para la feliz construcción del templo de la Santísima Virgen de Concepción de Comayagüela.

El padre Márquez era entonces el cura párroco de Tegucigalpa, y fue quien terminó la edificación de nuestra Santa Iglesia Catedral.

Desde la construcción de nuestro amado templo, que nos abrigó en nuestra modesta infancia, perteneció a la jurisdicción eclesiástica de Tegucigalpa, siendo así que el culto católico era muy restringido, pues el sacerdote que lo practicaba venía de Tegucigalpa muy pocas veces al mes, y solamente cuando lo reclamaba el vecindario para alguna celebración religiosa de marcada importancia; y esto no obedecía a falta de recursos económicos para el sostenimiento del culto y del sacerdote encargado de él, sino a ciertos prejuicios que existían entre algunos de los dignatarios encargados de las funciones eclesiásticas.

Por tal razón, desde el año de 1829, principió este vecindario a solicitar de la autoridad correspondiente que se nombrara un cura párroco en propiedad; pero, debido a ciertos intereses creados, así como ahora, no fue atendida debidamente dicha petición, pues solamente fue nombrado interinamente cura el sacerdote don Joaquín Molina, para que administrara nuestra Santa Iglesia, en cuyas funciones duró solamente un año, pues en 1830 fue destituido de sus funciones sacerdotales por haber contraído matrimonio con una hermosa india de Comayagüela, como hizo lo mismo el cura párroco de Tegucigalpa, presbítero Luis Vega Piloto, con una agraciada señorita de la mejor sociedad de aquella localidad, lo cual causó gran escándalo en la grey católica de ambas poblaciones; y fundándose para tal resolución dichos sacerdotes en lo dispuesto en el decreto legislativo de fecha 27 de mayo de 1830, que autorizaba el matrimonio de los curas, y que, por el gran revuelo que tuvo tal acuerdo legislativo, fue derogado por el mismo Congreso del año de 1831.

Fue hasta el año de 1893 del siglo pasado que logró el pueblo de Comayagüela, por gestiones que hizo ante la Honorable Corporación Municipal de esta población, que se nombrara una comisión de personas distinguidas de esta localidad, para que en nombre de ella y de este vecindario hiciera las gestiones necesarias para conseguir la realización de tal proyecto; y los comisionados nombrados al efecto se trasladaron a la ciudad de Comayagua y de allí a Siguatepeque, en donde residía entonces el ilustrísimo señor obispo Dr. don Manuel Francisco Vélez, de tan grata recordación para la feligresía hondureña; y, después de una dilatada gestión de los señores comisionados con el jefe de la Iglesia Nacional, se obtuvo el decreto diocesano del 30 de octubre de 1893, por el cual se elevó a la categoría de iglesia parroquial nuestro humilde templo, siendo sus primeros curas párrocos los honorables presbíteros hondureños don Blas Escobar, interinamente, y don J. Trinidad Maradiaga, nativo de esta ciudad, y que está sepultado en la misma iglesia, y cuyos virtuosos sacerdotes son de imperecedera memoria entre nosotros.

Así nació, pues, a la vida parroquial el modesto templo erigido por nuestros humildes antepasados a Nuestra Señora la Santísima Virgen de Concepción, la amada patrona espiritual de la ciudad heroica de Comayagüela.

ACUERDO DIOCESANO NÚMERO 24

Erección de la Parroquia de Comayagüela
Separándola de la de Tegucigalpa
El texto de este interesante decreto diocesano es el siguiente:

"Residencia Episcopal de Siguatepeque: treinta de octubre de mil ochocientos noventa y tres.

Comisión nombrada por la Honorable Corporación Municipal de Comayagüela, siendo alcalde el licenciado don Antonio R. Reina, acerca de la solicitud de cura párroco de la antigua filial de Comayagüela, representando el pueblo don Hermenegildo Valle y otros individuos notables; y en atención al aumento de la población, tanto moral como material, y no ser posible el cumplimiento en los auxilios espirituales que pudiera prestar el cura de Tegucigalpa y su coadjutor, declaro canónicamente erigida como parroquia la iglesia de la Inmaculada Concepción, dándole por filiales y aldeas Las Casitas, Cerro Grande, Támara, Santa Cruz, La Cuesta, El Carrizal, La Soledad, Río Grande, San Mateo, Yaguacire, con sus viviendas, fincas, hatos y labranzas, montes y demás lugares, según los límites actuales de las jurisdicciones municipales de Tegucigalpa y de Comayagüela".

MANUEL FRANCISCO VÉLEZ,
Obispo de Comayagua.
Hay un sello.

De mandato de Su Excelencia Reverendísima.
EUSEBIO RIVERA, Prosecretario de Cámara.
Reg. N.º 1273.

En la misma fecha hizo la profesión de fe canónica el presbítero don J. Trinidad Maradiaga, nombrado cura párroco de la Iglesia Parroquial de Comayagüela.

COOPERACION DE LA MUNICIPALIDAD A FAVOR
DE LA PARROQUIA

La Honorable Corporación Municipal de esta ciudad ofreció todo su apoyo moral y material para que la creación de la nueva parroquia fuera efectiva, ofreciendo ayudar en la adquisición de los vasos sagrados, ornamentos, libros y demás enseres necesarios para el culto, así como de una casa cural para habitación del cura párroco y custodia del archivo parroquial.

Tal ofrecimiento fue cumplido en su oportunidad.

DECLARACIÓN DE NUESTRA SANTA PATRONA

En el expresado Decreto Diocesano N.° 24 se lee lo siguiente:

"Declaramos patrona principal y titular de dicha nueva parroquia de Comayagüela, a la Inmaculada Concepción de la Santísima Virgen María, cuya fiesta se celebrará cada año en su propio día, con la mayor solemnidad posible".

PRIMER PÁRROCO INTERINO DE NUESTRA PARROQUIA

Según letras expedidas por el ilustrísimo señor obispo de Comayagua, monseñor Manuel Francisco Vélez, con fecha 31 de octubre de 1893, fue nombrado como cura párroco interino de la nueva iglesia parroquial nuestra el señor presbítero don Blas Escobar, que desempeñaba en aquella época el curato de la iglesia de Ojojona, y era, asimismo, vicario foráneo de Tegucigalpa.

NOMBRAMIENTO DE CURA PÁRROCO EN PROPIEDAD

Y, pocos días después de la erección parroquial, por acuerdo diocesano de fecha 28 de noviembre de 1893, fue nombrado cura párroco en propiedad el honorable presbítero hondureño, nativo de Comayagüela, don J. Trinidad Maradiaga, quien tomó posesión de su alto cargo el 22 de diciembre de 1893 y duró once años en el desempeño de su santo ministerio, hasta su fallecimiento ocurrido el 19 de julio de 1904, y se encuentra sepultado en el sagrado recinto de nuestra iglesia parroquial.

SOLEMNIDAD RELIGIOSA POR LA ERECCIÓN PARROQUIAL

En el libro de gobierno de nuestra iglesia parroquial se lee la siguiente e interesante información relacionada con la solemnidad religiosa que se efectuó con motivo de la erección a la categoría de parroquia de nuestra Santa Iglesia, y dice así:

"El 7 de diciembre de 1893 se anunció el gran día de la traslación parroquial con solemnes repiques y salvas de pólvora a las doce del día, y a las 4 p. m. solemnes vísperas, asistiendo el señor presbítero Blas Escobar, protocura de la parroquia, el presbítero lic. don Ernesto Fiallos, presbítero don Demetrio Hernández, presbítero don Santiago Zelaya y el tonsurado don Domingo Pazzuelo."

"Fueron maestros de coro: don Miguel Ugarte, don Laureano Campos, don Felipe Ugarte y otros músicos como oficiales."

"A continuación, en artístico atributo, se sacó a la patrona en solemne procesión."

"El día 8 de diciembre (continúa informando el libro de gobierno de nuestra parroquia), desde la alborada, convite y repiques solemnes, tiros de cámara, cohetes y bombas, a las 9 a. m. repiques solemnes para la misa y aires marciales de la banda que estaba formada en el atrio. El templo estaba lleno con una inmensa concurrencia, asistiendo el clero antes mencionado. Después del Evangelio, el señor cura interino don Blas Escobar ocupó la cátedra del Espíritu Santo, hablando sobre el justo motivo de aquella festividad."

La Honorable Corporación Municipal de aquel año, y que tanto se esforzó en llevar al mejor de los éxitos la erección de la nueva parroquia, estaba integrada así:

Alcalde municipal: lic. don Antonio R. Reina.

Regidor 1.°: don Camilo Estrada.

Regidor 2.°: don Florencio Centeno.

Regidor 3.°: don Cruz Salvador.

Síndico municipal: don Dionisio Valle.

Secretario municipal: don Manuel Sabino López.

SACERDOTES QUE HAN DESEMPEÑADO EL CURATO DE LA IGLESIA DE COMAYAGÜELA

Damos a continuación los nombres de los sacerdotes que han servido el curato de la iglesia parroquial de Comayagüela desde fines del mes de diciembre de 1893 hasta el año de 1944:

1.° Blas Escobar, que entregó el curato a su sucesor el 22 de diciembre de 1893.

2.º José Trinidad Maradiaga, que duró en el desempeño de sus altas funciones hasta el 19 de julio de 1904, en que falleció.

3.º Santiago Zelaya, encargado interinamente del curato hasta el 4 de septiembre de 1904.

4.º Hipólito Matute Brito, estuvo en el desempeño de sus funciones hasta el 5 de junio de 1905.

5.º Esteban Salmerón (sacerdote nicaragüense), hasta el 6 de agosto de 1905.

6.º Hipólito Matute Brito (por segunda vez), hasta el 18 de julio de 1906.

7.º Basilio Gómez, interinamente, hasta el 25 de septiembre de 1906.

8.º Hipólito Matute Brito (por tercera vez), hasta el 25 de abril de 1907.

9.º Santiago Zelaya, encargado interinamente hasta el 3 de agosto de 1907.

10.º José Joaquín Mejía, hasta el 20 de agosto de 1908.

11.º José G. Anívaro, interinamente, hasta el 12 de septiembre de 1908.

12.º Aurelio Román y Gandía, hasta el 30 de agosto de 1909.

13.º Basilio Gómez (nombrado cura en propiedad), hasta el 2 de julio de 1929.

14.º Carlos Cavero (padre redentorista), encargado interinamente hasta el 6 de agosto de 1929.

15.º Emilio Valladares, que duró hasta el 24 de agosto de 1929.

16.º Rubén Arauz (sacerdote salesiano), encargado del curato hasta el 30 de septiembre de 1929.

17.º Daniel Sánchez G., duró en sus funciones hasta el 25 de abril de 1933.

18.º Dr. Jesús María Rivera M., duró hasta el 8 de marzo de 1934.

19.º Canónigo Basilio Gómez (por tercera vez), duró hasta el 15 de enero de 1935.

20.º Gregorio Real Alcalde (sacerdote español), estuvo en el desempeño de sus funciones sacerdotales hasta el 11 de julio de 1936.

21.º Canónigo Rafael Moreno Guillén (sacerdote hondureño de una vasta erudición), que estuvo al frente del curato de nuestra iglesia parroquial hasta el año de 1944, perdiendo así la Iglesia Católica hondureña un elemento intelectual que era honra y prestigio de nuestra patria, pues actualmente, por desgracia, no contamos con sacerdotes nacionales que sigan la tradición cultural y humanística de los próceres tonsurados que en épocas pasadas supieron honrar nuestra patria con sus talentos y virtudes.

Por eso viven perpetuamente en los anales de la historia eclesiástica de Honduras los nombres de los siguientes ilustres prelados hondureños:

Don José Simón de Zelaya (n. 1712 - f. 1775), don Juan Francisco Márquez (1750-1815), Dr. don Fray José Manuel Alcántara, don Juan Lorenzo Motiño (notable orador, como el anterior), don Francisco Antonio Márquez (1786-1842), don José Trinidad Reyes (1797- 1855), don José Domingo Borjas (también notable orador sagrado), don Simeón Ugarte (1820-1875), don Carlos Cerna (1821-1881), don Januario Girón (1827-1893), que fue asimismo un destacado orador sagrado, don Samuel Escobar (1835-1867), Dr. don Manuel Francisco Vélez. El presbítero don Manuel Francisco Vélez, que aunque nació en Guatemala, fue un ilustre obispo de Honduras, siendo un sabio; sus sermones y sus pláticas ilustrativas eran un modelo de elocuencia y de claridad convincente.

Don Manuel Aguilar Estrada (1840-1879) fue igualmente muy admirado por su elocuencia y erudición; don José Leonardo Vijil (1849-1894) fue, indudablemente, uno de los mejores oradores sagrados de Honduras en los últimos años del siglo pasado; presbítero licenciado don Ernesto Fiallos (1857-1946) fue un notable canonista, lo mismo que licenciado egresado de nuestra Universidad Nacional, que tuvo igualmente una distinguida actuación en la enseñanza pública de Honduras, pues fue director fundador del Colegio Eclesiástico de Tegucigalpa, que dejó tan buenos ciudadanos profesionales como honrados servidores de la patria.

Sus opiniones desinteresadas y bien dirigidas eran acatadas y respetadas por los jerarcas de la Iglesia hondureña cuando era consultado en los asuntos importantes de la dignidad y progreso de la Iglesia Católica hondureña.

Existen otros muchos sacerdotes nacionales que también contribuyeron con sus luces y honorabilidad para cimentar el prestigio de la Iglesia patria.

PRIMERAS PARTIDAS DE BAUTISMO, MATRIMONIO Y DEFUNCIONES

El nuevo cura párroco nombrado para administrar nuestra iglesia parroquial abrió los siguientes libros que manda el derecho canónico para ir formando el archivo parroquial, y así tenemos el dato curioso contenido en el Libro de Bautismos N.º 1, que literalmente dice:

"En la Villa de Concepción, el día diez de diciembre de 1893, yo, el párroco de esta iglesia, bauticé solemnemente a un niño que nació en el pueblo de Támara, el 14 de junio, poniéndole el nombre de Basilio; es hijo legítimo de Jacinto Cerna y de Isabel Martínez, feligreses de esta parroquia y vecinos de Támara. Fue su padrino José Inés Rivera, de esta feligresía. Doy fe. BLAS ESCOBAR."

La primera acta matrimonial, tomada del Libro de Asientos Matrimoniales N.º 1, folio 1, dice así:

"Partida primera. Información matrimonial de Leonardo Servellón y Raimunda Martínez, de Las Casitas. Firma esta acta: J. TRINIDAD MARADIAGA."

En el Libro de Defunciones N.º 1, folio 2, se encuentra la partida que dice:

"En la Villa de Concepción de Comayagüela, a cuatro de enero de 1895. En esta fecha murió en el gremio de nuestra Santa Madre Iglesia, doña Sergia Durón, natural de esta villa, de la edad de sesenta y cuatro años; se confesó, recibió el Santo Viático y la Extremaunción. Se le rezaron las preces y se le dio sepultura eclesiástica en el Cementerio General de Tegucigalpa. Conste: J. TRINIDAD MARADIAGA."

LOS TERRENOS DE NUESTRA IGLESIA PARROQUIAL

La Corporación Municipal de Comayagüela, del año de 1925, estuvo integrada por los siguientes ciudadanos:

Don José F. Gómez, como alcalde municipal; y los señores Agustín Maradiaga, José María Sosa, Francisco Flores V., Germán B.

Zavala, Marcos Ramírez B. y Pedro Martínez, como regidores; y don Salvador Turcios R. como síndico.

Fueron consejeros municipales durante dicho año el lic. Guillermo Bustillo G., Dr. don Manuel Sabino López, lic. Ciriaco Amaya M., Dr. Guillermo E. Durón, don Máximo Amador M. y don Orosmán Rivas.

Por ese tiempo, los solares que circundan nuestra iglesia parroquial eran de propiedad municipal, y mediante las gestiones del cura párroco don Basilio Gómez, tuvo a bien la Corporación Municipal devolver los referidos solares a nuestra iglesia, con la condición, como se lee en la memoria que publicó la misma Municipalidad a fines del año de 1925, y que dice así:

"Como medida de importancia para el mejoramiento del ornato de la población, la Honorable Corporación Municipal emitió el importante acuerdo referente a la devolución de los solares adyacentes a la parroquia de esta ciudad, a fin de que los conserve la iglesia para la época en que pueda ser AMPLIADA la parroquia, para que corresponda al rango de la población y para que, mientras tanto, esos solares sean circunvalados con verjas de hierro y transformados en jardines, con lo cual se higienizarán los contornos de la parroquia y mejorará el ornato de la población".

"No se puede negar —dice la misma memoria— la influencia decisiva de la Iglesia en la civilización de los pueblos, y por lo tanto, no puede dejársela de considerar como un elemento indispensable en la vida de la sociedad, de donde tenemos que convenir en que debemos prestarle apoyo en todo lo que sea compatible con los intereses generales del pueblo".

El señor cura párroco don Basilio Gómez, con la cooperación del "Comité Católico" que entonces existía en esta ciudad, obtuvo la correspondiente escritura pública de traspaso de los mencionados solares, y fue desde ese tiempo que constituyó un problema bastante interesante para la comunidad de Comayagüela la construcción de los muros de nuestro templo parroquial.

El gobernador político departamental de aquella época, que era el general Benjamín Henríquez, prestó un decidido apoyo con tal fin, y debido a su influencia fue que el señor presidente de la República, Dr. Miguel Paz Baraona, prestó igualmente su decidida cooperación para realizar dicha obra, acordando a beneficio de nuestro templo la cantidad de cuatro mil pesos; y la Municipalidad de ese mismo año destinó para el mismo fin de las mejoras de nuestra iglesia la cantidad de dos mil pesos del producto del remate de la plaza para la Feria de Concepción.

Con la cantidad acordada por la Municipalidad se construyó la primera parte del muro que rodea nuestro templo, siendo el contratista de dicho trabajo don Eustaquio Salvó, quedando por entonces el muro de la altura de un metro.

La cantidad que erogó el presidente Paz Baraona fue en billetes aduaneros.

Estando así las cosas, el vecindario de Comayagüela, en el deseo de contribuir al mejoramiento del ornato de nuestra iglesia parroquial, se reunió con tal propósito numerosos vecinos, a iniciativa de doña Eusebia de Vargas y de don Salvador Turcios R., en el salón del Ayuntamiento de esta ciudad, el día 27 de agosto del año de 1935, con el propósito de organizarse en sociedad para promover el progreso del ornato y del culto católico.

En dicha reunión estuvieron presentes el señor vicario capitular don J. Benjamín Osorio, el secretario de la Curia, canónigo don Rafael Moreno Guillén, el señor cura párroco de esta ciudad don Gregorio Real Alcalde, lo mismo que numerosos católicos de esta ciudad; y habiéndose acordado constituirse en comité, se procedió a la elección de una junta directiva provisional, la cual quedó formada así:

Presidente: don Pascual Sosa;
Vicepresidente: don Tomás Lozano;
Vocal 1.º: doña María Márquez de Landa;
Vocal 2.º: don Salvador Turcios R.;
Vocal 3.º: doña Jesús de Obando;
Vocal 4.º: don Terencio Z. Amador;
Vocal 5.º: doña Francisca de Lagos Andino;
Vocal 6.º: don Medardo Cerrato Valle;
Vocal 7.º: doña Luisa Ruiz;
Vocal 8.º: don Manuel de J. Garay;
Fiscal: don José de la Rosa López Aguilera;
Tesorera: doña Eusebia de Vargas;

Vice tesorero: don Manuel E. Sosa;

Secretarios: don Ricardo Tulio Machado y don Armando Cerrato Valenzuela.

En la misma sesión tomaron posesión de sus cargos las personas electas, previa la promesa de ley, ante el señor vicario capitular don J. Benjamín Osorio.

CONDICIONES IMPUESTAS EN LA DONACIÓN DE LOS TERRENOS

Por los términos claros y sencillos que aparecen consignados en la memoria de la Corporación Municipal de Comayagüela del año de 1925, en virtud de los cuales se expresan las condiciones por las que se hizo la donación de los terrenos que circundan nuestro templo parroquial, se comprende claramente que han sido violadas esas estipulaciones, y que todas las edificaciones que se hagan en dichos terrenos, que no sean para la AMPLIACIÓN y mejoramiento de nuestro templo, el pueblo católico nativo de Comayagüela tiene perfecto derecho de reclamarlos, recuperándolos en su tiempo, cuando exista una autoridad eclesiástica que se interese patrióticamente por los derechos de la desventurada iglesia parroquial de la Santísima Virgen de Concepción de Comayagüela.

El tiempo lo dirá, y las futuras generaciones de católicos nativos de esta ciudad tienen este precioso dato que nuestra historia local transmitirá a las generaciones futuras, con el fin de que nuestro templo católico colonial no desaparezca ante las arremetidas solapadas del comercialismo exótico.

Hay que tomar en cuenta, asimismo, que nuestra Corporación Municipal de 1925, hace treinta y tres años, al hacer la donación de dichos terrenos, hizo la indicación principal de la necesidad que había de la AMPLIACIÓN de nuestro templo, tomando en cuenta el crecimiento de nuestra población; y conste que entonces la ciudad de Comayagüela no contaba siquiera con veinte mil habitantes, y ahora tiene sesenta mil almas, poco más o menos, y las condiciones de la vida han aumentado igualmente con gran rapidez.

Para hacer tales o cuales operaciones con dichos terrenos no se ha tomado en cuenta, para nada, la opinión sincera y honrada de la ciudadanía católica nativa de esta ciudad, y se ha procedido dictatorialmente contra todo principio de equidad y de justicia, que la historia se encargará de juzgar, como es sabido, al correr incontenible del tiempo.

Y decimos católicos nativos de Comayagüela, porque al que no ha nacido en esta ciudad, poco le importan nuestros asuntos, ya sean espirituales, morales o materiales.

ESTATUTOS DEL NUEVO COMITÉ CATÓLICO

Para el mejor éxito de las labores que se llevarían a cabo por el nuevo Comité Católico de Comayagüela, resolvió dicha sociedad, en sesión general celebrada oportunamente, nombrar una comisión para que redactara los respectivos estatutos que servirían de base y de orientación en los trabajos que se proyectaban realizar, y cuya comisión redactora quedó formada por los socios activos lic. J. de la Rosa López Aguilera y br. Salvador Turcios R., los cuales fueron aprobados por el comité en la sesión general celebrada el 18 de octubre de 1935, y cuyo primer capítulo y artículos primero, segundo, tercero y cuarto dicen así:

ESTATUTOS DE LA SOCIEDAD DE ORNATO PRO IGLESIA DE COMAYAGÜELA

CAPÍTULO IX: CARÁCTER Y FINES DE LA SOCIEDAD

Artículo 1.º — Se funda en la ciudad de Comayagüela, República de Honduras, una sociedad que tendrá por objeto inmediato el fomento del ornato y progreso de la iglesia de esta ciudad, para cuyos fines empleará todos los medios lícitos que aporten sus vecinos, procurando obtener la cooperación de la Honorable Corporación Municipal, centros e instituciones que simpaticen con los fines de esta sociedad.

Artículo 2.º — Este centro se denominará Sociedad de Ornato y Progreso Pro Iglesia de Comayagüela.

Artículo 3.° — Esta sociedad atenderá preferentemente a la iniciación, construcción y mantenimiento de las obras que se estimen necesarias para el ensanche y progreso de la vida espiritual y material de Comayagüela, y se esforzará porque se lleven a cabo, entre otras obras, las siguientes:

1.° Terminación del muro que rodea la iglesia.

2.° Construcción de un templo que servirá de Calvario.

3.° Construcción de una casa cural.

4.° Construcción de la cornisa del templo parroquial.

5.° Construcción de la acera alrededor del muro.

6.° Y, en fin, las demás obras que se estimen convenientes para el ensanche y progreso de la iglesia.

Artículo 4.° — La sociedad procurará mantener la mejor inteligencia en sus relaciones con las autoridades civiles y eclesiásticas, y será, en tal sentido, la más eficaz colaboradora en las obras de adelanto local que aquellas emprendan en esta ciudad.

Estos estatutos, al ser aprobados, como se ha dicho anteriormente, fueron firmados por el socio honorario vicario capitular, presbítero don J. Benjamín Osorio, y los socios don Pascual Sosa, don Salvador Turcios R., don Manuel E. Sosa, don Terencio Z. Amador, doña Eusebia de Vargas, doña María M. de Landa, doña Luisa Ruiz, doña Francisca de Lagos Andino, don Medardo S. Cerrato Valle, don José R. López Aguilera y los secretarios don Ricardo Tulio Machado y don Armando Cerrato Valenzuela.

ANTES DE ESTA ORGANIZACION CATOLICA

El año de 1929 era cura párroco de nuestra iglesia el presbítero español don Daniel Sánchez G., quien consignó en el Libro de Gobierno Parroquial la siguiente e interesante información:

"Noviembre 12 de 1929. — Comenzó a enladrillar de cemento la iglesia el señor Belluci, contratado por doña Eusebia de Vargas, que a fuerza de colectas, rifas, etc., etc., había logrado reunir el dinero. Por el ladrillo que se quitó convino el señor Belluci pintar todo el interior del templo (paredes). Al margen 25 de diciembre de 1929".

SISTEMA BIBLIOTECARIO COLECCIÓN HONDUREÑA

El 7 de diciembre de ese mismo año, el excelentísimo señor arzobispo monseñor Agustín Hombach dio solemne bendición a la imagen de la Patrona, que había sido retocada por el artista hondureño don Salvador Posadas, y al nuevo pavimento del templo.

Para la construcción de los muros que circundan el templo de esta ciudad, el ciudadano don Benjamín Henríquez, en su carácter de gobernador político de este departamento, obtuvo del señor presidente Dr. Miguel Paz Baraona, para tales trabajos, la cantidad de cuatro mil pesos en billetes aduaneros, y la Municipalidad de esta ciudad, del año de 1929, cedió para igual fin la suma de dos mil trescientos pesos del valor en que fue rematada la plaza para la feria anual de aquel mismo año; y la tesorera de la Sociedad Pro Ornato del Templo Parroquial puso a la orden del alcalde de 1937 la cantidad de novecientos catorce pesos con cuarenta y cuatro centavos para ser invertidos en la construcción de las aceras alrededor del mismo templo, cuyos trabajos importaron la cantidad de mil doscientos pesos.

ABNEGACIÓN DE DOÑA EUSEBIA DE VARGAS CON NUESTRA IGLESIA PARROQUIAL

Con relación a la visita canónica que hizo el excelentísimo señor arzobispo de esta arquidiócesis, monseñor Agustín Hombach, a nuestra iglesia parroquial el 23 de enero de 1933, año de su sentido fallecimiento, se lee en el Libro de Gobierno Parroquial la siguiente e interesante información:

"Revisando las cuentas en los libros respectivos, pidió a doña Eusebia de Vargas los recibos y comprobantes de los gastos que hizo con las limosnas recaudadas por ella y su hija, señorita América Isolina Vargas. En efecto, vistas y revisadas dichas cuentas y comprobantes, el ilustre prelado mandó se anotaran en el Libro de Gobierno Parroquial, para fiel constancia, rindiendo las más expresivas gracias a la señora de Vargas por el celo, interés y cuidado que ha manifestado siempre en beneficio del templo y del culto cristiano".

He aquí brevemente las cuentas presentadas:

El 16 de abril de 1928, fueron comprados 4 ángeles en Guatemala (Casa Dubois)........ L. 820.00

El 16 de marzo de 1929, se compró la imagen de la Verónica (en la misma casa)........ L. 220.00

El 7 de diciembre de 1929, se hizo la pavimentación del templo y la pintura interior.... L. 1,640.00

Dos armarios grandes para guardar los ángeles.................... L. 80.00

Un armario para guardar la Verónica.................................. L. 30.00

Cinco andas para portar imágenes.. L. 100.00

Columnas de madera para colocar los ángeles.................... L. 20.00

Compostura de ventanas y colocación de vidrios................ L. 78.00

Cortinaje estrenado el 8 de diciembre (1929)......................... L. 191.00

Suman lempiras.. L. 3,179.00

Poco tiempo antes de su lamentable fallecimiento, le rogamos insistentemente a doña Eusebia Durón de Vargas —pues éramos consocios en la Sociedad Pro Ornato y Progreso del Templo de Comayagüela— para que nos diera por escrito una lista de las obras que, a sus iniciativas y esfuerzos abnegados, había realizado en bien de nuestra iglesia parroquial; y doña Cheva, como se le llamaba familiarmente entre nosotros, pues era humilde y modesta como verdadera cristiana, y en atención a nuestra persistente petición para que nos facilitara los datos solicitados, se dignó poner en nuestras manos el siguiente memorial:

PARA EL POETA DON SALVADOR TURCIOS R.
OBRAS HECHAS POR INICIATIVA Y ESFUERZOS DE
DOÑA EUSEBIA DE VARGAS, QUE FUE MAYORDOMA DE

LA PARROQUIA DE COMAYAGÜELA DURANTE MUCHOS AÑOS

1.º Hechura del trono del Santísimo Sacramento en el altar mayor.

2.º Hechura del camarín de la Virgen Patrona de nuestro templo.

3.º Hechura del camarín y adornos de plata de la Virgen del Rayo.

4.º Pintura del interior del templo.

5.º Enladrillado del templo con ladrillos de cemento.

6.º Reparación del arco toral.

7.º Reparación de la pared detrás del altar mayor.

8.º Hechura de una puerta a un lado del presbiterio.

9.º Hechura de todos los asientos que hay en el templo.

10.º Reparación de los cuatro altares laterales.

11.º Hechura del cancel que cubre la puerta mayor de la iglesia.

12.º Hechura de cuatro lados de acera de ladrillos de cemento por fuera y pegados a la iglesia.

13.º Las andas y resplandor de Jesús Nazareno.

14.º Instalación y ampliación de la luz eléctrica para servicio del templo.

15.º Cuatro ángeles de tamaño natural pedidos a Guatemala con sus respectivas andas y armarios.

16.º Una imagen de la Verónica de tamaño natural con su lienzo en las manos, su anda y su respectivo armario donde se guarda.

Todas estas imágenes yo las vestía de mi cuenta sin molestar al pueblo.

17.º Ochenta cortinas de encaje de claro de luna y de cambray.

18.º Varias casullas, albas y roquetes.

19.º Nueve manteles y otros más que se robaron.

20.º Una valiosa capa blanca de brocado con el rostro del Corazón de Jesús atrás y un hermoso paño de hombros; esta la pedí a España.

21.º El trastejo de la iglesia, habiéndome costado L. 100.00.

22.º Reparación de todas las ventanas con cemento armado.

23.º Ayuda en la compra del armario que actualmente se usa.

24.º Doña Jesús de Sagastume, por cuenta de ella, mandó a hacer las gradas para subir al campanario de esta parroquia.

25.º Un armario grande donde se guardan todas las cortinas.

26.º Tres sillas nuevas que están en servicio en la iglesia.

27.º Una mesa de madera con lámina de zinc para colocar candelas.

28.º Un estante del Santísimo Sacramento.

29.º Un palio reformado.

30.º Cuatro columnas grandes para colocar los cuatro ángeles del altar.

31.º Una mesita nueva que sirve para colocar el lavamanos y el agua de la sacristía.

32.º Una lámpara pequeña roja que sirve para alumbrar al Santísimo de día y de noche.

33.º Una mesa y una silla que sirven para el baptisterio.

34.º Una alfombra grande con valor de L. 100.00.

35.º Gestioné personalmente para que se hiciera la cornisa del templo, que presentaba un feo aspecto, y el dinero para esta obra logré que lo diera el general Carlos Sanabria.

36.º Instalación de una paja de agua que sirve hoy para el servicio del templo, lo mismo que la cloaca para el servicio sanitario, y otras pequeñas obras en beneficio positivo del buen funcionamiento de nuestra iglesia parroquial, que sería largo enumerar, pero que el público nuestro reconoce en general.

EUSEBIA DE VARGAS
(Mayordoma que fue de esta iglesia parroquial)
Comayagüela, D. C., 12 de junio de 1946

Pero ahora no existe tal recordación para el pasado de nuestra iglesia parroquial, pues solamente los católicos nativos de esta ciudad tenemos presentes en nuestra memoria a nuestros benefactores, tanto en lo civil como en lo eclesiástico, de ayer y de hoy, que contribuyeron a nuestro progreso en todas sus manifestaciones.

Y, después de tanto noble esfuerzo realizado en bien de nuestro sagrado templo parroquial por aquella abnegada señora católica hondureña, doña Eusebia Durón de Vargas, ¿quién de los nuevos llamados católicos, avecindados en Comayagüela, y que no seamos nosotros, los indios nativos de esta ciudad, se acuerda de aquella buena señora y eleva siquiera una sencilla plegaria al Supremo Creador por el eterno descanso de su alma?

TERMINACION DE LOS MUROS ALREDEDOR DE NUESTRA IGLESIA PARROQUIAL

En la sesión general que celebró nuestra Sociedad Pro Ornato del Templo Parroquial de Comayagüela, el martes 3 de septiembre de 1935, se acordó aceptar el ofrecimiento formal que hizo el vicepresidente de nuestro centro católico, don Tomás Lozano, relativo a donar a nuestra iglesia una manzana de terreno en el lugar llamado El Terrero, ahora situado en el barrio de Concepción de esta ciudad, al rumbo sur, para la construcción del templo que servirá de Calvario, poniendo como condición el donante señor Lozano que el comité recaudara la cantidad de diez mil lempiras, que se dedicarían a la construcción de dicha obra.

En la sesión general que celebró el mismo centro católico, el 16 de octubre del expresado año, la ex tesorera doña María Márquez de Landa y la tesorera nombrada doña Eusebia de Vargas informaron a la sociedad que mantenían en depósito en uno de los bancos de la capital la cantidad de tres mil seiscientos lempiras, en billetes aduaneros, y se acordó venderlos al mejor precio posible, tomando por base el valor de sesenta y cinco y medio por ciento, y que dicho valor en metálico se destinara a la construcción definitiva de los muros que circundan el templo, pues solo se encontraban a la altura de un metro.

Para llevar a cabo este trabajo se nombró a tres miembros activos de la sociedad, que fueron los señores don Pascual Sosa, don Manuel de J. Garay y Ricardo Tulio Machado, para que estudiaran el costo probable de la parte que faltaba para dar a los muros la altura necesaria, debiéndose sacar a licitación pública dicha obra.

En la sesión del martes 3 de diciembre de 1935 se trató del trabajo de los muros, y se presentaron varias proposiciones en tal sentido, pero no se llegó a ningún acuerdo sino hasta la sesión general que tuvo efecto el lunes 9 de diciembre del mismo año, rematándose el trabajo a favor de dos albañiles de la localidad por la cantidad de L. 2,230.00 (dos mil doscientos treinta lempiras), quedando comprometidos los constructores a levantar 22 columnas de piedra y mezcla por el interior de los muros, a distancia cada una de ellas de

10 a 10 metros, recibiendo los contratistas como anticipo del valor del trabajo la suma de quinientos lempiras, para acopiar el respectivo material.

La Corporación Municipal de esta ciudad, de 1935, también contribuyó para la terminación de los muros de nuestra iglesia parroquial, ofreciendo cancelar todos los rezagos pendientes en las administraciones locales pasadas, con el descuento del cincuenta por ciento a beneficio de dichos trabajos.

Y, para continuar la obra de progreso y ornato de nuestro humilde templo parroquial, en la sesión general del 26 de diciembre de dicho año se practicó la elección de la nueva junta directiva de la sociedad, que fungiría el año siguiente de 1936, la cual quedó integrada por los siguientes socios activos:

Presidente, don Pascual Sosa;

Vicepresidente, doña María M. de Landa;

Vocal 1.º, don Salvador Turcios R.;

Vocal 2.º, doña Francisca de Lagos Andino;

Vocal 3.º, don Manuel E. Sosa;

Vocal 4.º, don Medardo Cerrato Valle;

Vocal 5.º, don Terencio Z. Amador;

Vocal 6.º, don Manuel de J. Garay;

Vocal 7.º, don Tomás Lozano;

Vocal 8.º, don Manuel Molina;

Fiscal, don José de la Rosa López Aguilera;

Tesorera, doña Eusebia de Vargas;

Vice tesorera, señorita Nicolasa Cálix;

Secretarios, don Ricardo Tulio Machado y don Armando Cerrato Valenzuela.

Así es, pues, que debido al interés y desprendimiento de nuestro vecindario católico, del bondadoso auxilio del expresidente de la República Dr. Miguel Paz Baraona, de los esfuerzos en igual sentido del entonces gobernador político de este departamento, don Benjamín Henríquez, y de la Honorable Corporación Municipal de esta ciudad, se pudo realizar la construcción de los muros del templo de nuestra santa patrona espiritual, la Santísima Virgen de Concepción, contribuyéndose asimismo al ornato y progreso de nuestro pueblo, a pesar de todas las dificultades que se vencieron en años anteriores para mantener el sagrado hogar de nuestra patrona, que nos legaron nuestros honrados antepasados.

LA LLAMADA CAMPAÑA DE INFORMACIÓN

A principios del mes de junio del año pasao (1957), circuló en esta ciudad, en tres hojitas, un impreso titulado Campana de Información, autorizado dicho impreso por los padres que administran nuestra iglesia parroquial, conteniendo los detalles para edificar una "Escuela Parroquial", en los terrenos pertenecientes a nuestro templo y que fueron estos adquiridos por nuestra iglesia para su ampliación y mejoramiento material, exclusivamente, y en cuya publicación se leen los siguientes conceptos:

"Pedir muchos miles de dólares de contribuciones es un gran proyecto. Esto se aprecia únicamente no en dinero, sino también en la cualidad y en el trabajo que la organización prefiere. Únicamente saldremos avantes completamente teniendo la cooperación de cada uno de ustedes y en todos los niveles de la organización. Su presencia en las sesiones es de gran importancia, y llevar a cabo nuestra responsabilidad en el tiempo estipulado es de gran importancia también."

"Las cinco primeras semanas de la campaña serán dedicadas estrictamente a la publicidad, a la completa organización, a la reunión de las diferentes listas de aquellas personas que nos van a ayudar y a la preparación del clímax de la campaña. La sexta semana será dedicada a impartir instrucciones a todos los miembros de la organización, distribución de proyectos a los trabajadores y a una sesión-comida, en la cual los miembros de la organización principiarán por firmar sus propias suscripciones. El clímax de esta campaña será el sábado siguiente a la comida, cuando todos los miembros de la organización llamarán a las puertas de las personas que han seleccionado como contribuyentes. Este día ha sido denominado con el nombre de 'Domingo de Suscripción'. La semana final de esta campaña será dedicada a recibir los informes de los que han tomado parte en ella y para analizar los resultados de la misma."

Al conocerse en nuestro público los conceptos de la publicación mencionada anteriormente, los católicos nativos de esta ciudad se pusieron alertas, y algunos vecinos de aquí entraron al habla con algunos sacerdotes nacionales y extranjeros para que se evitara un atentado contra la propiedad de nuestra iglesia parroquial al intentarse construir una "escuela" en sus terrenos, no porque nosotros seamos adversarios de la instrucción pública, sino porque esos terrenos fueron destinados para la ampliación y mejoramiento de nuestro templo; y, además, que para hacer tales trabajos no se había consultado la opinión pública de los católicos nativos de esta ciudad, sino solamente la de unas cuantas personas avecindadas en esta población, que nada les importa la defensa de los verdaderos intereses espirituales, morales y materiales de nuestro pueblo.

INTERESANTE ARTÍCULO DE UN ESCRITOR DE COMAYAGÜELA

A raíz de la propaganda de los padres proyectistas de "su Escuela Parroquial", el escritor de Comayagüela, don Ramón Cáceres Carrero, publicó en el diario El Día, del 18 de julio de 1957, el interesante artículo titulado La Iglesia de Comayagüela, el cual reproducimos aquí, y que dice:

"La Iglesia de Comayagüela. — Tenemos noticia de que los dinámicos sacerdotes de la parroquia de Comayagüela van a construir un edificio para escuela pública, con enseñanza religiosa. Somos los primeros en reconocer la encomiástica labor que han desarrollado los padres franciscanos en bien de la feligresía de la ciudad vecina. Pero lo malo, malísimo, es que esa edificación la hagan, según datos que nos han suministrado, en el terreno baldío que está al sur de la iglesia de la Inmaculada Concepción.

Ese local no debe enajenarse en otra cosa sino en la ampliación de la misma iglesia. Las municipalidades que funcionaron durante los años de 1788 a 1796 cedieron esa manzana de terreno exclusivamente para la iglesia de la patrona de Comayagüela.

Deben tomar en cuenta los señores proyectistas de la escuela en mención que la población de la ciudad vecina ha aumentado de manera sorprendente, y por ende el catolicismo también se ha extendido, de manera que el templo de la Inmaculada es inadecuado para darle cabida a los miles de fieles que asisten a los cultos religiosos. Por esta razón, todos los católicos de Comayagüela debemos primero preocuparnos por ampliar el templo principal, ya que es la única parroquia que existe en la localidad.

Si se quiere edificar la mencionada escuela, la comisión encargada de recaudar fondos para este noble fin debiera mejor pedirle a la Honorable Junta Militar de Gobierno un terreno amplio para que dicho plantel reúna todas las condiciones pedagógicas. Los católicos de Comayagüela no deben permitir por ningún concepto que se siga constriñendo la propiedad de la iglesia, que nuestros antepasados —como Lázaro García, José Francisco Núñez, Marcos Martínez, Blas Hernández, Diego Gómez, Juan Manuel de los Santos y otros cuyos nombres se nos olvidan— legaron al pueblo de Comayagüela. En años anteriores se construyó la casa cural en terreno de la iglesia; justo es que se le deje libre el área sur para que se edifique un nuevo templo, o se amplíe la actual parroquia, que sea digna de la ciudad de Comayagüela, pues la actual casa de Dios y de la Inmaculada Concepción da el aspecto triste de una iglesia de aldea, por su tamaño y pobreza arquitectónica; sin duda por estas razones, monseñor Agustín Hombach la llamó en cierta ocasión: 'La Iglesia Huérfana de Honduras'."

"Hacemos un llamamiento urgente al señor arzobispo de Tegucigalpa, monseñor José de la Cruz Turcios y Barahona, a fin de que él, como suprema autoridad eclesiástica, no permita que se construya otro edificio seglar en el terreno baldío de la iglesia de la Inmaculada Concepción, pues quedará convertida en vivienda particular, por el hecho de que las monjas que vendrán a servir en la escuela y demás personal tendrán que permanecer en ese local. También hacemos ver al comité encargado de ese laudable proyecto que los gobiernos de la República le han quitado varios terrenos y edificios a Comayagüela, y es de justicia que el Estado le ceda una parcela de terreno a los padres franciscanos para que edifiquen su escuela en un local más adecuado. ¿Estamos?"

"También en la ciudad vecina hay bastantes familias riquísimas, con terrenos baldíos en abundancia y con depósitos de dinero en los bancos nacionales y extranjeros, que bien pueden obsequiar un solar o una suma considerable de lempiras a los padres franciscanos para que construyan el templo del saber, y que no enajenen esas pocas varas cuadradas que son pertenencia exclusiva de la Inmaculada Concepción, para ampliar su iglesia."

"Hechos son amores y no buenas razones", dice un refrán popular.

R. CÁCERES CARRERO

PASIVIDAD DE LA AUTORIDAD ECLESIÁSTICA

Se hicieron varias gestiones verbales con miembros de la autoridad eclesiástica, haciéndoles ver cuál era la opinión de la mayoría del pueblo católico nativo de Comayagüela con respecto a "la escuela" que proyectaban construir los padres extranjeros en los terrenos de nuestra iglesia parroquial; pero, desgraciadamente, no fueron atendidas dichas manifestaciones, siendo vistas con frialdad, y los proyectistas llevaron adelante su empuje arrollador contra los terrenos de nuestro templo, aprovechando, asimismo, la situación de emergencia política y social por la que atravesaba entonces nuestro país, e invocando igualmente, para llevar a cabo su propósito, que contaban con el apoyo de las autoridades civiles, militares y eclesiásticas de Honduras y de otros lugares, y para lo cual se valieron de la prensa y de la radio para darle mayor revuelo a su propaganda, y pasando igualmente a hacer uso de otros medios que sería largo enumerar, pero que se conocen, en parte, por mucha gente de nuestro humilde vecindario.

CAPÍTULO X: NUESTRA MODESTA CATOLICIDAD

MOCIÓN E INTERESANTE NOTA

No por hacer gala de vanidad —de la cual carecemos por educación y por temperamento— nos permitimos publicar aquí una moción, lo mismo que la interesante nota que nos enviara en su oportunidad nuestro admirado y recordado monseñor Ernesto Fiallos, con motivo de la publicación que hicimos de varios artículos en la prensa local, en 1945, en los cuales abogamos por la conmemoración del bicentenario del milagroso hallazgo de la Santísima Virgen de

Suyapa, lo mismo que por la edificación del santuario de nuestra santa patrona espiritual.

Teniendo tales iniciativas su indudable interés, pues hasta en aquellos días nada se había acordado en tal concepto por quienes correspondía, hacemos esta recordación para que gentes nacionales y extranjeras que desconocen estas cosas tomen nota de nuestra sincera y modesta catolicidad, y por cuya razón nos hemos interesado siempre en velar por el prestigio y grandeza de nuestra religión católica en Honduras, buscando siempre la justicia y la equidad en el desarrollo de sus elevados principios espirituales y humanos, sin atropellar ni menoscabar la dignidad y respeto de nadie, y apartándonos asimismo del comercialismo reinante, que todo lo echa a perder con tal de halagar el apetito insaciable del deforme Calibán.

En 1943, en nuestra condición de secretario de la Sociedad de Geografía e Historia de Honduras, en la sesión general que celebró esta institución el 30 de junio de aquel año, el suscrito presentó la siguiente moción:

"Honorable Sociedad de Geografía e Historia:

Estando dentro de las atribuciones de esta sociedad, de acuerdo con sus leyes fundamentales —uno de cuyos artículos dice: que la Sociedad de Geografía e Historia de Honduras se funda con el objeto de realizar y promover los estudios geográficos e históricos del país y procurar su difusión y vulgarización por cuantos medios estén a su alcance, etc.—, me permito, muy atenta y respetuosamente, hacer la siguiente moción:

Siendo patrona de Honduras la Santísima Virgen de Suyapa, según acuerdo del santo papa Pío XI, a pedimento del ilustrísimo señor arzobispo de Honduras, Dr. Agustín Hombach, en 1925, y estando así reconocida por las autoridades eclesiásticas y los habitantes de este país, es necesario hacer los estudios o investigaciones del caso para determinar la fecha del hallazgo de la imagen de tan milagrosa patrona, así como se ha hecho con la Santísima Virgen de Guadalupe en México y el Santo Cristo de Esquipulas en Guatemala.

Para tal fin propongo lo siguiente:

a) Que se excite muy atenta y respetuosamente a la autoridad eclesiástica de esta arquidiócesis, en vista de la gran importancia de este asunto, para que se acuerde lo que estime conveniente a este respecto, ya sea nombrando una comisión de su seno o autorizando a otras personas capacitadas para que realicen dicha obra en la forma que se crea oportuna.

b) Que se promueva un concurso, si se cree necesario, para que se escriba una Monografía Histórica del Santuario de Suyapa, con las bases que se aprueben y con un plazo que no sea menos de un año.

c) Que, una vez determinada la fecha y el año del hallazgo de la patrona de Honduras, tanto la arquidiócesis como la Sociedad de Geografía e Historia, de común acuerdo —por tratarse de una cuestión de interés espiritual y moral de alta trascendencia—, dispongan lo que se crea necesario para la celebración de la fecha centenaria del hallazgo de la santa patrona.

ch) Que a esta efeméride se le dé el carácter de festividad nacional, y que se principie a organizar con tres años, por lo menos, de anticipación; para lo cual el gobierno eclesiástico y el gobierno civil, de común acuerdo, harán el nombramiento del personal que compondrá el Comité Nacional que llevará a cabo dicha celebración.

d) Que esta sociedad ofrezca desinteresadamente su cooperación al gobierno eclesiástico para llevar a buen fin el contenido de esta proposición que hace, con el mejor propósito, uno de sus socios fundadores.

e) Que toda la información de los actos que se realicen en la fecha indicada se reúna en un Álbum Conmemorativo, para que se transmita a la posteridad como testimonio de la fe del pueblo hondureño hacia su milagrosa patrona espiritual.

SALVADOR TURCIOS R.

INTERESANTE NOTA DE MONSEÑOR FIALLOS

He aquí la interesante nota con que tuvo la bondad de honrarnos el ilustre monseñor Ernesto Fiallos, con motivo de nuestra humilde y desinteresada labor de prensa indicada anteriormente, que realizamos entonces, y la cual dice así:

JUNTA ADMINISTRADORA DEL SANTUARIO DE SUYAPA

Comayagüela, D. C., 20 de agosto de 1945

Señor Br. Don Salvador Turcios R.
Presente.

Muy estimado Salvador:

He visto con agrado varios escritos que has publicado en La Época, referentes a la celebración del bicentésimo aniversario del hallazgo de la sagrada imagen de la Santísima Virgen que se venera en el Santuario de la aldea de Suyapa.

Muy grata es para mí la idea que abriga tu corazón y el de todos los fieles hondureños: la de conmemorar el segundo centenario de tan feliz acontecimiento; conmemoración que será de mucha utilidad para todos los que quieran aprovechar los beneficios espirituales que ocasionan tales festividades religiosas, las cuales tienen por fin principal la pública manifestación de nuestra fe católica, unida íntimamente con la caridad fraterna y la adquisición de la gracia divina, mediante la debida recepción de los santos sacramentos instituidos con tal laudable fin.

Sin esto, la celebración de tan fausto acontecimiento no sería más que una manifestación pomposa de vanidad y de hipocresía, una diversión mundana gravemente perjudicial, como son por lo común las fiestas profanas, verdaderas bacanales del siglo XX.

Con igual agrado he visto lo referente a la construcción de una basílica en honor de Nuestra Señora de Suyapa, celestial patrona de Honduras. Idea esta, como la anterior, de gran magnitud e importancia, la cual, valorados los sentimientos y las arraigadas creencias del pueblo hondureño, y caldeadas de tal manera la indiferencia que lo hace inconstante e indolente, podrían así cumplirse ampliamente las justas aspiraciones de la generalidad.

El 3 de febrero de 1943, el ilustrísimo y reverendísimo monseñor Emilio Morales Roque, en su calidad de administrador apostólico de la Arquidiócesis de Tegucigalpa, presentó a nuestro venerable Cabildo Metropolitano un Proyecto de Acuerdo Diocesano en el cual se dispone y manda que, para la mayor gloria de Dios y de su augusta madre inmaculada, la siempre Virgen María, se proceda cuanto antes a la edificación de un nuevo santuario de Nuestra Señora de Suyapa, e indica a la vez los medios que deben emplearse para la ejecución del templo. Acuerdo este que fue bien recibido y con grande entusiasmo aceptado unánimemente por los señores canónigos.

Consultada la Sagrada Congregación del Concilio acerca de la edificación del nuevo santuario de la Virgen de Suyapa, contestó: "Espérese al nuevo arzobispo."

Aplaudo como el que más tus buenos deseos y trabajos y el especial interés que te anima en favor de la Santa Iglesia, de la religión y del culto divino; y confío, en verdad, que, firme siempre en tus creencias religiosas —tan católicas, por cierto—, lo estarás también para ayudar en todo caso, con tus interesantes escritos, al prelado diocesano en las innovaciones y mejoras que tenga a bien introducir e implantar.

Las dificultades o inconvenientes que de seguro se presentan en la realización de una empresa magna, grandiosa, como la de que venimos tratando, no deben anonadar los espíritus fuertes y convencidos; antes bien, deben buscar y rebuscar con ahínco y oportunidad los medios que redunden en beneficio del bien apetecido, de acuerdo siempre con las autoridades legalmente constituidas.

Sin más por ahora, deseándote completa salud y bienestar, me es grato suscribirme tu afectísimo S. S. y capellán.

ERNESTO FIALLOS

CAPÍTULO XI: NOBLE ACTITUD DE LOS CATÓLICOS NATIVOS DE COMAYAGÜELA

Al observar nuestro pueblo, humilde y servicial, la actitud desesperada de los padres proyectistas para llevar adelante la construcción de "su escuela" —como ellos dicen—, valiéndose para ello de todos los medios de que pueden hacer uso, lograron silenciar la prensa local que pudiera favorecer la opinión del pueblo, que pedía la ampliación de su parroquia y su mejoramiento.

Y fue entonces, al ver todas las maniobras de los padres extranjeros para salirse con la realización de su proyecto, que el catolicismo nativo de esta ciudad, que siempre se ha distinguido por su espíritu libre y justiciero, decidió dar a conocer el sentimiento general de nuestros conciudadanos con relación a los terrenos, ampliación y mejoramiento de nuestra iglesia parroquial, y que ello se hiciera por medio de hojas volantes impresas que circularon profusamente dentro y fuera de esta ciudad.

¡ALERTA AL PUEBLO CATÓLICO DE COMAYAGÜELA!
I

Hemos leído muy atentamente un folleto que ha circulado últimamente en esta ciudad, intitulado Campaña de Información. Suma 160,000.00 lempiras (ciento sesenta mil lempiras), publicado por los padres que administran la Santa Iglesia de la Inmaculada Concepción de María, patrona de la ciudad de Comayagüela; y, con tal motivo, nos permitimos publicar algunas informaciones sobre este interesante asunto en las columnas del diario El Cronista, con el fin de que el pueblo católico de Comayagüela medite fervorosamente sobre esta delicada cuestión que afecta íntimamente los anhelos espirituales de nuestra colectividad.

En dicho folleto se lee lo siguiente:

"Todos y cada uno de ustedes deberán estar convencidos de la urgente necesidad que tenemos de construir la escuela."

"Un grupo suficiente de hombres y mujeres deberán estar dispuestos a sacrificar su tiempo y a ocuparse con verdadera devoción de su trabajo, solicitando la ayuda monetaria de todos y cada uno de los residentes de estas ciudades (Tegucigalpa y Comayagüela)."

"La campaña de recaudación de fondos tendrá por duración un período de siete semanas, principiando el 24 de junio, día lunes, y terminando el 10 de agosto, día sábado."

Además de los datos insertados, hemos visto en la publicación que se hizo en el diario El Día, el martes 16 de julio, y que tiene en expectación al vecindario católico de Comayagüela, al darse a conocer en fotograbado el proyecto de una escuela con que sueñan los padres que administran dicha iglesia parroquial, en donde dicen, entre otras cosas, las siguientes:

"El segundo edificio del proyecto será un aula para asambleas. Esta tendrá capacidad de un máximo de ochocientos niños y seiscientos adultos. Esta será usada para fines educacionales, como también para actividades de la comunidad (¿Cuál comunidad?). Se hace saber anticipadamente que dicha aula podrá —aquí está precisamente la madre del cordero— 'ser adquirida por organizaciones de adultos en arrendamiento para programas de negocios o actividades sociales'."

(Dígase, por ejemplo: para cantinas, billares, etc., etc.)

Hemos anotado todo lo anterior, concebido por los proyectistas, para manifestar categóricamente que tal proyecto nació muerto, por la sencilla razón de que existen fundamentos legales e históricos que se oponen abiertamente a la realización de dicho proyecto, y que iremos publicando en pequeños párrafos para demostrar claramente al pueblo hondureño que tal idea está en franca oposición con los sentimientos y derechos religiosos ancestrales del pueblo católico y nativo de la ciudad de Comayagüela.

Continuaremos escribiendo sobre el mismo tema.

(Católicos Nativos de Comayagüela)

Comayagüela, D. C., 10 de septiembre de 1957

UN EJEMPLO EDIFICANTE
II

En el folleto mencionado anteriormente, de los señores proyectistas de la Escuela Parroquial de Comayagüela, se consigna, asimismo, la distribución de las contribuciones para la construcción de la escuela proyectada, siendo su detalle así:

"Suscripción mensual, de 2, 6 y en total 72 lempiras mensuales; y como también se mencionan suscripciones de 100 y 300 lempiras mensuales, serían en total al mes 2,160.00 lempiras."

En otra publicación que han hecho en la prensa local los expresados señores padres proyectistas, como para llamar la atención de la gente sencilla y humilde, hemos leído esta, para ellos, halagadora noticia, en la cual se dice:

"Que una persona, cuyo nombre no está autorizado para publicarlo, ha donado para la construcción de dicha Escuela Parroquial la cantidad de diez mil lempiras, para principiar los trabajos de la mencionada obra."

Y, si tal información es cierta, creemos que los padres que administran la iglesia parroquial de Comayagüela tienen la preciosa oportunidad de comprar con ese dinero un terreno a su gusto, en el cual bien podrían construir "su escuela", sin necesidad de cometer el pecado de querer profanar el sagrado terreno del hogar santo que ocupa la Santísima Virgen de Concepción, que es la augusta patrona espiritual de la grey católica de Comayagüela.

También en el diario El Día, de fecha 16 de julio de 1957, publicaron los padres proyectistas de "su Escuela Parroquial" esta preciosa e interesante información:

"El tercer edificio en el proyecto (Escuela Parroquial) será la residencia para Hermanas Educadoras. Habrá ocho celdas: dormitorios, cuartos de oficina, facilidades de cocina y cuarto de recepción. Las Hermanas estarán a cargo de supervisar el programa de instrucción."

Nosotros nos hemos preguntado íntimamente: ¿por qué los señores padres que administran la Iglesia Parroquial de Comayagüela no han tomado el ejemplo edificante de los padres redentoristas que tienen a su cargo la Iglesia Parroquial de Los Dolores, que han mejorado espléndidamente dicho histórico templo, con la cooperación de los feligreses de aquella parroquia, y que actualmente le están construyendo una cúpula que lucirá tanto como la de nuestra Santa Catedral, y conservando la antigua arquitectura colonial que le dio su constructor con su dinero personal y el trabajo y el auxilio necesario de los vecinos de aquella antigua barriada, entonces tan pequeña y tan pobre, siendo su constructor aquel eximio sacerdote hondureño que se llamó Juan Francisco Márquez, el mismo que terminó la construcción de nuestra Santa Iglesia Catedral y animó, asimismo, la edificación de la antañona iglesia de la Santa Patrona de Comayagüela, y por todo lo cual le recuerda con admiración y gratitud el verdadero catolicismo nacional.

Ya se puede imaginar el lector menos avisado lo que hubiera pasado si al honorable sacerdote hondureño don Ramón Salgado, en su carácter de cura párroco de la Santa Iglesia Catedral, le hubieran siquiera insinuado la idea de construir una "Escuela Parroquial" en los terrenos que están al norte y al sur de aquel sagrado templo, cuál hubiera sido la contestación que les hubiera dado —con educación, indudablemente— a los audaces proyectistas que hubieran intentado tal barbaridad contra los sagrados intereses de nuestra Santa Catedral.

El caso actual contra la Iglesia Parroquial de Comayagüela sería idéntico en muchos de sus aspectos, si hubiera estado administrada por sacerdotes nacionales, y de esto nos ocuparemos en seguida.

(Católicos Nativos de Comayagüela)
Comayagüela, D. C., 11 de septiembre de 1957

AMPLIACIÓN Y MEJORAMIENTO DE NUESTRO TEMPLO
III

En el citado folleto de los proyectistas de la "Escuela Parroquial" de Comayagüela se lee igualmente la información que dice:

"El Comité Especial de Contribuyentes reclutará miembros adicionales para visitar a las personas prominentes de la ciudad: hombres de negocios, establecimientos comerciales, bancos, etc."

Tal disposición la consideramos improcedente por la sencilla razón de que las casas comerciales y personas particulares, o "prominentes", como ellos dicen, no contribuirán seguramente con sus dineros para hacer la profanación de un templo sagrado, como es la colonial Iglesia Parroquial de la ciudad de Comayagüela; pero sí sabemos positivamente que, con todo gusto y fervorosamente, todos los católicos contribuiremos para la necesaria ampliación y mejoramiento de nuestra Santa Iglesia, que es para nosotros un recuerdo venerable de nuestros antepasados, y que se ha logrado mantener en pie gracias a la piedad y al fervor religioso del catolicismo de la heroica ciudad de Comayagüela, a pesar de los grandes desaciertos de los hombres que no creen ni en Dios ni en el diablo, y que solo le rinden culto al Becerro de Oro.

Ya nos referimos anteriormente a la historia y a la tradición de nuestra Santa Iglesia Parroquial, y entonces relatamos todos los esfuerzos que hicieron nuestros antepasados, y han hecho y hacen sus descendientes de Comayagüela, a pesar de los innumerables obstáculos que se les han presentado y se les presentan actualmente, para mantener con dignidad el hogar sagrado de la Santísima Virgen María de Concepción, patrona espiritual de la ciudad de Comayagüela, no obstante las siniestras y subterráneas arremetidas de los llamados "técnicos exóticos" que nos han invadido, y que no solamente tuvieron la audacia de proponer el derrumbamiento del centro de Tegucigalpa, con el pomposo proyecto de hacer una avenida estupenda que dejaría con la boca abierta a todos los turistas del mundo que nos visitaran.

Y ahora tal proyecto no es contra Tegucigalpa solamente, sino también contra Comayagüela y su templo colonial. ¿Qué pasa con todas estas maniobras clandestinas? Lo diremos oportunamente.

Nos da lástima e indignación decir todas estas cosas, pero es la purísima verdad, y por eso, en muchas partes del exterior, hemos oído decir a gente extraña que nosotros, los hondureños, somos unos "verdaderos papos", que no paramos mientes ante las voraces dentelladas de los "vivos" de otras partes que nos vienen a civilizar, como ellos claramente lo dicen.

Seguiremos escribiendo sobre este interesante tópico de interés nacional, y especialmente para la ciudad de Comayagüela.

(Católicos Nativos de la Ciudad de Comayagüela)
Comayagüela, D. C., 12 de septiembre de 1957

CONTRASTE MANIFIESTO: IV

Cuando los laboriosos padres salesianos se establecieron en Comayagüela, allá por el año de 1910, después que visitara Tegucigalpa monseñor Juan Cagliero en 1909, el primer nuncio apostólico que llegaba a Honduras, fue entonces cuando los hijos predilectos de San Juan Bosco llegaron a nuestra capital procedentes de Santa Tecla, El Salvador, en donde establecieron su magnífica Escuela de Artes y Oficios, y en la cual se impartía, igualmente, la enseñanza elemental y secundaria.

Siendo así que, cuando se trasladaron a esta ciudad, principiaron a trabajar para realizar sus nobles propósitos de acuerdo con las instrucciones que habían recibido de sus superiores, y fue así que compraron —¡óigase bien, compraron!— en 1910, unos terrenos y casas pertenecientes al capitalista don Santo Soto, cuyos terrenos están situados en la margen occidental del río Grande, que pasa por esta capital, y desde entonces se pusieron a laborar honradamente en la enseñanza y en la cultura del pueblo.

Ellos adquirieron lícitamente la mencionada propiedad, sin despojar a nadie de sus derechos adquiridos legítimamente desde hace siglos por los primeros pobladores de estas tierras vírgenes de nuestra América indiana; y por eso se explica claramente que los honrados sacerdotes salesianos, después de más de cuarenta y cinco años de fructífera labor en los campos de la enseñanza y de su apostolado espiritual, con la conciencia tranquila y sin zozobras, sin tener un pasado de dudosa honorabilidad, al fincarse entre nosotros, han llegado, con la bendición de Dios, a cimentar uno de los centros educativos que en verdad dignifican no solamente a la orden salesiana, sino también a la patria hondureña, porque sus nobles esfuerzos no han sido contra los derechos de la Iglesia Nacional ni contra la propiedad privada.

Ellos serán recordados cariñosamente por nosotros, los hondureños, con admiración y respeto, por sus procedimientos ajustados en un todo a la justicia y al derecho de los demás.

Igual conducta han observado los padres del "Colegio San Francisco", que compraron —¡óigase bien, que compraron!— los terrenos para edificar su hermoso establecimiento educativo, que luce magníficamente en el barrio Belén; y ellos, al igual que los padres salesianos, se sienten asimismo tranquilos en el desempeño de sus altas funciones educativas, porque han procedido legalmente en la adquisición de su propiedad, sin ofender los derechos inalienables de nadie, y mucho menos de un templo sagrado, pues nosotros, los católicos nativos de Comayagüela, custodiamos esos terrenos invalorables de la Santísima Virgen de Concepción, nuestra santa patrona espiritual, como si fueran los ojos de nuestra cara, y que son la herencia de los antepasados de todo un pueblo humilde y servicial que todavía cree en Dios y en la justicia divina.

Cuando pasan las cosas que están pasando ahora entre nosotros, es cuando más sentimos la falta que nos hace la presencia seráfica de monseñor Ernesto Fiallos, que fue un celoso defensor de los derechos de la Iglesia Católica Hondureña y que amaba a Comayagüela con afecto fraternal, fijando aquí su residencia permanente, para dicha y respeto de nuestra Santa Iglesia Parroquial.

Pedimos, pues, la ampliación y mejoramiento de nuestra Santa Iglesia Parroquial, y para la realización de tales obras, todos los católicos aportaremos nuestros humildes óbolos con toda la fe y el entusiasmo con que hemos procedido en épocas pasadas cuando nuestro templo fue administrado por sacerdotes nacionales.

(Sociedad de Católicos Nativos de Comayagüela)
Comayagüela, D. C., 15 de noviembre de 1957

SOCIOS ADHERENTES

Don Pedro Antonio Díaz Manzano, don Ramón Cáceres Carrero, don Medardo S. Cerrato Valle, don Salvador Turcios Ramírez, don Mariano Moncada Saravia, don Jacobo Aguilar, don Gregorio Centeno A., don Agustín Centeno A., don José María Carías, don R. Mendoza Castro, don Roberto Castro Mendoza, don Gustavo Adolfo Matamoros, don Marco Tulio Matamoros, don Ramón Valladares B., doña Mariana López, Laura Flores Almendárez, Petrona Ramírez, doña María Eduvigis Amador, doña María de Jesús Medina C., doña Agustina Méndez, don Juan Estrada, don José Domingo López, don Tomás López Almendárez, doña María Ercilia Espinoza, doña Celina López Méndez, doña Gloria López Méndez, doña Alicia Ramos de Zepeda, don Miguel Flores R., don Jorge Flores Maradiaga, don José Flores, don Vicente Flores Bustillo, doña Blanca Rigamonti, doña Ana López, doña Rosario de Torres, doña Alma de Espinoza, don J. Andrés Espinoza, doña María Ester Rigamonti, don Ramón H. Rigamonti, don Luis Irías V., don Rubén Galeano, don Juan Irías V., don Máximo Galo, doña Rosibel Young, don Alejandro Núñez, don Julio Navarro, doña María Guadalupe Flores, doña Isabel V. de Nájera, don E. Turcios M., don Tadeo Sarmiento, don Alejo Pérez, don Justo Zepeda, don Amado Rodríguez, doña Sofía Zepeda, doña Petronila de Zepeda, doña Rosa Fonseca, doña Juana G. de Mencía, doña María Elvir, doña Margarita Martínez, doña Adela Hernández, doña Rubenia Betancourt, doña Petrona Osorio, doña Petronila Osorio, doña Juana Ramírez de Díaz, doña Liliana de López, don

Enrique Santos Ortiz, doña Laura Cruz de Santos, don Ramón Ortiz Santos, doña Ana Rosa Turcios, doña Julia R. Valladares, doña Leonor Ferrera, doña María López Ramírez, doña Mercedes Flores, doña Juana Pérez, don Valentín Martínez M., don Ángel Sierra, don Julio Flores, doña Isabel Sierra, doña Matilde Ponce, doña Matilde Martínez, doña Reina Martínez, doña María Inés Valladares, don Juan Miguel Valladares, doña Carmen de Godoy, don José Izaguirre, don Fernando Sierra, doña Ercilia Velásquez, don Gonzalo González Díaz, doña Otilia Velásquez, doña Lastenia de González, don César Velásquez, doña Jesús Velásquez de Jiménez, don José Roberto Martínez, don Francisco M. Velásquez, doña Lucía de Jesús Velásquez, doña Rebeca Martínez B., doña Norma de Lagos, don Rosendo Velásquez, A. Hernández, J. Pedro García V., J. Zapata, doña Filomena de Zapata, don Luis Sierra y Sierra, Justo Pastor Núñez, doña Lucila Díaz Roldán, doña Tomasita V. de Bertrand Anduray, Br. Danilo Velásquez, don Alberto García Barrientos, don Máximo Ramos Pérez y don Antonio Barrientos C.

¡ATIENDASE LA VOZ DEL PUEBLO QUE ES LA VOZ DE DIOS!

(SOCIEDAD DE CATOLICOS NATIVOS DE COMAYAGUELA

RECORDATORIO

El martes 19 de Noviembre de 1957, empezaron a deshacer los muros que rodeaban los terrenos de nuestra Iglesia Parroquial, para hacer -dijeron los, proyectistas- "una Escuela Parroquial", para cuya obra contaban con el dinero suficiente y materiales de construcción, según manifestaron ellos en publicaciones locales.

Debemos recordar esta fecha significativa para agregar-la al historial de nuestra Iglesia Parroquial, que mucho servirá, en el futuro, a las nuevas generaciones de católicos nativos de Comayagüela, para esclarecer y afianzar los derechos inalienables de nuestra Santa Iglesia Colonial.

Comayagüela, D. C.,8 de Diciembre de 1957